建设工程交易费用影响路径研究

李慧敏　著

科学出版社
北京

内 容 简 介

本书以建设工程项目交易过程为背景，立足于交易费用经济学探讨了建设工程交易的特点，构建了建设工程交易的研究范式，并对建设工程交易费用产生机理进行了剖析。结合建设工程交易中项目本身的交易环境，以及业主和承包人委托代理关系的特点，从业主的角度确定其承担交易费用的多少，确定影响建设工程交易费用产生路径模型；通过结构方程、实证研究的方法发现建设工程交易费用产生的路径；提出可行的建设工程交易费用的测量方法。运用结构方程的群组分析，对中美两国的建设工程交易制度进行了对比研究。最后交易费用对工程合同设计的影响。本书的特色是定性和定量相结合的研究方法始终贯穿全书，对建设工程交易费用的研究不仅有定性的理论分析，而且结合定量模型进行实证研究，得到了许多有指导意义的结论和建议。

本书可供高等学校工程管理专业和土木工程专业师生学习参考，也可供建设工程项目管理人员和政府建设管理部门阅读借鉴。

图书在版编目(CIP)数据

建设工程交易费用影响路径研究/李慧敏著. —北京：科学出版社，2015.10
ISBN 978-7-03-045600-7

Ⅰ.①建…　Ⅱ.①李…　Ⅲ.①建筑工程-交易-费用-研究　Ⅳ.①F407.9

中国版本图书馆CIP数据核字(2015)第203014号

责任编辑：周　炜　孙伯元 / 责任校对：郭瑞芝
责任印制：徐晓晨 / 封面设计：陈　敬

科学出版社出版
北京东黄城根北街16号
邮政编码：100717
http://www.sciencep.com

北京教图印刷有限公司 印刷
科学出版社发行　各地新华书店经销
*
2015年10月第　一　版　开本：720×1000 1/16
2015年10月第一次印刷　印张：11 1/2
字数：220 000

定价：80.00元

(如有印装质量问题，我社负责调换)

前 言

建设工程项目的实际成本不仅包括工程实际建造成本，还包括工程交易过程中的交易费用。工程交易费用包括准备投标文件、工程预算、设计合同、合同管理和执行、处理合同执行过程中的例外情况、合同变更和索赔、法律诉讼所发生的费用等。交易费用本应成为业主预算中一个重要的组成部分，但是由于不同行业对交易费用的理解不同，在各类文献中很难有统一的定义。工程计量体系和会计体系中也没有关于交易费用的条目，这使交易费用的计量和数据收集的研究更加困难。本书研究的主要目的是以业主的视角确定在工程交易过程中，由业主所承担的交易费用，以及确定交易费用产生的影响因素和因果路径。

根据交易费用经济学和文献研究总结出工程交易费用产生的影响因素包括业主行为的不确定性、承包商行为的不确定性、项目管理的效率和项目交易环境和机制的不确定性。确定各个影响因素的可测变量，编制针对业主方项目管理人员的问卷量表。根据所收集数据对结构方程的因果假设模型进行检验。得到的研究成果和研究结论如下。

项目交易环境和机制在模型中处于核心地位，它在很大程度上决定了交易费用，还影响了承包商的行为和项目管理的效率。承包商行为的不确定性对交易费用具有正向的影响，业主为了降低工程的交易费用，应该设法去探测承包商的不平衡、串标、围标等行为，使承包商提供足够的证据证明，他可以把项目做好。业主行为的不确定性对交易费用不仅有正向的直接影响，还通过项目管理的效率和交易环境间接影响交易费用。

利用已建立结构方程模型对中美两国关于工程交易费用产生因果路径进行群组分析，结果表明业主行为的不确定性对交易费用的影响，中国比美国大；而承包商行为的不确定性对交易费用的影响，美国比中国大；项目交易环境和机制的不确定性对项目管理的效率的影响，中国比美国大。项目管理的效率对交易费用的影响、项目交易环境和机制的不确定性对交易费用的影响、业主行为的不确定性对项目交易环境和机制的不确定性的影响、业主行为的不确定性对项目管理的效率的影响、项目交易环境和机制的不确定性对承包商行为的不确定性和承包商行为的不确定性对项目管理的效率的影响，中美之间不存在明显的差异。

本书探讨了建设工程交易费用的直接测量方法和间接测量方法，直接测量方法需要所有交易活动产生的交易费用的综合，而且是实际真实数据，间接测量方法则是从影响交易费用的因素入手；分析了由信息问题产生的两类交易费用即资源消耗型和租金转移型交易费用；给出了建设工程交易费用分解结构，把交易费用分为合同前和合同后交易费用，两类交易费用又进一步分解为不变交易费用和可变交易费用，并给出了各类交易费用的影响因素。

本书是在作者博士论文的基础上，结合多年的研究成果扩展完成的。在本书即将出版之际，对河海大学的王卓甫教授和美国伊利诺伊理工大学的 Arditi 教授表示最诚挚的谢意！

本书得到国家自然科学基金项目(71302191)和华北水利水电大学 2014 年青年科技创新人才项目(70418)的资助。

由于作者水平有限，书中难免存在不足之处，请读者批评指正。

目　　录

前言
第 1 章　绪论 …… 1
1.1　研究背景 …… 1
1.2　研究目的 …… 3
1.3　研究意义 …… 3
1.4　文献综述 …… 4
1.4.1　交易费用研究现状 …… 4
1.4.2　建设工程项目管理中的交易费用问题 …… 10
1.5　国内外研究现状述评 …… 15
1.6　主要研究内容和方法 …… 16
1.6.1　研究的主要内容 …… 16
1.6.2　研究方法 …… 18
1.7　研究技术路线及创新点 …… 18
1.7.1　技术路线 …… 18
1.7.2　主要创新点 …… 18
第 2 章　建设工程交易费用及产生机理 …… 20
2.1　工程交易研究的理论基础 …… 20
2.1.1　制度经济学 …… 20
2.1.2　新制度经济学 …… 28
2.1.3　交易费用经济学 …… 31
2.2　建设工程交易的特点 …… 35
2.2.1　工程交易对象:产品和服务的混合体 …… 35
2.2.2　工程生产方式:小批量一次性生产 …… 35
2.2.3　组织形式:中间组织 …… 36
2.2.4　工程交易方式:先订货后生产 …… 36
2.2.5　合同特点:可重新谈判的不完备合同 …… 36
2.2.6　支付方式:分期支付 …… 37
2.2.7　工程项目绩效:度量难度大 …… 38
2.3　建设工程交易费用的定义 …… 38
2.4　工程项目管理:一个需要设计的交易框架 …… 38

2.4.1 工程项目管理设计的概念 …… 39
2.4.2 工程项目管理设计的必要性分析 …… 40
2.4.3 工程项目管理设计的目标 …… 41
2.4.4 工程项目管理设计的核心理念 …… 42
2.4.5 工程项目管理设计的内容 …… 45
2.4.6 工程项目管理设计的框架 …… 46
2.5 建设工程交易的研究范式 …… 47
2.5.1 社会制度层次分析 …… 47
2.5.2 交易费用经济学的研究范式 …… 47
2.5.3 以交易费用经济学为基础的工程交易研究范式 …… 48
2.5.4 工程交易模式设计 …… 49
2.5.5 工程交易机制设计 …… 52
2.6 交易活动成本收益分析 …… 53
2.7 建设工程交易费用产生机理分析 …… 54
2.7.1 工程承发包的委托代理关系 …… 54
2.7.2 交易过程的不确定性 …… 56
2.7.3 人的有限理性 …… 57
2.7.4 交易的频率较低 …… 57
2.7.5 建筑产品的资产专用性强 …… 58
2.7.6 机会主义动机 …… 60
2.8 本章小结 …… 61
第3章 建设工程交易费用影响路径模型假设 …… 62
3.1 概念模型 …… 62
3.2 建设工程交易费用估计 …… 63
3.2.1 建设工程项目合同前交易费用 …… 64
3.2.2 建设工程项目合同后交易费用 …… 64
3.3 影响交易费用的决定因素 …… 65
3.3.1 业主行为的不确定性 …… 65
3.3.2 承包商行为的不确定性 …… 67
3.3.3 项目管理的效率 …… 68
3.3.4 项目交易环境和机制的不确定性 …… 70
3.4 假设总结与假设模型 …… 74
3.5 结构方程建模分析 …… 75
3.5.1 结构方程模型简介 …… 75
3.5.2 结构方程模型的模型构成 …… 76

3.5.3 结构方程模型的建模过程 …… 79
3.5.4 应用结构方程模型须注意的若干问题 …… 86
3.5.5 评估指标的确定 …… 90
3.6 本章小结 …… 93
第4章 建设工程交易费用影响路径的实证分析 …… 94
4.1 预试问卷数据收集与检验 …… 94
4.1.1 预试问卷设计与数据收集 …… 94
4.1.2 预试样本数据描述 …… 95
4.1.3 预设样本项目分析 …… 96
4.1.4 预设样本信度分析 …… 96
4.1.5 预设样本因子分析 …… 97
4.2 大样本数据收集 …… 98
4.2.1 大样本数据来源 …… 98
4.2.2 数据描述 …… 99
4.3 变量的验证性因子分析 …… 117
4.4 潜在变量的路径分析 …… 121
4.4.1 模型拟合优度 …… 121
4.4.2 假设检验 …… 123
4.5 假设检验结果分析 …… 123
4.5.1 业主行为的不确定性 …… 124
4.5.2 承包商行为的不确定性 …… 124
4.5.3 项目管理的效率 …… 125
4.5.4 项目交易环境和机制的不确定性 …… 125
4.5.5 假设检验结果总结 …… 126
4.6 业主减少建设工程交易费用的途径建议 …… 126
4.6.1 降低项目参与者行为的不确定性 …… 126
4.6.2 提高项目管理的效率 …… 127
4.6.3 降低项目交易环境和机制的不确定性 …… 127
4.7 本章小结 …… 128
第5章 中美建设工程交易费用影响路径比较研究 …… 129
5.1 中美建设交易制度变迁比较分析 …… 130
5.1.1 制度变迁动因理论 …… 130
5.1.2 中国建设工程交易制度的变迁 …… 135
5.1.3 美国建设工程交易制度的变迁 …… 137
5.2 中美建设工程交易费用影响路径模型比较分析 …… 139

5.2.1 测量模型的比较 …… 139
5.2.2 结构模型的比较 …… 141
5.2.3 中美建设工程交易费用影响路径模型的群组分析 …… 143
5.3 本章小结 …… 144
第 6 章 建设工程交易费用测量方法探析 …… 145
6.1 直接测量方法和间接测量方法 …… 145
6.2 两类交易费用的比较 …… 146
6.2.1 信息问题引起的两类交易费用 …… 146
6.2.2 两类交易费用的实质 …… 148
6.3 建设工程交易费用直接测量法的分解结构 …… 150
6.4 本章小结 …… 152
第 7 章 交易费用对工程合同设计的影响 …… 153
7.1 工程合同中的交易费用和激励问题 …… 153
7.1.1 建设工程合同 …… 153
7.1.2 建设工程合同激励机制 …… 154
7.2 考虑交易费用的工程合同设计分析 …… 155
7.2.1 项目复杂性对工程的影响 …… 155
7.2.2 项目复杂性和设计成本的合同设计 …… 156
7.2.3 工程建造和设计变更 …… 157
7.2.4 考虑工程合同重新谈判的合同设计 …… 157
7.2.5 设计内生性和外生性对合同选择的影响 …… 160
7.3 本章小结 …… 161
第 8 章 结论和建议 …… 162
8.1 研究结论 …… 162
8.2 后续研究设想 …… 163
参考文献 …… 164

第1章　绪　　论

1.1　研究背景

建设工程项目在复杂而又高风险的环境中实施，在这样的环境下，任何一个在项目决策和计划阶段的错误，都会导致后期执行过程中产生矛盾、冲突、变更、索赔甚至是法律诉讼，这些问题无疑将会增加项目的交易费用。在交易费用经济学中，交易是商品或者服务在不同技术界面的转移。交易费用经济学提供了一种分析不同利益诉求的合同双方关系协调的工具，其中一个重要观点是一个项目的生产不仅包括生产费用还包括交易费用。生产费用是组织内部由输入到输出发生的费用，而交易费用则是发生在经济交换中的费用。各个行业对交易费用的界定不同，造成收集数据和定量分析的困难。另外，现有工程计量体系和会计体系中没有涉及交易费用的内容，也造成了交易费用应用的困难。

建设工程交易过程一般可分为交易合同签订前和合同签订后两个阶段。项目交易前，业主发布关于项目招标的要约，承包商根据自己企业生产的实际状况对目标项目进行报价，在满足工程质量和工期的条件下，业主关注的主要是承包商的投标报价。报价落在既定规则下的，交易就可以发生，同时此价格就成为业主项目的成本。合同签订前工程交易的主要内容是，通过招标，确定中标人(潜在承包人)和交易合同价；合同签订后，则开始“边生产、边交易”的活动。根据我国目前的法律制度和国际上的通行做法，建设工程交易一般要经历如图1-1过程。

第一步：业主方通过交易策划主要确定工程交易模式和评标机制，其中，确定工程交易模式，即选择或设计工程发包方式、合同类型(合同计价方式)和业主方的管理方式；确定评标机制，即确定选择交易主体和交易价格(合同价)的机制。

第二步：建设工程交易招标。建设工程交易招标的基本任务是要确定工程承包人以及相应的工程承包价格，即工程合同价格。在工程交易招标中，具体的环节较多，但其关键的环节是工程评标这一环节及相应的机制。实践表明，就某一工程，采用不同的评标机制，可能会选择不同的承包人和不同的工程合同价格；进一步，由于选择了不同的承包人，在合同履行过程中，业主方支付的交易费用也会有差异。

第三步：建设工程实施。签订交易合同后，承包人按合同规定实施工程。但由于交易合同不完备、信息不对称，以及业主方的有限理性和承包人的机会主义动机，业主方有必要采取措施，对交易过程进行监管。而建设工程业主方对工程承包人的监督管理常有较高的技术和管理能力、经验方面的要求，属于一种专业化的监督和管理。在现代工程实践中，代表业主方的管理正朝着专业化的方向发展，目前存在多种代表业主方专业化管理的组织方式。当然这些不同的管理方式，业主方所支付的费用不同，监管效果也不一样，即业主方管理方式不同，其技术经济效果是不一样的。

第四步：建设工程验收、移交。建设工程验收、移交既包括工程实施过程的局部验收和移交，又包括交易合同履行完毕后的验收和移交。

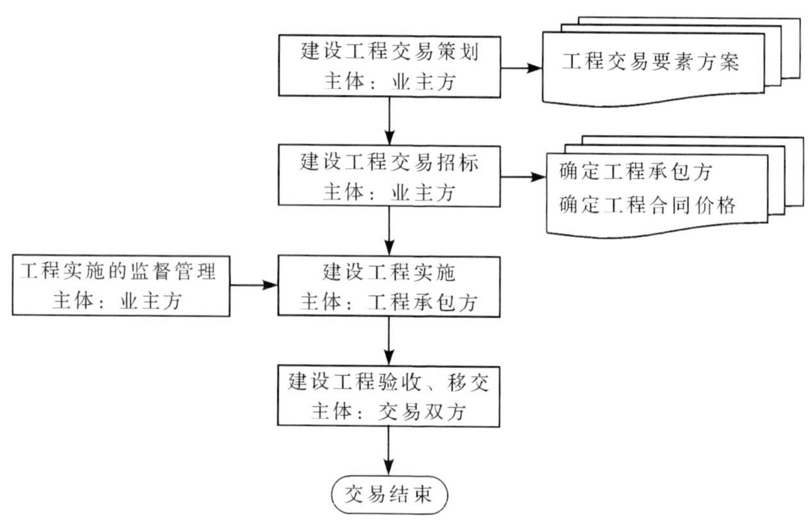

图 1-1　建设工程交易一般过程图

项目的复杂性、人的有限理性和合同的不完备性，会造成在项目的实施过程中业主和承包人在信息上的不对称性，承包人的利益目标与业主的利益目标不完全一致，承包人的“道德风险”、“逆向选择”难以避免，并由此产生交易费用。在委托代理的框架下，业主的目标是应用激励手段，使承包人在满足激励相容和参与约束下实现自己的利益目标，同时，也实现业主的利益目标，良好的激励机制可以激励施工承包人提供高质量的工程项目，同时增加业主和施工承包人的效用，得到帕累托改善。

建设工程产品是典型的合同产品，其交易是以合同作为纽带，合同是交易关系不可或缺的一个组成部分。合同，作为它签订之后所获条件的函数，是对缔约者预期行为（责任与义务）的具体表达。任何交易（条件），都需要某种形式的合同来规范、媒介、激励、治理。合同的作用，主要表现在能在多重均衡的情况下协调独立地行动；能使依赖未来事件的交易得到执行；能促进有利于提高事后交易总剩余的事前投资和生产。

在交易视角下，研究考虑交易费用的工程合同设计，也就是为工程交易双方设置博弈的规则。建设工程施工（生产）过程与交易过程相交织，发包方面临着来自承包方的“道德风险”、“敲竹杠”，并由此产生很高的交易成本。建设工程交易中交易费用的存在，客观上要求工程发包方不仅要合理设计招标机制，而且要科学设计合同激励机制，通过合同后的激励措施降低交易过程中的交易费用。然而事实上，对建设工程发包方，除要实现工程质量和进度目标外，其追求的并不是简单的工程合同价最小，而是工程造价最低。在工程承发包条件下，工程造价包括了工程交易合同价和交易费用。

在美国的一些州，如弗吉尼亚（Virginia），已经通过立法，允许该州的交通管理局（DOT）在PPP项目采购的账目中把交易费用考虑进去[1]。另外，在美国交通项目的一个贷款机构Transportation Infrastructure Finance and Innovation Act（TIFIA）在项目预算的费用中也包括了交易费用的条目[2]。

因此，有必要建立使学术界和工业界都能普遍接受的关于交易费用的概念，并在此概念的基础上收集相关数据，对建设工程领域的交易费用进行统计分析，找到影响交易费用产生的因果关系。

1.2　研究目的

本书研究的总体目标是发现交易费用产生的因果路径模型，得出建设工程交易费用测量的方法，具体目标包括如下。

(1) 根据交易费用经济学构建建设工程交易理论的研究范式，为工程交易理论的完善提供一个完整的体系，为今后的研究提供指导。

(2) 确定建设工程交易费用定义；发现影响交易费用产生的因素；构建建设工程交易费用产生的因果路径模型，并提出相关假设，通过收集数据，验证其假设。

(3) 揭示建设工程交易费用组成结构、类型以及相应的特性；提出建设工程交易费用计量方法。

(4) 通过收集中国和美国关于建设工程交易费用测量的数据，应用构建的假设模型，对中美两国建设工程交易制度进行比较分析。

1.3　研究意义

虽然国内外已经有不少学者对建设工程交易费用进行了研究，但是还没有一个能得到学术界和工业界广泛认同的定义，而且这些研究也往往是以定性分析为主，定量的研究还很缺乏。在建设行业，业主承担的交易费用也一直被忽视。希望通过本书的研究，能够促使交易费用这个概念在建设工程领域的推广，发现影响交易费用的因素，为减少工程变更、索赔、纠纷和诉讼、交易费用提供一种可操作的方法。

(1) 本书立足于交易费用经济学，结合建设工程交易中项目本身的交易环境，以及业主和承包人委托代理关系的特点，从业主的角度确定其承担交易费用的多少，确定影响建设工程交易费用产生路径模型；收集问卷数据，对假设进行验证分析，得出交易费用产生的测量模型和结构模型；并对中美建设工程交易制度进行比较分析；找到业主建设交易费用的途径和方法。

(2) 提出可行的建设工程交易费用的测量方法。根据影响交易费用的关键因素，构建建设工程交易费用测量的间接方法；对直接测量方法提出交易费用的结构分解模型，为工程交易费用的测量打下基础。

1.4 文献综述

1.4.1 交易费用研究现状

1. 交易费用的定义

1937 年，Coase 在其关于企业的性质的论文中首先提出交易费用的思想，迄今为止，人们对交易费用仍没有一个明确统一的共识。他把交易费用定义为：利用市场机制确定、谈判和履约合同所发生的费用。并指出，如果发生在市场中的交易成本过高，那么此交易便会发生在企业的边界上。他还提供了一个市场机制成本的例子：价格发现、谈判和终止合同的成本[3]。在 1960 年发表的论文中，他又把这一思想具体化为“为了进行一项市场的交易，有必要发现要和谁交易，同时告诉别人自己愿意交易以及交易条件是什么，还要进行交易的谈判、讨价还价、拟定契约、实施监督以确保契约的条款得以履行等”[4]。虽然 Coase 最早发现交易费用、提出交易费用的思想，但仅指出市场运行需要成本，并未提出交易费用这个名词[5]。

后来，Arrow 在研究保险市场交易者的逆向选择行为和市场经济运行效率时，最早提出交易费用这个名词，并将其定义为市场机制运行的费用，认为市场机制的不完全，才使交易运作产生了费用[6]。

Wallis 和 North 区分了生产转化活动和交易活动，认为交易费用是由于交易活动消耗了资源成本而不是生产活动。他们定义交易费用为：处理和传递信息、协调、购买、营销、广告、销售、处理法律事务、运输、管理和监督等，这些活动发生的费用[7]。

到了20世纪70年代中期，Williamson在分析组织治理结构的同时更加强调了交易的重要性，同时开始把交易费用称为一种工具——“交易费用工具”(transaction cost approach)。1985年，Williamson指出，交易费用不仅包括起草、谈判和执行一个合约的成本，而且包括保证履约的治理和担保成本[8]。这标志着Williamson从仅仅强调交易费用概念本身开始战略性地转向了应用阶段，用其来分析合同和组织契约[9]。

Williamson从签订合同的事先和事后成本角度定义了交易费用，并将其分为两个部分：一是事先交易费用，即签订契约、规定交易双方的权利和责任等所花费的费用；二是事后交易费用，即签订契约后，为了解决契约本身所存在的问题，从改变条款到退出契约所花费的费用[8]。不像之前的分析方法，Williamson认为交易费用应该有准确的价值，并提出一种新的见解，认为交易费用可以有相对值，并且在不同的市场、不同的组织之间交易费用是不同的。Williamson的思想为分析交易费用产生的原因开辟了一条道路[9]。与此同时，Davis定义交易费用是与“润滑市场”(greasing markets)相关的成本，包括获得信息、监控行为、市场中介和执行合同的成本[10]。North从另外一个角度解释，认为交易费用就是度量交易物品特性的成本和保护权利、监督和执行契约的成本的总和[11]。Alchian和Woodward区分了两种不同类型的交易：一种是涉及产权让渡的交换类型的交易；另一种是涉及谈判和执行承诺的契约类型的交易[12]。

张五常将交易费用概念扩展为“一系列的制度费用，其中包括信息费用、谈判费用、起草和实施合约费用、界定和实施产权费用、监督管理费用和改变制度安排费用”。即“交易费用包括一切不直接发生在物质生产过程中的费用”[13]。

Eggertsson指出，当个人交换经济资产所有权以及执行他们独有的权利时会产生交易费用[14]。Barzel则认为交易费用包括所有涉及转移、获得和保护权利的费用[15]。

由于不同行业的不同特点，关于交易费用的定义很难得到统一。本书试图对建设工程交易费用的定义达成一个统一的认识。

2. 交易费用的分类

现有研究对交易费用分类，代表性的观点主要有以下三类。

(1) Wallis和North认为，如果不考虑构建制度的初始费用，交易费用可分为市场交易部门(transaction sector)交易费用和非市场交易费用(non-market transaction cost)。在既定制度环境下，市场交易部门交易费用是指市场流通的那部分交易费用，或者称为市场交易费用。非市场交易费用则是指无法通过市场交易价格来衡量的费用，例如，获取信息和排队等候的时间以及由不完全监督和实施所导致的费用[7]。

(2) Furubotn 和 Richter 认为，交易费用的典型情形是使用市场的费用以及企业内部发号施令管理的费用。并且将交易费用分为市场型交易费用(market transaction cost)、管理型交易费用(managerial transaction cost)和政治型交易费用(political transaction cost)。其中，市场型交易费用主要包括搜索信息和谈判的费用，管理型交易费用主要包括建立、维持或改变一个组织设计的费用以及组织运行的费用，而政治型交易费用则指提供正式和非正式组织以及与之有关的公共品的费用，它类似于管理型交易费用，具体包括建立、维持和改变一个体制的正式和非正式组织的费用和政体运行的费用[16]。

(3) McCann 等对交易费用的边界作出了分类，将交易费用分为三种：与市场交易相关费用(A)、维持市场发展的相关制度费用(B)、制度环境以及法律体制变动的费用(C)。他们认为，在不考虑制度和法律体制变动的情况下，经济体总体的交易费用应包括 A 和 B 两部分。其中，B 部分交易费用主要包括政府对产权界定、登记公共部门、监督和执行贸易等费用，若仅度量 A 部分交易费用则会低估以市场为基础的经济体的交易费用，若要考虑整体制度环境以及法律体制变动的情形，则经济体总体交易费用应包括 A、B 和 C 三部分，因为任何交易费用都要依赖于一定的制度环境与法律体制[17]。

3. 不完全契约理论和交易费用经济学

不完全契约理论的思想源于 Coase 1937 年的经典论文《企业的性质》，他指出："由于预测的困难，有关物品或劳务供给的契约期限越长，实现的可能性就越小，因此买方也就越不愿意明确规定对方该做什么。"沿着 Coase 的思路发展，出现了不完全契约理论的两个分支：一支是以 Williamson 为主要代表的交易费用经济学，主张在契约不完全的情况下，通过比较各种不同的治理结构来选择一种最能节约事前和事后交易费用的制度，也称交易费用学派；另一支是以哈特为代表的产权理论，主张通过某种机制保护事前的投资激励，也称为新产权学派[18]。

交易费用经济学基本逻辑：以交易为最基本的分析单位，将每次交易看成是一种契约。由于人的有限理性，在交易时不可能预见到未来可能发生的各种或然状况，并以双方都没有争议的语言写入契约中，所以契约天生就是不完备的。再由人的自利假设，缔约各方都有机会主义的倾向，都会采取各种策略来谋取自己的利益最大化，因此缔约后双方不可避免地会出现敲竹杠、拒绝合作、失调、成本高昂的再谈判等危及缔约关系持续地、适应性地发展下去的情况。考虑到有限理性、机会主义，再加上资产具有专用性，而且求诸第三方(如法庭)来维持契约关系，不仅成本巨大，有时可能根本无法证实。这就需要求诸于一种治理结构来"注入秩序，转移冲突，实现双赢"[19]。不同性质的交易就有不同类型的契约，对应于不同类型的治理结构。最优的治理结构是能够最大限度地节约事前和事后交易费用的治理结构。因此,交易费用经济学也被 Williamson 称为"分离的结构选择分析"或者"比较经济制度分析"。

Brousseau 和 Fares 否认了不完全契约理论是模型化了的新制度经济学(交易成本理论)的观点,他们认为不完全契约理论中契约不完全性的原因来自于特定的有限理性,即只有仲裁人是有限理性的,而交易成本理论中契约的不完全性则根源于在不同经济体系下的每个人的有限理性[20]。Milgrom 和 Roberts 则认为,如果无费用的短期契约存在,那么长期契约的不完全性就不应该成为无效率的原因,因为市场交易费用归根结底不是由契约的不完全性造成的,而是由短期契约的费用造成的(包括议价费用与影响费用)[21]。

Williamson 又将完全契约理论、不完全契约理论和交易成本理论一并划入私人秩序(private ordering)的稍小一点的范围内,完全契约理论(机制设计理论)和不完全契约理论主要讨论前端(事前)激励安排问题,而交易成本理论主要研究契约的实施问题(后端实施问题)[18]。

4. 新兴古典经济学关于交易费用的研究

新兴古典经济学创始人杨小凯使斯密的劳动分工论与 Coase 的交易费用理论混为一体。杨小凯和张永生[22]把交易费用分为内生交易费用和外生交易费用。不管内生交易费用还是外生交易费用,对分工水平和生产力发展都具有决定性的影响,而如何降低内生交易费用,对分工的意义就更是重大。因为既然它是内生的,就有可能通过制度的创新与改进、习惯的形成而加以减少,是人类大有作为的领域。穷国之所以穷,富国之所以富,其主要根源就是富国有一些好的制度,能够有效地降低内生交易费用。

外生交易费用是指在交易过程中直接或间接发生的费用,它不是由决策者的利益冲突导致经济扭曲的结果,人们在作决策之前都能看到它的大小,它同各种自利决策之间利益冲突产生的经济扭曲没有任何的关系。内生交易费用是个体自利决策之间交互作用的后果,是只有在所有参与者都作决策之后才能确定的交易费用。内生交易费用是由特定的人类行为引起的。主要分为两种:第一种是非对策自利行为,其特征是决策者不直接对其他人的决策作出反应,只对价格作出反应;第二种是对策行为,其特征是决策者对其他人的决策直接作出反应。对策行为可分两种:一种是非机会主义对策行为,另一种是机会主义对策行为。非机会主义对策行为指一个参与者的利益不以损害其他人的利益为代价,它不产生内生交易费用。机会主义对策行为指一个参与者的利益以损害其他人的利益为代价,这种对策行为是内生交易费用产生的根源,也是 Williamson 交易费用理论的研究重点。内生交易费用就是由不同的参与者争夺分工带来好处的机会主义行为引起的。

杨小凯和张永生[22]进一步指出，道德风险是由一种特殊类型的信息不对称而引起的对帕累托最优的偏离，从而产生交易费用。因此，对商品和服务实行相机合约价格（即绩效好时付高价格，绩效差时付低价格），就成为减少因道德风险引发的内生交易的关键。道德风险之所以发生，是由于背后存在一个有效率的激励和有效率的风险分担的两难冲突。因此，一个合约的设计应该通过对风险分担和激励提供之间的两难冲突进行有效率的折中，从而将内生交易费用最小化。

5. 交易费用经济学实证研究

交易费用经济学经过 Williamson 的推广之后，有很多学者对市场交易中的交易费用问题进行了实证研究。Anderson 和 Schmittlein 对电子元件行业的直销和代销方式的销售人员的一体化进行研究，以资产专用性、环境不可预计而产生的不确定性、绩效评定困难而产生的不确定性、区域密度和公司规模作为统计变量，通过 Logistic 函数统计分析，表明销售一体化与增加的资产专用性水平、绩效评估的难易程度以及两个因素的联合作用相关。交易次数以及资产专用性和环境的不确定性的相互作用，都与一体化没有显著关联[23]。

Masten 等研究了组织成本对生产一体化的影响，分析了海军造船和建筑业的资产、属性和运营特点，以交易的特征即实物资产、人力资本和时间专用性，不确定性/复杂性，交易相似性，劳动/资本密集度，工程技术密集度作为统计变量，研究了组织成本对海军造船业一体化的影响。结果表明，时间专用性是组织形式的主要决定因素（提高一体化可能性）；人力资产和产品复杂性，一体化可能性加大；物质资产专用性对组织成本和一体化影响不明显，专用性物质资产投资可以通过“准一体化”来解决；劳动密集型比工程密集型活动更有可能一体化[24]。

Joskow 考察了煤炭供应商和电力企业缔结契约时，三种关系专用性投资即场地专用性、物质资产专用性和特定资产专用性和契约长短的关系。通过对 300 份契约的统计分析表明，关系性投资越重要，买卖双方越倾向于签订长期协议，以便事前规定好未来的条款，尽量减少交易发生后的反复磋商[25]。

6. 交易费用测量

Coase 提出交易费用的概念之后，尽管有许多经济学家对其进行了研究，并出现了大量研究文献，但是尚未对交易费用的定义形成一致认识。对交易费用的不同定义也引发了对交易费用测量问题的争议。生产和交易费用是被联合决定的，由此导致对交易费用的单独估计变得相当困难[26]。1985 年 Barzel[27]提出这样的问题：“交易费用仅仅是一种简单的费用吗?”由此引发了人们对交易费用的具体分类与测量的研究。

宏观层面，Wallis 和 North 将整体经济活动划分为交易活动和生产转换活动，并加总与交易活动相关的资源耗费形成了对交易成本的大致估计。交易部门由那些市场上的商品交易和服务交易相关的行业组成，如邮电、批发、金融、保险、房地产、广播电视、国家机关等部门。生产转换部门则主要与生产商品的行业有关，如采掘、制造、电力、交通、教育、餐饮、建筑等部门。但是像业主、经理、经营者、监督者、检查员、律师、会计师等人员从事购买投入或分配产出、处理信息和进行交易，被归入交易部门。最后得出结论，美国的交易费用总量占 GNP 比重从 1870 年的 25%上升到 1970 年的 45%，这就表明经济越发达，交易部门的比重会越大[7]。卢现祥和李小平从三次产业的角度，以交易行业和交易服务的增加值，首次对中国各省的交易费用进行了粗略测算，发现制度转型降低了中国的交易费用，证实了好的制度就是节约交易费用，但是经济增长却没有显著地促进交易费用的增加[28]。笠凤媛等测量了我国 1978～2007 年三次产业的交易费用变动情况，我国交易部门的交易费用主要来自于第三产业，第三产业的交易部门的交易费用变动趋势决定了总体交易部门的交易费用[29]。

微观层面，Furubotn 和 Richter 将微观交易费用分为市场型、管理型和政治型交易费用[16]。Williamson 对微观层面上的交易成本的研究提供了方法论基础。在他看来，管理型交易费用可以分为签订合同之前的事前交易费用和签订合同之后的事后交易费用。事前和事后成本是相互依存的，尽管直接计量事前和事后的交易费用很困难，但可以通过对不同制度的比较来测量交易费用。他认为只要通过制度的比较，也就是把一种合同与另一种合同进行比较，就能估计出它们各自的交易成本[30]。

目前，国内关于交易费用微观层次的测量研究还鲜见报道，而国外相关研究主要体现在四个方面：第一，比较不同国家对创办新企业等进入管制所带来的交易费用；第二，比较不同国家在完成同一笔中间商品交易的交换费用；第三，对单个行业的交易费用的测度；第四，针对某项具体政策所引致的政策诱致型交易费用的测度。

De Soto 对 85 个国家的商业进入管制程度进行了详细调查，结果发现，各国的商业进入管制存在很大差别，如在加拿大创办一个新企业只需花费 280 美元和 2 天，经过 2 道程序即可，而在意大利则需花费 3946 美元和 62 天，程序则要经过 16 道[31]。

Benham 和 Lee 提出交换费用(the cost of exchange)的概念，指在特定的制度环境下，个人按照某种既定的交换方式获得某件商品所面临的总的机会成本，具体可以通过同一笔交易完成所花费的货币和时间来衡量。他们通过实例比较了不同国家安装商业电话、转让资产所有权、进口大型掘土机曲轴相关的交换费用。结果显示，1989 年，秘鲁进口大型掘土机曲轴所花费的货币价格是美国的 4 倍，等候所花费的时间却是美国的 280 多倍；阿根廷所花费的货币价格是美国的 2 倍，等候时间是美国的 30 倍;马来西亚在货币花费和等候时间上大致与美国相等[32,33]。

Colby[34]提出了“政策诱致型交易费用”(policy-induced transaction cost, PITC)的概念,具体指一项政策实施所产生的交易费用。他比较了美国科罗拉多州、新墨西哥州和犹他州水转让政策的诱致型交易费用,在这 3 个州完成每英亩①水转让所需的政策诱致型交易费用分别为 187 美元、54 美元、66 美元。若按照计算等待政府机构审批所需的时间来衡量,在这 3 个州所花费的时间分别为 29 个月、4.3 个月和 5 个月。Hearne 和 Easter[35]在对一个农场主调查研究的基础上,发现智利水转让的交易费用占水交易价格的 7%~23%。McCann 等以环境政策为例,指出在政策选择和政策设计中交易费用对政策的效率和可持续性产生影响,他们认为在政策演变的五个阶段:提出、发展、早期执行、全面实施政策成熟。交易费用主要构成也会相应改变,如在政策提出时,交易费用主要产生于信息的收集与分析研究,此时应采取的计量方法是通过调查或者采访政府部门和利益相关者来获取相关资料。因此,测度政策诱致型交易费用时应采用灵活可变的方法,根据具体政策实施的不同阶段来选择相应不同的测度方法[17]。

1.4.2 建设工程项目管理中的交易费用问题

项目的复杂性、人的有限理性和合同的不完备性,会造成在项目的实施过程中业主和承包人在信息上的不对称性,承包人的利益目标与业主的利益目标不完全一致,承包人的“道德风险”和“逆向选择”难以避免,因此,在工程交易过程的交易费用不可忽略。很多国外学者以交易费用经济学为基础,分析了建设工程中的交易费用问题,具体可见表 1-1。

表 1-1 交易费用应用于建设工程项目管理研究文献

作者	研究主要内容
Eccles(1981)	分析了总包商和分包商之间的关系,认为总包商和分包商的关系是一种垂直一体化的组织,是一种“准企业”(quasi-firm)形式[36]
Gunnarson 和 Levitt(1982)	从交易费用经济学的视角分析了建筑市场的总包和分包的现象,认为总建筑市场既非纯粹的市场也非纯粹的科层组织,而是两者中间的状态。由于规模经济的存在,分包才是市场最有效的选择[37]
Reve 和 Levitt(1984)	基于交易费用经济学分析了业主、咨询工程师和承包商的三方治理关系[38]
Winch(1989)	以交易费用为分析工具,从公司和项目的角度分析不确定性来源[39]

① 1 英亩=4046.86 平方米。

续表

作者	研究主要内容
Lynch(1996)	构建了建设工程交易费用分析框架，把交易费用分析分为个体、团队、企业、企业之间、项目五个层次，并基于路径分析模型分析了项目层面的交易费用[40]
Cox 和 Thompson(1997)	从关系合同的视角分析市场供需双方不同的关系类型和采用不同合同的相关性[41]
Piertoforte(1997)	强调项目执行的联合机制，用信息技术加强设计和施工过程中的定性和不确定信息的沟通[42]
Thompson 等(1998)	经济关系和合同战略的依赖性[43]
Walker 和 Wing(1999)	分析了项目管理理论和交易费用经济学之间的关系，指出项目管理的任务就是使项目生产费用和交易费用最小化[44]
Bremer 和 Kok(2000)	招标过程中强调竞争和合作以降低交易费用[45]
Lai(2000)	从 Coase 的市场和企业两分法出发，分析建筑市场分包合同的特性:通过总承包商相互影响的用户垄断市场的一个企业网络节点[46]
Winch(2001)	提出基于项目全寿命周期的交易治理模式，把项目交易治理分为基于项目的垂直交易治理和基于供应链水平交易治理[47]
Brokmann(2001)	从关系型契约的角度分析了业主和承包商的关系[48]
Constantino 等(2001)	考察了近 20 年住宅和商业建筑承包商，在 Eccles 和 Williamson 基础上分析不同类型的分包方式[49]
Turner 和 Simister(2001)	阐述了如何从交易费用的角度选择工程合同[50]
Bajari 和 Tadelis(2001)	讨论了采购合同和基于交易费用的激励合约，并定性分析了和交易费用相关的价格和信息不对称[51]
Constantino 和 Pietroforte(2002)	把建筑市场看成交易网络(合同网络)，又考察了 Eccles 的“准企业”(quasi-firm)形式[52]
Love 等(2003)	建议在建筑行业建立合作学习组合联盟以减少组织之间的交易费用[53]
Miller 等(2002)	总包商和分包商相互合作的和谐关系是实现精益建造(lean construction)的必要条件，而且要把分包商的需求和意见放到突出的位置[54]
Rahman 和 Kumaraswamy(2002)	关系合同有利于降低交易费用，又能培育项目参与方的相互合作关系和团队协作，反过来促进了联合风险管理[55]
Zaghoul 和 Hartman(2003)	强调了项目参与各方的信任关系对项目管理和合同管理的重要性，提出基于信任关系的改进风险分配和合同战略方法[56]

续表

作者	研究主要内容
Müller 和 Turner(2005)	分析了业主和项目经理在委托代理的关系下如何沟通,不同的沟通水平决定了不同的风险分担水平,从而决定了选用不同的合同类型[57]
Whittington(2008)	基于交易费用经济学分析了美国交通部门由 DBB 到 DB 发包方式的制度变迁,并详细分析了 3 个州 6 对 DBB 和 DB 工程的生产费用和交易费用构成,以及不同发包方式对项目交易费用和项目绩效的影响[58]

Eccles 把交易费用经济学应用于建筑行业,分析了总包商和分包商之间的关系,认为总包商和分包商的关系是一种垂直一体化的组织,由于交易费用的存在,他们需要建立稳定的组织实体,但是这种组织又是介于市场和科层企业之间的形式,是一种 Williamson 所提到的内部契约系统,是一种"准企业"(quasi-firm)形式。并以住宅开发商为例证明了这种论断。但是他的分析只局限于住宅开发,并没有对建筑行业进行一般性的分析[36]。

Levitt 等[37,38]从交易费用经济学的视角分析了建筑市场的总包和分包的现象,认为建筑市场既非纯粹的市场也非纯粹的科层组织,而是两者之间的状态。由于建筑项目一次性的特征,分包就是市场最有效的选择,在没有额外增加交易费用的同时降低了生产费用。由于项目的独特性,每个项目需要的技能差异性比较大,如果总承包商全部雇用专业的工人,显然是不经济的,那么在每个项目中把不同专业工种进行分包就是最有效率的选择。而分包商为总包商提供专业服务,它显然可以长期雇用专业工人,不仅能在项目中承担更多的责任,还能从风险分担中取得利益。单个项目的资产专用性要显著高于跨项目间的资产专用性。项目的执行高度地依赖专业分包公司,如果他们中途停止工作,那么将没有人可以接替这样的工作。流水的工作流程中,一个工序的延误将影响到下游所有工序的执行,潜在的"敲竹杠"问题的存在是显然的。因此,工期计划和协调就显得相当重要。当项目的不确定性和复杂性增加时,市场的交易就需要合同来降低交易费用,而建筑行业找到了降低交易费用的方式,那就是采用标准合同,避免了一些潜在纠纷的出现,这就是 Williamson 所说的"解决纠纷的第三方协助"。

Winch[39]指出以往的分析(Levitt 等[37,38])都是把项目作为分析对象,然而 Williamson 的交易费用理论是建立在企业之上,研究企业是如何分配资源。但是建筑工程项目并不是一个经济实体,不能作出资源分配的决策。只有由项目所组成的公司才是资源的分配者,这些资源包括资金、人力和土地等。Winch 接着用交易费用经济学对建筑市场作了相当详细和深入的分析。界定了工程项目不确定性和复杂性的来源,在项目执行过程中市场是不复杂的,因为大部分地方潜在的客户和潜在的竞争者基本是已知的;又指出技术变革导致的不确定性也是微乎其微的。在建筑行业中不确定性的主要来源是任务的不确定性、自然的不确定性、组织的不确定性和合同的不确定性。按照 Woodward[59]的生产分类方式,建筑生产是典型的小规模生产,这种生产方式就导致了生产任务的不确定性。每个项目都需要新的设计、都有新的生产问题需要解决,但是从项目中所获得的技能并不能完全转换到其他项目中。组织的不确定性主要来自于项目组织都是临时性组织、组织内部成员之间和项目参与组织之间的不协调和冲突。自然的不确定性主要来自于项目本身的地质条件以及项目实施过程中的天气不确定性等。以上三种不确定性是建筑工程项目生产本身所产出的不确定性,可以通过完善的管理得以降低。第四种不确定性由竞争性招标产生,其主要来自于两个方面:一方面是工程预算的不准确性,造成工程预算和工程实际发生费用之间的误差;另一方面是工程合同额往往占到承包公司很大的比例,投标的成功与失败对公司的影响巨大。

Walker 和 Wing[44]分析了项目管理理论和交易费用经济学之间的关系,指出项目管理的任务就是使项目生产费用和交易费用最小化。不同的项目组织将产生不同的项目管理费用(交易费用)和设计、建造费用(生产费用);高的项目管理费用(交易费用)并不一定会使设计、建造费用(生产费用)降低,反之亦然;项目组织结构的选择应该是使项目管理费用和设计、建造费用达到最小,并且满足业主的需求。交易费用经济学提供了一种项目组织结构选择的理论解释,更重要的是为组织理论的实证研究提供了一个更加严格的分析框架。

Brokmann[48]从关系型契约的角度分析了业主和承包商的关系,指出在建筑市场上需要在两者之间建立基于相互信任的关系型契约。根据传统市场交易划分,交易的物品只有商品和服务,但是建筑产品则是一个特例,它是商品和服务的混合体。从交换商品的性质来看,又可分为交换商品和合同商品。交换商品是现货交易,交易过程中不会产生交易费用,而合同商品需要合同谈判、合同监督等过程,交易费用就不可避免。而在建筑市场的交易中多数都是合同产品,因此,交易主体之间需要建立关系型契约。

Turner 和 Simister[50]阐述了如何从交易费用的角度选择工程合同,提出工程项目的全部费用由工程的生产费用加上签订合同和管理合同的交易费用组成,其中交易费用包括确定工程发包范围、确定工程实施方案、工程实施过程中管理工程范围变动费用和管理施工方案变动费用。产品的不确定性、业主的管理能力、生产过程的不确定性和项目的复杂性四个参数决定合同类型的选择。合同选择的最终目标是使工程生产费用和交易费用达到最低。

Winch[47]基于交易费用经济学给出了面向项目全寿命周期的项目全过程治理框架。提出项目交易治理的概念,把项目交易治理分为垂直交易治理和水平交易治理。垂直交易治理结构就是项目实施过程——项目链。在项目设计阶段，不确定性较高，而资产专用性较低；而在施工阶段，项目的不确定性降低，资产专用性增高。建立严格的工程变更系统，为项目执行者提供激励措施，设置冲突解决机制和标准的操作程序，建立承包商的信誉档案和声誉机制，都可以降低生产费用和交易费用。水平交易治理结构分为三种：业主与业主代理人的交易、业主与供应商的交易、承包商和分包商的交易——供应链。根据资产专用性的高低和交易频率的高低分为四种治理模式：临时性合同关系、一次性合伙制、准企业模式、长期合作的联合体模式。

Müller 和 Turner[57]分析了业主和项目经理在委托代理的关系下如何沟通，不同的沟通水平决定了不同的风险分担水平，从而决定了选用不同的合同类型。并指出交易费用经济学适合分析合同前业主行为决策，如生产还是购买(make or buy)、合同类型选择等。委托代理理论适合分析合同后业主和项目经理(或者承包商)之间的关系，如项目执行过程中风险如何分担、沟通机制等。但是并没有进行实证分析。

Whittington[58]基于交易费用经济学分析了美国交通部门从 DBB 到 DB 发包方式的制度变迁，并详细分析了 3 个州 6 对 DBB 和 DB 工程的生产费用和交易成本构成，以及不同发包方式对项目交易费用和项目绩效的影响。Whittington 分解了工程的交易成本和生产成本如表 1-2 所示，对本课题的研究起到很多借鉴作用。

表 1-2 工程生产成本和交易成本分解

生产成本	业主设计成本
	承包商设计成本
	建造成本
交易成本	初期规划和管理(preliminary administrative)
	辅助研究(ancillary study)
	招标管理(bid administration)
	合同管理(contract administration)
	第三方纠纷和破坏(outside agreements & damage)
	变更和争议(change order & dispute)

邢会歌等[60]针对我国建设市场的现状，从交易角度出发，研究考虑工程交易成本的招标机制设计。首先结合交易费用理论和工程交易的特点将工程交易费用分为合同前交易费用和合同后交易费用；然后根据合同后交易费用的大小对工程进行了分类；最后对不同类型工程设计不同的招标机制，即零交易费用的工程招标采用最低价中标机制，考虑交易费用的工程招标采用综合招标机制。徐东明

等[61]根据 Williamson 对交易成本分为事前费用和事后费用的界定，认为事前费用发生于合同签订之前，包括制定招标文件、考察承包商以及评标等费用；事后费用是签订合同后执行合同的成本，包括监督、惩罚、奖励等行为造成的费用。陈朗[62]认为合同价格是“生产费用”，施工过程中的变更、索赔也属于“生产费用”，除“生产费用”之外的所有运转、管理方面的支出都是交易费用，包括甲乙双方在招投标、签订合同、防止一方违约的措施等部分。王群等[63]认为在工程建设交易中，产生的交易费用应主要包括生产费用和组织管理费用两部分。合同价格可认为是生产费用。除生产费用之外的所有运转、管理方面的支出都可以认为是组织管理费用，包括甲乙双方在招投标、签订合同、防止一方违约的措施等支出部分，以及在特定契约条件下根据环境变化对契约关系调整所引起的费用和解决纠纷所引起的费用。

王卓甫等[64]将工程交易费用分为构建业主方项目管理机构的费用和工程交易中发生的费用两部分，并以业主方项目管理能力与经验为变量，分析比较了经典的监理和项目管理(project management，PM)两种业主方管理方式的经济性。结果表明，当业主方项目管理能力较弱和经验欠缺时，宜采用 PM 方式，反之，则采用监理方式较为合理。陈欣[65]运用交易费用理论分析了交易费用与组织结构变化之间的数量关系，并指出需要根据项目的具体情况选用合适的项目管理模式。

英国国家审计署(National Audit Office，NAO)多次在其报告中提到 PPP 项目有很高的交易费用[66]，同时提到此问题的还有英国国会下议院(House of Commons)的公共账目委员会(Public Accounts Committee，PAC)[67]。Torres 和 Vicente 通过调研欧盟和西班牙政府投资 PPP 项目发现，监控私人参与者绩效的费用占到合同额的 3%～25%，因此，他们建议欧盟单独列出项目投资额的 10%作为预算，用来进行项目监督和监控[68]。

1.5 国内外研究现状述评

1）工程项目交易费用产生机理缺乏系统研究

很多国内外学者利用交易费用经济学来分析建筑市场的生产组织形式，主要是用交易费用经济学来分析总分包关系、业主和承包商关系，并提出基于交易费用的项目治理结构。但是各个学者对工程交易费用的定义不统一，就造成了对工程交易费用构成不同的划分方法，同时也缺乏对工程交易费用产生机理的因果范式研究。

2）工程项目交易费用测量依然是一个难题

虽然有学者对工程交易费用和生产费用进行了简单的分解[58]，但是学界对交易费用还缺乏一个统一的定义，而且在工程交易中生产费用和交易费用往往交织在一起，很难区分开，造成交易费用测量难以突破。

基于以上文献综述，可以看出，交易费用作为一个非常重要的内容，很多研究学者都强调了它的重要性，但是关于实证性的研究还比较少。大多数学者关于建设工程交易费用的研究只停留在理论探讨和定性的研究阶段。最根本的问题就是在各个行业都缺乏一个关于交易费用的统一的定义，有人称为采购成本，有人称为合同成本，而且这些不同的定义和名称导致了交易费用内部的费用包含的内容也不同，因此，对数据进行分析几乎成为不可能的任务。建设工程交易费用测量的最大困难是当今的会计系统中没有关于交易费用的条目，从工程成本的数据中找出交易费用就非常难，何况还有很多交易费用是不包含在工程成本数据中的。而且，交易费用还没有受到建设领域内工业界和学术界的广泛认同，也是其研究的障碍之一。

关于交易费用的测量已经有了一些研究，但更多的关注点是采购阶段的交易费用。就如 Brokmann 所说的，建设工程是典型的合同产品，它的高度复杂性、唯一性和过程的动态性，导致设计和合同变更、索赔，甚至是法律诉讼。因此，工程建设阶段的交易费用要比采购阶段更多、更重要[48]。这就更需要构建一种能够使大家普遍接受的、能够测量建设工程全过程交易费用的方法。本书拟收集问卷，通过统计分析，得出工程交易费用影响路径模型及初步讨论工程交易费用测量的直接和间接测量方法。

1.6 主要研究内容和方法

1.6.1 研究的主要内容

本书研究的主要内容包括如下。

(1) 第 1 章，绪论。国内外交易费用的研究现状，包括交易费用的定义和分类、不完全契约理论和交易费用经济学的关系、新兴古典经济学关于交易费用的研究、交易费用经济学的实证研究和建设工程项目管理中关于交易费用的研究，在总结前人研究所存在问题的基础上提出本书的研究内容。

(2) 第 2 章，建设工程交易费用及产生机理。对建设工程交易费用相关问题进行了探讨，从交易费用经济学、不完全合同理论和组织理论的视角对建设工程交易的特点进行了分析；以交易费用经济学为基础构建了工程交易的研究范式；从成本和收益的角度对交易活动进行了分析；从工程承发包的委托代理关系、工程的不确定性、人的有限理性、资产专用性和机会主义动机等方面分析了交易费用产生的机理。

(3) 第 3 章，建设工程交易费用影响路径模型假设。首先构建了建设工程交易费用影响路径的概念模型；把工程交易费用分为合同后交易费用和合同前交易费用；影响交易费用的因素分为业主行为的不确定性、承包商行为的不确定性、项目管理的效率和项目交易环境和机制的不确定性；在此基础上提出了相应的九个研究假设；最后介绍了结构方程模型的研究方法。

(4) 第 4 章，建设工程交易费用影响路径的实证分析。阐述了建设工程交易费用影响路径的实证研究过程。首先是预设样本的收集和检验，对预设样本进行项目分析、因素分析和信度分析，得到通过信度和效度检验的量表。接着对大样本数据结果进行了分析，并对影响交易费用产生的因素进行了方差分析。对大样本进行了验证性因子分析、信度和效度的检验，表明收集数据适合测量模型；对潜在变量进行路径分析，结果表明，数据契合结构方程模型，相关假设得到了验证，呈现了完整的建设工程交易费用影响路径。在对假设检验进行分析的基础上总结出了业主减少建设工程交易费用的途径建议。

(5) 第 5 章，中美建设工程交易费用影响路径比较研究。对中美两国工程交易费用影响路径模型进行了比较分析，发现模型既适合中国也适合美国的数据，美国数据的测量模型各个指标达到要求，结构模型只有假设 1 没有得到支持，说明业主行为的不确定性对建设工程交易费用没有直接的影响。最后对模型进行了群组分析。

(6) 第 6 章，建设工程交易费用测量方法探析。探讨建设工程交易费用的直接测量方法和间接测量方法，直接测量方法需要所有交易活动产生的交易费用的综合，而且是实际真实数据，间接测量方法则是从影响交易费用的因素入手；之后又分析了由信息问题产生的两类交易费用即资源消耗型和租金转移型交易费用；最后给出了建设工程交易费用直接测量法的分解结构，把交易费用分为合同前和合同后交易费用，两类交易费用又进一步分解为不变交易费用和可变交易费用，并给出了各类交易费用的影响因素。

(7) 第 7 章，交易费用对工程合同设计的影响。分析建设工程承包合同的不完备性，以及工程合同中的交易费用和激励问题。基于交易费用经济学，构建考虑交易费用的工程合同设计模型，把项目复杂性、设计成本作为内生变量来构建模型；工程合同的重新谈判是造成工程交易产生的重要原因，本书构建了两种合同的重新谈判模型，并分析设计深度作为内生和外生变量对合同模型的影响。

(8) 第 8 章，结论和建议。对全文研究内容进行了总结，并对后续研究提供了可借鉴的思路。

1.6.2 研究方法

(1) 文献研究法。通过对交易费用理论、建设工程交易相关研究成果及文献的收集、整理和总结,发现影响建设工程交易费用产生的因子,并据此编写工程交易费用影响路径测量的量表。

(2) 统计分析研究方法。通过问卷调查对建设工程交易费用影响、构成、产生机理进行统计分析,主要是路径分析、因子分析、结构方程。

(3) 比较制度分析法。对中美两国收集数据,以国家为调节变量,通过结构方程模型的检验,发现中美两国建设工程交易制度和机制的不同。

1.7 研究技术路线及创新点

1.7.1 技术路线

总体而言,本项目拟采用理论分析、调查分析和实证相结合的方法开展研究,具体研究技术路线如图 1-2 所示。

1.7.2 主要创新点

(1) 针对建设工程特点,在不完全合同理论和交易费用经济学的框架下,对建设工程交易特点进行了分析,定义建设工程交易费用,从成本收益的角度分析交易活动,提出建设工程交易的研究范式。

(2) 根据文献研究结果,提出影响建设工程交易费用的决定性因素,构建交易费用影响路径的结构方程模型,收集数据并进行假设检验;收集中美两国关于建设工程交易费用产生的数据,根据所建立的结构方程模型,进行中美两国建设工程交易制度的比较分析。

(3) 探讨建设工程交易费用的直接测量方法和间接测量方法,直接测量方法需要所有交易活动产生的交易费用的综合,间接测量方法则是从影响交易费用的因素入手;分析由信息问题产生的两类交易费用即资源消耗型和租金转移型交易费用;最后给出建设工程交易费用直接测量法的分解结构。

研究理论/方法
研究内容
中间成果
研究背景、提出研究问题
资料收集、工程调研
交易费用经济学、工程交易理论、文献总结
建设工程交易费用构成及影响因素分析
建设工程交易费用构成；建设工程交易费用影响因素；提出相关假设
文献研究、问卷量表设计、相关假设
工程交易费用影响路径模型构建
交易费用产生机理的因果路径模型
问卷收集、因子分析、结构方程
工程交易费用影响路径模型检验
建设工程交易费用测量模型和信度和效度检验
结构方程
工程交易费用测量模型路径分析
对交易产生的路径进行假设检验；分析检验结果
比较制度分析
中美建设工程交易比较制度分析
中美建设工程交易费用产生的比较制度分析
交易费用经济学、工程交易理论
建设工程交易费用测量初探
直接和间接测量方法；交易费用分解结构
交易费用经济学、不完全合同理论
考虑交易费用工程合同设计
设计完整性对交易费用的影响
研究结论

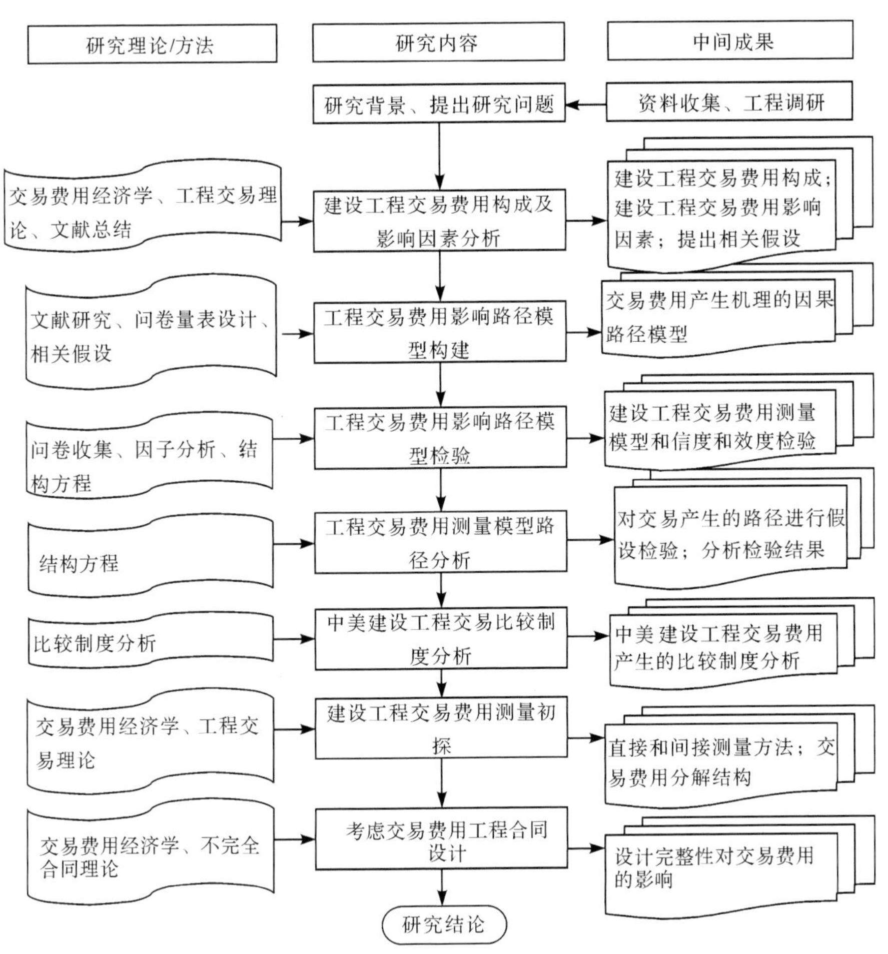

图1-2　研究技术路线图

第 2 章　建设工程交易费用及产生机理

以新制度经济学为理论基础，以交易费用作为分析工具，结合建设工程的自身特点，分析建设工程交易不同于其他行业交易的特点；为了使建设工程交易成为一个完整的体系，研究了建设工程交易研究的范式；最后讨论交易费用产生机理。

2.1　工程交易研究的理论基础

2.1.1　制度经济学

1. 制度经济学简介

制度指人际交往中的规则及社会组织的结构和机制。制度经济学(institutional economics)是把制度作为研究对象的一门经济学分支。它研究制度对于经济行为和经济发展的影响，以及经济发展如何影响制度的演变。制度经济学的研究始于 Coase 的文章——《企业的性质》，Coase 的贡献在于将交易成本这一概念引入经济学的分析中并指出企业和市场在经济交往中的不同作用。Williamson、Demsetz 等对于这门新兴学科作出了重大的贡献。

在现代西方经济学蔚为壮观的体系中，制度经济学是特别引人注目的一支。一般认为，现代西方经济学可分为主流经济学和非主流经济学。主流经济学由亚当·斯密发端，中经大卫·李嘉图、西斯蒙第、穆勒、萨伊等，形成了古典经济学体系(classical economics)。在 20 世纪以后，主流经济学又历经了"张伯伦革命"、"凯恩斯革命"和"预期革命"等，形成了以微观经济学和宏观经济学为基本理论框架的新古典经济学体系(new classical economics)。尽管主流经济学枝繁叶茂，备受青睐，但非主流经济学一直在努力抗争，不断创新，仍获得相当的发展空间。非主流经济学流派很多，制度经济学就是其中的一个流派。制度经济学之所以引人注目，不仅是因为它的理论思想与众不同，更重要的是它的研究方法具有独特性质。

从方法论上讲，制度经济学的最初起源可追溯到 19 世纪 40 年代，以李斯特为先驱的德国历史学派。历史学派反对英国古典学派运用的抽象、演绎的自然主义方法，而主张运用具体的实证的历史主义方法，强调从历史实际情况出发，强调经济生活中的国民性和历史发展阶段的特征。19 世纪末 20 世纪初，在美国以凡勃伦、康芒斯、米切尔等为代表，形成了制度经济学派别。尽管制度学派并不是一个严格的、内部观点统一的经济学派别。但制度学派的经济学家，基本上都重视对非市场因素的分析，诸如制度因素、法律因素、历史因素、社会和伦理因素等，其中尤以制度因素为甚，强调这些非市场因素是影响社会经济生活的主要因素。因此，他们以制度作为视角，研究“制度”和分析“制度因素”在社会经济发展中的作用。这一研究方法论的核心在于，不是以任何客观的指标来衡量经济活动，而是立足于个人之间的互动来理解经济活动。因此，以制度为视角研究经济问题，首先要求确立以人与人之间的关系作为研究的起点，而不是以人与物的关系作为起点。在他们看来，制度经济学所研究的是活生生的、不确定的人，因而无法以一个确定的、总量的标准，对整个经济活动作出安排。正如 Williamson 所说，研究视角的改变推动了诸如产业组织、劳动经济学、经济史、产权分析和比较体制等领域中实证和理论研究的结合——这种结合是有用的，并带来了制度主义的复兴。这是制度经济学在方法论方面的一个显著特点。

尽管制度学派是以反对主流经济学为旗帜的，但它强调立足于个人之间的互动来理解经济活动，首先确立以人与人之间的关系作为研究的起点，反对以一个确定的、总量的标准对整个经济活动作出安排的研究思路，却可以追溯到主流经济学的鼻祖——亚当·斯密的理论。亚当·斯密发表了《国富论》这一不朽著作，开创了现代经济学的先河；同时，亚当·斯密还发表了著作《道德情操论》。他在《道德情操论》中分析了人与人之间关系的微妙和不确定性，认为人与人的关系取决于人的情感，而不同的情感又源于人的不同想象。由此他提出，维系和处理人与人之间关系的最佳经济运行方式是市场，因为市场没有违逆人与人之间的这种情感和想象，市场是人的情感不确定性的集中和体现。当然，主流经济学在以后的发展过程中，一味地对市场进行所谓的科学分析，逐渐把市场描述为一架精巧的可预测的机器，从而背弃了亚当·斯密关于市场不确定性的思想和研究思路，则是另外一个问题了。

从研究方法论上讲，制度经济学是德国历史学派在美国的变种，二者一脉相承。因为，历史学派和制度学派在方法论上，都反对主流经济学所使用的抽象演绎法，反对 19 世纪 70 年代以来主流经济学家越来越重视的数量分析方法。他们强调制度分析或结构分析方法，认为只有把对制度的分析或经济结构、社会结构的分析放在主要位置上，才能阐明资本主义经济中的弊端，也才能弄清楚资本主义社会演进的趋向。他们反对把资本主义社会看成是抽象的“经济人”的组合，把资本主义经济的变动看成是“自然的”规律起作用的结果。他们认为，个人首先是一种“社会人”和“组织人”，而不是“经济人”。作为一种社会存在，除了物质经济利益以外，人还追求安全、自尊、情感、社会地位等社会性的需要。因为人所作出的选择，不仅以他的内在效用函数为基础，而且建立在他个人的社会经验、不断的学习过程以及构成其日常生活组成部分的个人之间相互作用的基础之上。因此，人的行为是直接依赖于他生活在其中的社会文化环境的。所以，应当从每个人的现实存在和他与环境的关系方面，从制度结构、组织模式方面，从文化和社会规模等方面去考察人的经济行为。如果只是单独考察个人的动机来发现经济规律，那将是只见树木不见森林的片面做法。因此，制度经济学采取历史归纳方法和历史比较方法，强调每一个民族或每一种经济制度都是在特定历史条件下进行活动或发展起来的，而主流经济学所阐明的规律性并无普遍意义。

制度学派在美国产生伊始，就以批判资本主义制度本身的缺陷和局限性为己任，强调有必要进行改良，调整资本主义的各种经济关系，并预言美国资本主义的唯一出路在于社会改良。因此，制度学派从它产生之日起，就被看成是一个以异端形式出现的经济学派别，其代表人凡勃伦和康芒斯等，更因著述批评当时在资产阶级经济学中处于正统地位的马歇尔理论，指出资本主义经济和自由市场经济制度并非是完美无缺的，而被看成是“离经叛道者”。这是早期制度经济学十分显著的理论特色。

20 世纪 60 年代，制度学派的经济学家又以历史分析的方法，探讨产权制度变迁的理论。最重要的代表人物是 Galbraith，此外还有 Boulding、Heilbroner 等。他们在研究方法上的基本特点是，采用制度分析或结构分析方法，说明社会经济现实及其发展趋势，揭露资本主义制度的现状与矛盾，提出要从结构方面进行改革的设想或方案。

2. 整体制度分析

早期制度学派反对古典学派的孤立个人行为的分析方法，但是他们还没有提出整体概念，并用以阐述制度运行中各个相关因素的相互联系与相互作用。这一时期制度经济学则注意分析整体制度对社会经济发展的作用，主张从根本上刷新主流经济学的方法论基础。他们认为，技术不断变革，资本主义经济制度和社会结构处于不断演变的过程中，资本主义制度是一个“因果动态过程”，所以经济学必须研究变化，研究过程，而不是研究静止的横断面。这就是说，对经济问题的研究要把注意力从作为选择者的个人和企业，转移到作为演进过程的整个社会。他们提出，从经济学上讲，经济整体要大于经济各个组成部分的简单总和，所以研究经济问题应当注重对“总体”和“整体”的研究，而不能循着相反的道路，即先研究各个组成部分，然后来加总。加尔布雷思强调，只有把现代经济生活当成一个整体考察，才能更清楚地揭示经济运行的规律。这是制度经济学在方法论方面的第二个显著特点。

Galbraith 的整体概念的内涵十分丰富，甚至已不再是一个经济概念，它往往不能用数字来表达。例如，他提出的“大公司的权力”，就是一个整体概念。它既包括经济权力，又包括政治权力，因而不能用数字来计量。因此，这一时期的制度经济学反对主流经济学所采取的数量分析，而强调整体制度因素的分析。Galbraith 认为，宏观经济学只注意总需求水平的调节，微观经济学只注意成本和价格的形成，却恰恰遗漏或忽视了社会的制度结构问题，即权力分配问题。

应当说，整体大于个体的简单加总，这无论在哲学上、逻辑上还是事实上，都是成立的。但问题并未到此为止。更重要的事实是，“个体加总”总是构成“整体”的主体部分，两者的差异可能是重要的，但一定不是主要的。一般地讲，个体的特征是整体特征的集中反映，个体的性质决定了整体性质的主要方面或基本方面。因此，既要注重整体主义方法论，也不应当丢弃个体主义的方法论，对个体的研究往往可以构成整体研究的基础和前提。

3. 规范经济学

制度学派的研究从一开始就是与价值判断密切相关的。早期制度学派认为，国民生产总值(GNP)作为经济价值，只是社会价值中的一种而不是全部；除此以外，社会价值还应该包括社会平等、生态平衡、人们对闲暇时间的追求等。Galbraith 更提出了“整体制度目标”的概念，他把整体制度目标分为经济价值目标和文化价值目标，而社会追求的公共目标就是经济价值和文化价值综合起来的“生活质量”。这一时期制度学派提出的价值判断标准，反映了从凡勃伦以来的早期制度主义的一贯想法，更加突出地采用了包括伦理学等学科的研究方法。这是制度经济学在方法论方面的第三个显著特点。

Coase 在制度分析中引入边际分析方法，建立起边际交易成本概念，为制度经济学的研究发展开辟了新领域。North 曾经说，有了“交易成本”这个发现，才找到了解释制度存在和制度变迁的方式，才可以解释整个经济在体制上的变化。例如，运用“交易成本”概念可以理解制度为什么会存在、制度是怎样发生变化的、人们为什么以及怎样采用更经济的方式来组织生产和交换活动等。他认为有了“交易成本”的概念，制度经济学才称得上是“新”的。作者认为，由于引入边际分析方法，运用边际交易成本作制度分析，Coase 以后的制度经济学较之先前的制度经济学，在方法论上不再是与主流经济学相对立或渐行渐远，而是呈现出“合流”或“融合”的倾向。如果说，以 Galbraith 为代表的制度学派对早期的制度学派，在研究方法方面进行的拓展还只是量的发展和扩大，那么 Coase 对制度经济学研究方法的发展，就具有了革命性和方向性的改变。也许，这就是 North 把 Coase 以后的制度经济学称为“新制度经济学”的原因。

Coase 认为，古典经济学和新古典经济学的重大理论缺陷是没有专门的制度理论。在他们那里，尽管政治、法律、货币、习俗等制度形式，对经济体系的作用或多或少都得到认可,但是,这些传统的研究要么假定制度是外生给定的,或假定制度不影响经济绩效,如新古典经济学;要么假定制度可以无成本地运行,或没有专门对制度运行成本进行分析,如斯密、马克思的古典制度分析和凡勃伦、米切尔、康芒斯等的旧制度经济学。Coase 强调,要解释经济现象、经济行为和经济关系,就必须研究对它们产生影响、支配或约束作用的制度安排。应当说,Coase 并不是第一个注意研究交易背后权利关系的人,斯密、马克思或者更早的思想家就已经研究过这些问题,但 Coase 却第一个通过引入边际分析方法,通过分析边际交易成本,解释了现实制度的内生化及其对经济绩效的影响。这是制度经济学在方法论方面的第四个显著特点,也是一个重要的转折性发展。

Coase 认为,诸如灯塔制度、电信产品生产和消费出现的纠纷、农夫和养牛者的利益纠纷、环境污染等现实问题,实质上反映的是产权的界定和变迁;而产权结构的选择或解决纠纷的制度安排,又取决于利益关系人之间相互协调和影响的边际交易成本。他举例分析说,假定有法律诉讼和私下协商两种解决纠纷的制度安排,如果两者的边际交易成本不相等,当事人自然倾向于选择成本低的制度安排,这就是不同状态下当事人选择相应的纠纷解决机制的原因;如果两者边际交易成本相等,就会出现制度均衡,这就是现实社会中存在多样化的制度安排的原因;如果交易成本很小或不存在,那么各种制度就是多余的。由此 Coase 认为,在现实经济中制度的显著重要性和制度安排的多元化,恰恰反映了边际交易成本的现实性,而这些在新古典经济学中却是不被重视的。

Coase 的制度分析方法还呈现出微观化、具体化的倾向。他不赞成古典制度分析和旧制度经济学那种描述性的研究方式,认为他们的最大不足在于他们的制度分析一直是从总体上来把握制度变量,如分析资本主义制度的特征和后果,分析家庭、国家、法律、政治等制度安排,作为一个整体的性质、演化的过程及其对经济体系的影响等。Coase 认为,这种整体主义方法论除了对各种经济制度作了粗糙的描述以外,实际上并没有告诉人们关于制度的详细故事,这些分析仅留下了一堆有待证明的猜想而已。他批判过去的制度分析方法把企业和市场处理成不同利益集团解决利益纠纷的场所,其中起作用的制度要么是习惯和文化的非正式制度安排,要么是法律等正式制度安排,并且认为这些制度安排是作为决定当事人行动的社会整体出现的,当事人的行为反映了这些制度的特征。而 Coase 从考察一些具体的企业活动中发现,企业和市场本身就是协调利益关系的制度,企业和市场的共存说明了两者的交易成本的相对大小。在 Coase 看来,任何制度安排都是当事人根据具体环境自由选择的结果,这反映出 Coase 所运用的仍然是新古典的理性选择模型。从制度分析方法的发展来看,Coase 重视个案为基础的小样本研究,又不放弃演绎推理,这在一定程度上避免了古典制度分析和旧制度经济学那种描述性的研究方式和纯粹归纳研究方法的不足。这是制度经济学在方法论方面的第五个显著特点。

如上所述，Coase 的制度分析和以前的制度分析的最大不同在于，引入边际分析和边际交易成本概念，使得各种具体制度的起源、性质、演化和功能等的研究，可以建立在以个人为基础的比较精确的实证分析上，创立了可以经验实证的制度分析方法。这是 Coase 对新制度经济学研究方法的一个贡献。应当承认，如果制度分析仅停留在价值观的讨论上或一般性的规范分析上，那么人们就不可能像今天这样对制度的性质及其演化作出深刻的理解。Coase 的开创性研究不仅加深了人们对制度重要性的认识，而且促使人们更加科学地研究制度及其与之相关的经济问题，从而直接推动了制度分析的复兴。Coase 在制度经济学研究方法论方面的开拓性成果，对后来 North 等的经济史研究、张五常等的契约探讨、Williamson 等关于组织的理解等都产生了重要影响，促使他们从现实的经济形态出发，检验理论的合理性，强调如果理论不符合现实，就需要修正理论模型本身。这种强调经验实证的制度分析没有陷入象牙塔式的推理，而是从实际发生的事件中挖掘和发展理论。当然，在后来的发展中，古典制度分析、旧制度经济学，甚至新古典经济学等的研究方法，仍然对新制度经济学及其研究方法产生着重要影响，在相互的融合中形成了不同的方法论侧重和理论子分支，使新制度经济学呈现出研究方法和理论分支构成多样化的蓬勃局面。

以 North 和舒尔茨为代表的制度变迁理论，是制度经济学的最新发展。North 认为，在影响人的行为决定、资源配置与经济绩效的诸因素中，市场机制的功能固然是重要的，但是，市场机制运行并非是尽善尽美的，因为市场机制本身难以克服“外在性”等问题。制度变迁理论认为，“外在性”在制度变迁的过程中是不可否认的事实，而产生“外在性”的根源则在于制度结构的不合理，因此，在考察市场行为者的利润最大化行为时，必须把制度因素列入考察范围。他们强调，制度是内生变量，它对经济增长有着重大影响。因此，深入探讨制度的基本功能、影响制度变迁的主要要素、经济行为主体作出不同制度安排选择的原因、产权制度与国家职能、意识形态变迁的关系等问题，是经济学发展的必然要求。制度变迁理论在研究方法论上的特性，启发了经济学家在分析经济效率时，把经济理论与政治理论结合起来，把政治要素作为经济运行研究不可缺少的要素分析。

North 在强调制度分析方法和历史分析方法的同时，并没有丢弃“成本-收益”分析方法，事实上他是应用多种方法来研究制度变迁和制度创新的。这是制度经济学在方法论方面的第六个显著特点。North 认为，一项制度安排之所以被创新，影响到制度变迁，主要是因为，一方面有许多外在性的变化促成了潜在利润或外部利润的形成，另一方面又由于存在对规模经济的要求，将外在性内在化的困难，以及厌恶风险、市场失败、政治压力等，这些潜在的外部利润无法在规定的现有制度安排结构内实现。因而，在现有制度安排下的某些人为了获取潜在利润，就会率先来克服这些制度障碍，由此导致制度安排的创新，并进而形成制度变迁。

North 认为，从“成本-收益”分析来看，一项新的制度安排只有在创新的预期净收益大于预期的成本时，才会发生。这又分两种情形，第一种情形是，由市场规模扩大、生产技术进步和社会集团对自己收入预期的改变促成“制度创新”。因为，这些因素的变化，将会促使成本和收益之比发生变化，如市场规模的变化会改变既定制度安排下的收益和费用，技术进步会使得制度创新变得有利可图，社会中各种团体对收入的预期改变会使他们对新制度安排的收益与费用作出重新评价等，上述各要素作用的结果就会推动制度创新。第二种情形是，由技术创新、信息传播、有利于创新的社会科学知识进步等创新成本的降低导致的“制度创新”。他强调，制度安排创新的真正原因在于，创新成本的降低，可以使在新制度安排下的经济行为主体获取潜在的利润。

总之，在运用上述制度分析方法、历史分析方法和“成本-收入”方法的基础上，制度变迁理论得出的结论是，一种制度下的预期收益与预期成本的关系决定了制度创新，制度创新存在着一定的时滞性，因此由制度创新决定的制度变迁是缓慢进行的。

综上所述，制度经济学不仅以其独特的理论思想和理论特色，在整个现代经济学体系中引人注目，而且它所运用的研究方法也颇具特色。更进一步讲，在近一个世纪的时间跨度中，制度经济学在研究方法论的演化轨迹和发展趋势，也是颇为耐人寻味和引人入胜的。起初，制度经济学无论在理论思想上还是方法论上，都以“逆经叛道者”的面目出现，强烈反对主流经济学的研究方法。这个过程经历了从凡勃伦到 Galbraith 的几代人的传承。他们强调制度分析，强调非经济因素，强调人的选择的不确定性，强调整体和规范研究方法等。然而，自 Coase 引入边际分析方法，运用交易成本概念对制度展开研究之后，制度经济学无论在方法论方面还是在理论思想方面，都发生了转折性变化。变化的趋势不是日渐远离主流经济学，而是趋于相同，以至于在一些经济学家看来，自 Coase 以后的新制度经济学是可以被主流经济学所接纳的，甚至能够被归并到新古典经济学中去。Coase 制度分析方法的微观化和具体化的倾向，North 以“成本-收益”分析方法研究制度创新和制度变迁，更具有新古典色彩。

分析以上制度经济学在研究方法论方面呈现出的显著特点及其演化轨迹与发展趋势，可以获得三点重要启示。第一，研究方法的选择、运用和创新，是为经济学理论的发展进步服务的，它们二者是手段与目的的关系；第二，研究方法具有相对独立性，一种方法可以为多种理论研究所运用，一种理论可以使用多种方法；第三，研究方法的创新往往成为理论突破的启动按钮和关键环节，一种新的研究方法的引入往往可以为理论研究开辟新的领域，促成新的研究成果。也许可以说，制度经济学的进一步发展，有待在方法论上运用跨学科的研究方法和研究成果。正如 North 所说，制度经济学还有更多的研究工作要做，特别是应当更重视跨学科研究和经济以及其他社会现象间的联系。

古典经济学乃至新古典经济学、新古典综合派之所以能够成为当时的主流经济学派，和当时社会所面临的突出问题有很大关系。古典经济学面临的是社会财富的增长问题，这可以从经济学开山之作的名称《论国民财富的性质和原因》反映出来，它主要解决的是生产不足问题，需求因素还没有突出出来。新古典经济学面临的主要是需求不足问题，这也可以从其代表人物凯恩斯的《就业、利息和货币通论》中反映出来，新古典经济学所要解决的是需求不足的问题，这时，财富的增长不再成为经济学关注的重点。1929～1933 年波及世界的经济危机为凯恩斯经济学的实施提供了舞台，美国的罗斯福政府实行了凯恩斯主义的财政政策，美国因此较快地摆脱了经济危机。

制度学派自诞生之日起，就不被主流经济学所重视。这也许和它历史、逻辑的分析方法不能像古典经济学那样能对现实问题提供实证分析，从而在现实中具有较强的操作性有关。如果说古典经济学在“边际革命”以前在分析经济问题时还只是使用代数和简单的几何工具，那么，经过杰文斯、门格尔和瓦尔拉斯对边际概念的引入，经济学研究方法就明显地被数学化了，进而区分为实证方法(追求经验验证)和规范方法(追求价值关怀)。此后，数学方法在经济学领域被大量使用，起先是微积分，以后是矩阵、统计学、模型等更加复杂的方法，以致国际上主流经济学研究必须有模型，在国内的一些专业性学术期刊发表论文也要求必须有数学模型。数学模型方法的应用固然使经济学增强了对经济现象的解释和预测能力，但模型化的方法也存在着“失之毫厘，谬以千里”的危险，如果模型的前提假定有不符合现实之处，其对现实情况的解释力就很差，其对未来事件的解释就可能很荒唐，就会出现“蝴蝶效应”。

新制度经济学认为制度就是规则，不是传统意义上所理解的政治或经济的制度，传统上所理解的制度是政治或经济体制意义上的。制度这一概念是在“规则”这一意义上被制度经济学家使用的。新制度经济学家把制度分为正式制度和非正式制度。正式制度是指人们有意识创造出来并通过国家等组织正式确立的成文规则，包括宪法、成文法、正式合约等；非正式制度则是指人们在长期的社会交往中逐步形成并得到社会认可的一系列约束性规则，包括价值信念、伦理道德、文化传统、风俗习惯、意识形态等。正式制度具有强制性、间断性特点，它的变迁可以在“一夜之间”完成。而非正式制度具有自发性、非强制性、广泛性和持续性的特点，其变迁是缓慢渐进的，具有“顽固性”。在生活中，正式制度只占整个社会约束的小部分，人们生活的大部分空间还是由非正式制度来约束的。用非正式制度可以解释我国社会生活中的许多现象，我国传统上是一个伦理社会，缺乏契约传统，伦理文化因素在社会生活中起着十分重要的作用，渗透在社会生活的各个方面。

制度可以说是人类追求一定社会秩序的结果，人们力图通过这些制度为自己的生活构建一个稳定的空间。在正式制度的构建中，人类充分运用自己的理性来努力地把握未来。非正式制度可以说是人类社会的原发性规则。正是通过非正式制度，人们构建了法律出现以前的社会，在这个社会中人们依靠风俗习惯、道德、意识形态构建了社会秩序。法制社会与伦理社会相比，是后出现的。社会发展趋势是，人们尽可能地把原来属于非正式制度的社会规范转化为正式的法律规范，使其在规范人们的行为方面具有更大的强制力，使人们在实际生活中有更为明确的规则可以遵循。制度对经济发展的影响越来越引起人们的重视，为了提高经济效率，人们不断地反思已有制度存在的缺陷并加以修正。

2.1.2 新制度经济学

新制度经济学(new institutional economics)是一个侧重于交易成本的经济学研究领域，交易成本是指在建立商品交易过程中，没有被易主考虑到而损耗掉的成本，譬如讨价还价花去的精力与时间、为防止受骗而采取的保险措施等，这些举动花费的成本都是交易成本，由于其范围涵盖太广泛，至今具体的定义仍有很多说法。

1. 常用理论

1) 交易费用理论

交易费用是新制度经济学最基本的概念。交易费用思想是 Coase 在 1937 年的论文《企业的性质》中提出的，Coase 认为，交易费用应包括度量、界定和保障产权的费用，发现交易对象和交易价格的费用，讨价还价、订立合同的费用，督促契约条款严格履行的费用等。

交易费用的提出，对于新制度经济学具有重要意义。由于经济学是研究稀缺资源配置的，交易费用理论表明交易活动是稀缺的，市场的不确定性导致交易也是冒风险的，所以交易也有代价，从而也就有如何配置的问题。资源配置问题就是经济效率问题。因此，一定的制度必须提高经济效率，否则旧的制度将会被新的制度所取代。这样，制度分析才被认为真正纳入了经济学分析之中。

2) 产权理论

新制度经济学家一般都认为，产权是一种权利，是一种社会关系，是规定人们相互行为关系的一种规则，并且是社会的基础性规则。产权经济学大师阿尔钦认为："产权是一个社会所强制实施的选择一种经济物品的使用的权利。"这揭示了产权的本质是社会关系。在鲁宾逊一个人的世界里，产权是不起作用的。只有在相互交往的人类社会中，人们才必须相互尊重产权。

产权是一个权利束，是一个复数概念，包括所有权、使用权、收益权、处置权等。当一种交易在市场中发生时，就发生了两束权利的交换。交易中的产权束所包含的内容影响物品的交换价值，这是新制度经济学的一个基本观点之一。

产权实质上是一套激励与约束机制。影响和激励行为，是产权的一个基本功能。新制度经济学认为，产权安排直接影响资源配置效率，一个社会的经济绩效如何，最终取决于产权安排对个人行为所提供的激励。

3）企业理论

Coase 运用其首创的交易费用分析工具，对企业的性质以及企业与市场并存于现实经济世界这一事实作出了先驱性的解释，将新古典经济学的单一生产制度体系——市场机制，拓展为彼此之间存在替代关系的、包括企业与市场的二重生产制度体系。

Coase 认为，市场机制是一种配置资源的手段，企业也是一种配置资源的手段，二者是可以相互替代的。在 Coase 看来，市场机制的运行是有成本的，通过形成一个组织，并允许某个权威（企业家）来支配资源，就能节约某些市场运行成本。交易费用的节省是企业产生、存在以及替代市场机制的唯一动力。

而企业与市场的边界在哪里呢？Coase 认为，由于企业管理也是有费用的，企业规模不可能无限扩大，其限度在于利用企业方式组织交易的成本等于通过市场交易的成本。

4）制度变迁理论

制度变迁理论是新制度经济学的一个重要内容。其代表人物是 North，他强调，技术的革新固然为经济增长注入了活力，但人们如果没有制度创新和制度变迁的冲动，并通过一系列制度（包括产权制度、法律制度等）构建把技术创新的成果巩固下来，那么人类社会长期经济增长和社会发展是不可设想的。总之，North 认为，在决定一个国家经济增长和社会发展方面，制度具有决定性的作用。

制度变迁的原因之一就是相对节约交易费用，即降低制度成本，提高制度效益。所以，制度变迁可以理解为一种收益更高的制度对另一种收益较低的制度的替代过程。产权理论、国家理论和意识形态理论构成制度变迁理论的三块基石。制度变迁理论涉及制度变迁的原因或制度的起源问题、制度变迁的动力、制度变迁的过程、制度变迁的形式、制度移植、路径依赖等。

Coase 的原创性贡献，使经济学从零交易费用的新古典世界走向正交易费用的现实世界，从而获得了对现实世界较强的解释力。经过 Williamson 等的发挥和传播，交易费用理论已经成为新制度经济学中极富扩张力的理论框架。引入交易费用进行各种经济学的分析是新制度经济学对经济学理论的一个重要贡献。

2. 企业的性质与交易成本

20 世纪 30 年代，一位大三的学生 Coase 拿到奖学金从英国来到新大陆，并参观了福特的汽车公司——这是那个时代最大的公司之一，于是 Coase 问了两个问题：①既然“黑板经济学”告诉人们价格体系如此有效，那么为什么现代经济中还有依赖行政命令运行的企业存在呢？②企业的边界在哪里，也就是说企业在市场的大海中在什么样的规模下被确定呢？

1937 年 Coase 在文稿写成四年后终于发表，这就是《企业的性质》。Coase 首先表明，其实在新古典经济学家那里并没有对企业问题视而不见，新古典并不比古典经济学更狭隘，但他认为，那些重视及解释都不能回答他提出的问题。其中尤其值得注意的还有奈特的观点。

奈特利用风险和不确定性来作为工具进行分析，并一定程度上解释了企业的产生。风险是人们可知其概率分布的一种不确定，但是人们可以根据过去推测未来的可能性，而不确定性则意味着人类的无知，因为不确定性表示着人们根本无法预知没有发生过的将来事件，它是崭新的、过去从来没有过的。根据这样的分析工具，奈特认为，在现实世界中总有少数人，他们具有风险偏好的性质，勇于承担责任，勇于拓新，勇于为利润的生成而不懈努力；而绝大部分人是风险规避和中性的，他们愿意交出自己的权利让风险偏好者指挥他们，但条件是风险偏好者——企业家要确定地保证他们的薪水，于是，公司就在这样的权利划分中成立了。这是《风险、不确定性和利润》一书中的思想。但 Coase 不认同，一方面，他认为奈特也承认管理者（非企业家）也负有日常管理的责任，这一现象奈特无法解释，奈特的分析无法给管理者以地位；另一方面，Coase 认为如果仅只是风险偏好不同，那么雇主和雇员之间也完全可以通过契约的方式来以市场完成之。

Coase 认为，企业之所以产生是因为市场价格机制的运作并非是无成本的，这个成本就是价格发现的成本，只有这一成本小于企业的组织成本，人们才会通过市场来完成。这个成本就是 Coase 首创，在新制度经济学中大行其道的交易成本，这一概念将在后面介绍，下面先来介绍 Coase 的第二个问题。

第二个问题是规模问题，关于这个问题是之后几十年新制度经济学乃至主流学者不断追问的一个问题。Coase 的答案比较简单，这就是那几个著名的圈圈，他说，在一个城镇的消费中心 A 的外围有产业 B、C，如果企业处在外环 C 处，那么在交易成本边际上高于组织成本时，企业就在环内扩张，这就是规模效应，而这种扩张会带来规模的进一步扩大，会增加管理的难度，以至于大于市场交易成本，那么企业的边界在横向上就会被确定；而向内环 B 的扩张也是如此，即与 B 的市场交易成本与合并后的组织成本相比较，边界也可以通过边际分析确定。应该说，Coase 的这个分析是非常清晰的，因为他借用了交易成本范式，而交易成本则是一个应该加以解释的概念。许多经济学家不满意 Coase 的分析，因为如果不能很好地定义 Coase 的交易成本概念，这里的分析显然会显得空泛。后来对纵向横向一体化的分析几十年间络绎不绝，其中最有名的有 Williamson 的资产专用性分析和套牢问题(hold-up)，也有哈特提出的核心资产和剩余控制权概念，由于篇幅所限，本书就不进一步讨论了。

3. 动态分析方法

新制度经济学采用的是动态分析法，而不是一般经济学的静态分析法，这个理论方法来自于德国历史学派。德国历史学派认为历史是连贯的运动，而不是静态的，传统经济学运用的是静态分析法，这是新制度经济学与其他经济学的重要区别之一。

作为 20 世纪经济学一支突起的异军，新制度经济学的起点是大家公认的 Coase 1937 年发表的《企业的性质》。之后几十年间，尽管有 Williamson 等经济学家呼吁人们重视这个方法，但经济学家似乎对这篇文章视而不见，直到 1960 年 Coase 的另一篇宏文《社会的成本》问世之后，他的思想才逐渐被大家注意，然而，即便如此，仍然是引用者多而深入研究者少。但在 20 世纪 60 年代一些大经济学家认为 1937 年 Coase 的文章太过空泛，从逻辑上看虽然无懈可击，毕竟难以操作。当然张五常先生对此观点不以为然，他认为这篇文章是很重要的，它是后来 1960 年文章的源头。

2.1.3　交易费用经济学

交易费用经济学只是新制度经济学理论传统的一个组成部分。与研究经济组织的其他方法相比，交易费用经济学有以下特点：①更注重微观分析；②在作出行为假定时更为慎重；③提出资产专用性对经济的重要意义；④更加依靠对制度的比较分析；⑤把工商企业看成一种治理结构，而不是生产函数；⑥特别强调私下解决(而不是法庭裁决)的作用，重点是研究合同签约之后的制度问题。

交易费用经济学认为，经济组织的问题其实就是一个为了达到某种特定目标而如何签订合同的问题。有必要区分合同签订之前的交易成本和合同签订之后的交易成本。前者是指草拟合同、就合同内容进行谈判以及确保合同得以履行所付出的成本；如果是一份复合合同，事先就需要做大量工作，包括要估计到各种可能发生的情况、要规定签约双方各自适当地让步以取得一致。或者也可以把合同写得粗一些，留有余地，遇到具体问题再由双方仔细敲定。

鉴于法律中心论有其局限性，合同签订后所发生的成本也就在所难免，因此交易费用经济学坚定地认为，与合同签订有关各种成本都应该受到同样的重视。签订合同后的事后成本有以下几种：①不适应成本，涉及青木昌彦所说的“合同变更曲线”,即交易行为逐渐偏离了合作方向,造成交易双方不适应的那种成本;②讨价还价成本;③启动及运转成本,即为了解决合同纠纷而建立治理结构并保持其运转,也需要付出成本;④保证成本,即为了确保合同中各种承诺得以兑现所付出的各种成本。

由于合同存在如此错综复杂的情况,签订合同所付出的事前成本和事后成本是相互依存的。即使理论上能把它们区分开,实践中它们也一定会形影相随。而且计算这两种成本也往往很困难。通过制度比较,也就是把一种合同和另一种合同进行比较,就估计出它们各自的交易成本。

1. 交易费用经济学的基本问题

交易费用经济学需要注意的几个问题如下。

(1) 假定待出售商品或待提供服务的性质不变,只要把生产成本和交易成本放在一起考虑,就会遇到怎样节省成本的问题,由此需要对它们进行测度。

(2) 从一般意义上说,生产或提供这些商品和服务的目的本身,就是一个决策变量,它能影响需求并影响生产成本和交易成本的大小。因此在计算成本时,应该把这种目的也计算在内。

(3) 交易是在一定的社会环境——顾客的习惯及社会风俗等中进行的。因此,从一种文化背景下的交易转变到另一种文化背景下的交易,必须考虑这种文化背景的作用。

(4) 不管私人成本、私人收益与社会成本、社会收益之间存在哪些区别,如果要解决它们之间的矛盾,还是应该把社会成本、社会收益放在第一位。

交易费用经济学像产权理论一样,也承认所有权的作用非常重要。但它进一步认识到,绝不能忽视签订合同已签激励组合机制所起的作用。尽管产权理论和机制设计方法都沿用法律中心论的传统,交易费用经济学却对法院的裁决是否与效率要求相符提出了质疑,并因此将关注的重点转向私下解决。它的质疑:人们是不是应该根据不同的条件,根据由此所作的不同决策以及待解决的纠纷所具有的不同特点,来建立不同的制度呢?根据这种质疑,交易费用经济学又给所有权理论和激励组合机制理论增加了新的内容,认为合同签订以后的制度即事后支持制度才是最为重要的。

詹姆斯·布坎南认为:“经济学已经越来越像一门合同学,而不是选择学了”;就凭这一条,经济学的主体也就不再是追求利益最大化的当事人了,而是那些局外的仲裁人,因为只有他们才能协调各种权利之间的利害冲突。强调治理结构重要性的人承认,引导合同向哪些方向发展是一个科学,但这需要仲裁人和制度设计专家的共同努力。签订一项合同,不仅为了解决执行过程中发生的纠纷,而且还要事先看到可能发生的冲突,并设计出相应的治理结构,以求防患于未然或减轻其严重的后果。

交易费用经济学认为，人们不可能在合同签订以前的阶段，就事先估计到所有有关的讨价还价行为。恰恰相反，讨价还价无处不在——从这个意义上说，私下解决以及对全部合同进行研究，具有重要经济意义。因此，既要考虑代理人行为属性的特点，相应地又要考虑造成有限理性和投机行为的那些条件。

2. 交易的合同问题

对于各种形形色色的"合同"，人们用过各种不同词汇来描述，诸如计划、承诺、竞争、治理等。但这些描述哪个更为准确，就要看签订合同、进行交换所依据的是哪些行为假定；并且还取决于合同所涉及的产品或服务具有什么样的经济属性。对经济组织进行研究能否取得成效取决于两个关键的行为假定，一是代理人对参与这种交换持何种认同态度；二是他们会在多大程度上追求个人利益。交易费用经济学之所以把代理人假定为只具有有限理性，主要是因为理性不足；并且认为投机也是依靠诡计以谋取私利为前提条件。交易费用经济学断言，交易之所以称为交易，最关键的条件就在于资产专用性。只有在支撑交换的是双方各自投入的关系重大的专用性资产的条件下，交换双方才能有效地进行互利的贸易。正是为了提高交易双方的相互适应能力，促进持久的合作，对方利益交叉问题所进行的协调工作才成为经济价值的真正源泉。

但是，面对不确定性问题，人们对经济组织中其他问题的兴趣都会减弱。因此可以假定，不确定性问题的影响已经大到不容忽视的程度；并且需要把各种合同中的有限理性、投机思想以及资产专用性等三个条件上的差别考虑进来；作一个特别的假定，即规定出两个值，其中一个为正数、一个为零；然后根据上述每一个条件所起的作用，分别赋予其中一个值；如果这个条件很重要，就记为＋，如果它不起作用，就记为0。这样就可以分析三种情况，其中，每一种情况都缺少一个因素；最后还有第四种情况，即三个因素都具备。下面将这四种情况进行比较，并分析一下与之相吻合的是那些合同模型。具体见表2-1。

表2-1　签约过程的各种属性

行为假设		资产专用性	隐含的签约过程
有限理性	投机		
0	＋	＋	有计划的
＋	0	＋	言而有信的
＋	＋	0	竞争的
＋	＋	＋	需治理的

资料来源：Williamson O E. The Economic Institutions of Capitalism：Firms Markets，Relational Contracting [M]. New York：Free Press，1985。

在第一种情况下，交易双方都有投机行为，双方的资产也都是专用资产，但是经济代理人的认知能力不受限制；这大致就是机制设计理论所描述的内容。如果考虑到投机思想的要求，就应该把尊重私有信息的内容写到合同中去，但这样又带来了“激励组合机制”这个复杂的问题；并且，合同中所有的问题都要拖到事后讨价还价阶段才能解决。如果理性不受限制，那么要签订一个合同，从一开始就要进行全面的讨价还价；只有这样，才能在合同中充分写清楚对于合同签订以后随时可能发生(并且是双方都能发现)的那些偶然情况，应该怎样适当处理。但是按照这样的规定，合同能否如约履行的问题就根本不会发生，或者，即使合同不完善也不怕，因为法庭能按照效率标准解决所有的纠纷。在这样一个理性无处不在的世界中，所谓合同，也就成了计划的天下。

在第二种情况下，即代理人的理性是有限的，用于交易的是专用资产；但假定不存在诱发投机思想的条件，而这就意味着代理人能严格自律、言而有信。由于代理人只具有有限理性，合同中必然会留下漏洞；即使如此，如果交易双方都能像合同中要求的那样“信守诺言”，即各自只需在签约前作出履约的保证(以追求共同利益最大化)，并且在合同到期、需要续签合同以前，只收取公平合理的回报，那么双边关系也不会弄僵；因此也就无须采取什么韬略了。这样一来，只要最初的谈判不破裂，合同双方就能获得其财产权利中包含的一切利益。双方都没有投机思想，再加上前面所说的严格自律、言而有信的做法，就保证了合同的有效履行。从这个意义上说，合同的问题又被缩小为一个仅仅是承诺，即言而有信的问题了。

再设想第三种情况。其中，代理人只有有限理性，也热衷于搞投机，但资产不是专用资产。这种条件下，合同双方不可能有长期的互惠利益，就是说，只有分散的、逐个签订的市场合同才真正管用；当然这种市场也就是可以充分展开竞争的市场；其中处处都会遇到为争夺自然垄断特许权而展开的竞争。至于欺骗以及极其恶劣的欺骗行为，自有法庭裁决予以震慑。按照这种情况，又可以把合同描绘成一个物竞天择的世界。

如果理性是有限的，存在投机思想，而资产又具有专用性，那么从以上三种情况推导出的结论就无效了。计划当然不可能十全十美(因为理性有限)，承诺也不可能不折不扣地遵守(由于投机思想)，这时就看签约双方是否同样聪明了(原因在于资产专用性)。这时的世界就成为治理结构的世界。既然法庭裁决是否有效已经成了问题，那么合同能否得到有效履行，也就全靠私下解决能建立何种制度了。而这正是交易费用经济学所关心的范畴。在这种情况下，之所以迫切需要建立组织，原因在于：把各种交易组织起来，才能经济合理地运用有限的理性，同时又能保护交易双方免受投机行为之苦。这样的命题，使人们能够从一个全新的角度，以更广阔的视野来看待各种经济问题。

2.2　建设工程交易的特点

从项目管理理论看建设工程交易，建设工程具有一般项目所共有的整体性、目的性、一次性和被限制性等特点，但是这只能看到其表面的现象。从交易费用理论和合同理论的视角看建设工程交易，就会得到一个全新的结果，看出其交易的实质内容和存在的规律。对工程交易特点的最根本认识是进行工程交易模式和交易机制设计的基础。

2.2.1　工程交易对象：产品和服务的混合体

在市场经济的交易中，市场交易的两种商品是产品和服务。市场交易的产品如汽车、计算机，基本上都是现货交易，购买时，可以体验并感受此类商品，并且市场上同类商品有很多，可以比较后购买。另一种商品就是服务，购买一种服务时，不能触摸，不能事先感受，服务是生产和消费同时发生的商品。

对于工程交易的建筑产品而言，是产品和服务的混合体。当业主采用招投标方式发包工程时，实际上选择的是承包商而非商品，工程完工之后，承包商向业主交付的成果——建筑产品则是产品和服务的混合体。建筑实体显然是产品，而工程设计、监理、可行性研究和项目管理都是服务类型的商品。工程交易对象是产品和服务的混合体，这就要求其交易的合同和交易机制都不同于单纯的产品和服务。另外，由于产品的复杂性，存在很多隐蔽工程，其最终产品的质量水平难以确定，导致组织绩效难以衡量。业主就必须监督其生产过程，以确保产品质量的合格，由此产生了大量的交易费用。

2.2.2　工程生产方式：小批量一次性生产

Woodward 根据生产技术复杂度把生产方式分为三种类型：第一类，小批量与单位生产方式，由进行定制产品（如定制服装、特定设备、飞机和轮船等）生产的单位或小批生产者组成；第二类，大批量生产方式，包括大批和大量生产的制造商，它们提供诸如冰箱和汽车之类的产品；第三类，连续生产方式，如炼油厂和化工厂这类连续流程的生产者。不同的生产类型要求不同的组织结构与之相适应，而组织绩效与生产技术和生产方式又密切相关。建设工程的生产是一种小批量定制化的生产方式，与飞机、轮船的生产方式相似。但是却又存在明显的不同，飞机的生产有标准化的零件可供组装，而且可以在同一厂房内连续生产同样的产品。但是由于工程产品的唯一性和独特性，这种生产方式就导致了生产任务的不确定性。每个项目都需要新的设计、都有新的生产问题需要解决，但是从项目中所获得的技能并不能完全转换到其他项目中。其生产没有标准化的“零件”（预制结构除外)，在一个固定的地点只能进行一次性的生产，完成一件产品之后又要搬迁到另一个地点生产(下一个项目的实施)。这种独特的生产方式，决定其生产组织形式不是标准的科层组织和市场组织。

2.2.3　组织形式:中间组织

建筑工程产品独特的生产方式，决定了其组织形式也是独特的。Eccles 把交易费用经济学应用于建筑行业，分析了总包商和分包商之间的关系，认为总承包商和分包商的关系是一种垂直一体化的组织，由于交易费用的存在，他们需要建立稳定的组织实体，但是这种组织又是介于市场和科层企业之间的形式，是一种 Williamson 所提到的内部契约系统，是一种“准企业”(quasi-firm)形式[36]。其实这种关系不仅存在于总承包商和分包商之间，而且业主和承包商之间也存在类似的关系。业主和承包商之间是以合同为纽带的交易，但是业主和承包商之间不是简单的市场交易关系，两者的联系要更为紧密，显然这种合同是一种关系型的合同。这种介于企业和市场之间的组织，可以称为中间性组织。这种组织方式其治理机制也不同于单纯的科层组织和市场。

2.2.4　工程交易方式:先订货后生产

工程产品的交易方式是先订货后生产，边生产边交易。业主通过招投标发包工程，实际上是选择一个承包商来完成这个工程，他和承包商签订的订货合同，是一个在规定时间交货的远期合约。合同签订以后，随着工程的实施，业主和承包商还伴随着一系列的交易。在招标时，业主面临很多承包商的竞争，在这样的市场均衡中，业主占主导地位;而当签订合同之后，业主和承包商是对等的一对一关系，由于资产专业性的存在，业主会面临承包商的道德风险。

2.2.5　合同特点:可重新谈判的不完备合同

工程的复杂性和人的有限理性，导致工程合同是典型的允许重新谈判的不完备合同。工程的周期一般都比较长，材料价格的市场波动是无法预计的;工程地质具有复杂性，在工程实施过程中会遇到不可预测的地质情况;一个工程项目往往在设计还未完成时就开始招标选择承包商并签订合同，在这个阶段，业主的需求可能还未完全明确，而且在建设过程中会面临更多不确定因素，从而带来工程变更和索赔。由于这种不可预知的不确定性和复杂性，业主和承包商为了减少自己的风险，都希望之前所签订的合同是可以事后谈判的合同。因此，合同执行过程中的变更和索赔就是双方重新谈判的过程。由于资产专用性的存在，合同缔约双方被嵌入在此合同中，会使业主在谈判过程中面临承包商的“敲竹杠”行为而产生交易费用。业主要在合同签订之前尽量保证设计的完整性，减少合同的不确定性，或者采用事后激励的方法，减少承包商变更和索赔的机会，以减少交易成本。

在不完全合同理论(incomplete contracts theory，ICT)中，完全合同是不完全合同构建模型的基础[69]。通常完全合同有两种不同的类型：或有索取权合同(contingent-claims contract，CCC)和完全合同(complete/comprehensive contract，CC)。或有索取权合同依赖于合同条件相关的所有变量，合同执行过程中的所有自然状态都是可以观测、可以证实的(交易局外者可以观测，如合同强制执行机关和法院)，使逆向选择和道德风险没有发生的可能。或有索取权合同是依照一般均衡模型构建的——而不是合同模型，这种关于合同问题的简化，与真实世界的合同相比是非常不现实的。在现实中，起草合同需要成本，合同执行能力往往有限，合同双方不能立即对复杂而又长期合同进行预测和判定。甚至，如果没有谈判和起草合同成本，没有法律系统的约束，有限理性(双方无法准确知道在合同执行过程中会发生什么状况)导致合同双方会忽视影响双方关系的一些变量[70]。

因此，不完全合同理论的模型通常被用来构建和解释确定的标准经济制度，但是或有索取权合同却不能。或有索取权合同不能用来分析私有信息，但是完全合同却可以。根据以上阐述，完全合同通常只考虑几个最相关的变量，或者变量可以被法院证实。完全合同考虑所有相关信息而且依赖于变量的可证实性，能够确定所有状况发生的情况下合同各方的责任。如果以或有索取权合同为标准，不完全合同(IC)并不完全考虑所有相关变量[71]。

由于在组织研究中，概念化和标准化合同建模的困难，组织的行为并不完全和合同的规定相符。不可能对建设过程所有可能发生的状况进行精确预测，相反把很多决策和交易问题留到事情发生时决策[72]。因此，建设工程合同是典型的不完全合同。不完全合同理论对实际经济状况进行建模，成为经济制度和组织分析的工具[73]。在不完全合同理论的建模中，通常假设不完全合同事先确定，控制变量包括产权、控制权、决策规则、自由裁量权、任务、授权、社会规则等可接受的行为等。

2.2.6　支付方式：分期支付

工程合同采用分期支付的方式。工程投资额度往往都比较大，资产专用性的存在，导致事先的专用性投资不足和事后的“敲竹杠”行为。工程产品的复杂性，业主不能把合同价款一次性支付给承包商，而是在进行工程建设的过程监督的同时，按照工程进度分期付款。有的业主甚至要求承包商垫资承包，这就是事先的投资不足，往往会导致承包商为了降低成本而偷工减料。由于合同款不是一次性支付，承包商还可以在后期的支付中，利用自己有利的谈判地位，而向业主“敲竹杠”增加自己的收益。

2.2.7　工程项目绩效：度量难度大

工程项目的绩效包括工期、成本、质量、安全等，其中质量是最难以衡量的。由于工程的复杂性，工程项目的绩效很难用工程的最终产品来衡量。一道工序完成之后很可能被下一道工序所覆盖，这样造成隐蔽工程质量很难检验，或者说有些质量检验的成本过高甚至是破坏性的，造成最终产品质量难以衡量。同时，工程是一个复杂的系统，对不同的分部、分项工程都有不同的质量要求，衡量一个复杂工程系统的质量也是非常困难的。既然工程最终产品质量水平难以度量，那就要求业主进行工程建设过程的监督，自己监督或者聘请监理工程师。另外，业主对承包商是否努力工作提高质量水平难以判断，对承包商激励机制的设计就非常困难。

2.3　建设工程交易费用的定义

为了得到建设工程交易费用比较准确的定义，先介绍学术界两种比较典型的对交易费用的定义。

Williamson从签订合同的事先和事后成本角度定义了交易费用，并将其分为两个部分：一是事先交易费用，即签订契约、规定交易双方的权利和责任等所花费的费用；二是事后交易费用，即签订契约后，为了解决契约本身所存在的问题，从改变条款到退出契约所花费的费用[8]。

张五常将交易费用概念扩展为“一系列的制度费用，其中包括信息费用、谈判费用、起草和实施合约费用、界定和实施产权费用、监督管理费用和改变制度安排费用”。即“交易费用包括一切不直接发生在物质生产过程中的费用”[13]。

建设工程和一般商品交易不同，一般商品都是现货交易，付款之后交易随即结束；而建设工程合同签订之后，交易才刚刚开始，生产过程和交易过程交织在一起。同时生产费用和交易费用也交织在一起，比较难以分开。本书主要研究的是业主承担的交易费用，因此根据建设工程交易的特点，对交易费用的定义如下。

建设工程交易费用包括签订合同前的交易费用和签订合同后的交易费用，签订合同前的交易费用是为了完善项目信息、选择承包商、签订契约等所造成的费用；签订合同后的交易费用是治理契约、解决契约所存在的问题、发生索赔和变更重新谈判的额外损失的费用。

2.4　工程项目管理：一个需要设计的交易框架

《辞海》中把工程表述为：“把数学和科学技术知识应用于规划、研制、加工、实验和创建人工系统的活动和成果，有时又指关于这种活动的专门学科。”《现代汉语词典》对工程的解释则为：“土木建筑或其他生产、制造部门用比较大而复杂的设备来进行的工作，如土木工程、机械工程、化学工程、采矿工程、水利工程等。”《四角号码词典》对“工程”的释义为：“有关土木、机械、冶金、化工等的设计、制造工作的总称。”李伯聪教授在《基本工程哲学引论》中提出工程是人类改造物质、自然界的完整的、全部的实践活动与过程的总称。

工程是实际的改造世界的物质实践活动，工程知识的主要内容是调查工程的约束条件、确定工程的目标、设计工程方案、作出明智的决策、预见工程的后果等，工程活动的基本内容是运筹、决策、操作、制度运行、管理等，进行工程活动的基本社会角色是企业家、工程师和工人。工程活动的基本单位是“项目”或“生产流程”，而“项目”又是由一系列的“工序”或“单元操作”组成的。

工程师应用科学、数学和相应的经验来找到问题的解决办法。他们建立合理的数学模型，对问题进行分析并测试可能的解决方案。可能的解决方案常常有多个，工程师必须根据它们的本质评价各方案的优劣并选择最能满足要求的最佳方案。折中存在于各种工程设计的核心之中，最佳设计意味着能达到尽可能多的要求。工程师一般在全面生产过程前，就尝试预测他们的设计如何达到规格。他们使用原型、比例模型、模拟、破坏性试验、非破坏性试验、强度测试。工程师作为专业人员会尽量制造符合预计要求的产品，并达到对社会无害。

工程科学关键是根据其约束条件进行设计、优化，最后实施。而在管理科学中，同样也存在设计和优化的问题。哈罗德·孔茨对管理的定义：“管理就是设计并保持一种良好的环境，使人在群体中高效率地完成既定目标的过程。”对管理者技能要求中，他借鉴罗伯特·李·卡茨的观点：对专业技能、人际交往技能、理性技能的要求，又加了第四种技能，即设计解决问题方法的能力。设计技能是指以有利于企业利益的种种方式解决问题的能力，特别是在高层组织中，管理人员应该不仅发现问题，还必须具备找出某一问题切实可行的解决办法的能力。如果管理人员只能看到问题的存在，并只是“看到问题的人”，他们就是不合格的。管理人员还必须具备这样的能力，即依据所面临问题的现状找出行得通的解决方法的能力。哈罗德·孔茨对管理的定义中可以看出设计有管理的应有之意。

工程项目管理是管理科学的一个分支，而且是直接为工程服务的管理科学，因此有必要在工程项目管理中引入“设计”的理念。既还原了管理科学的本质，也适用于工程科学的发展。本书就从工程项目管理设计的概念、必要性、核心理念、内容等方面进行阐述。

2.4.1　工程项目管理设计的概念

工程结构设计是根据某一工程项目的具体条件和业主的需求，设计特定的工程结构，并在安全和稳定性的前提下进行不断的优化设计。有人认为建筑行业和其他一些工业行业相比，创新程度很低。但是从建筑行业的特点来看，工程师和设计师面临的每个工程几乎都是独一无二的，都需要根据自己的知识进行再创造，如此看来，每一项工程都是工程师和设计师的创造，每个工程建造过程都是工程师和设计师的创造过程。

工程结构设计面向的是物，其设计条件、标准、规范都是刚性的，优化目标比较单一，干扰相对较少。工程设计需要专门技术人员、经验积累，是专业化分工的产物。

工程项目管理设计是根据工程特性需求和业主需求，为保证工程的成功完成，设计工程各个参与方工作范围，责任、权利和利益分配。工程项目管理的条件、标准、法规的柔性均较大；工程项目管理水平与管理者的水平关联性大；大型工程项目社会性强，涉及利益相关方多。同时工程项目管理也是一门专门技术，需要理论、技术和经验的支撑，需要专业化的技术及管理人员。

2.4.2 工程项目管理设计的必要性分析

1. 工程项目管理设计回顾与分析

回顾过去 30 多年，是政府在统一进行工程项目管理设计。1984 年形成招标、承包合同管理制，实际上是引进市场竞争机制；1989 年开始推行建设监理制，引入建设过程监督机制，实现建设管理专业化；1996 年项目法人责任制，明确了公共投资项目的责任主体；2003 年实行项目总承包、项目管理制度，倡导发包方式的制度创新；2004 年开始推行代建制，使政府投资项目法人责任制推向市场化。

由政府统一设计的管理制度，存在很多弊端。“一刀切”的制度环境，造成有的工程资源浪费，有的过分追求形式，管理浮躁，新瓶装陈酒现象严重；同时由于各个行业都在进行基础设施的建设，工程种类繁多，各个中央部委(住房和城乡建设部、水利部、交通部等)纷纷出台各项管理制度，造成政出多门，导致管理体制与机制的混乱。如住房和城乡建设部有认证的监理工程师，水利部同样也有认证的监理工程师。社会资源浪费，管理困难。

2. 工程项目特性的客观性要求

工程项目管理需要设计，是由工程项目本身的特点所要求的。

固定性：建筑工程产品必须根据业主(建设方)需要在指定地点生产，产品本身是固定而不可移动的，只能现场生产，大多不可工厂制作。因此，一旦生产，承包商无法收回，业主也无法退货。

单件性：每一个建筑工程产品的设计图纸、使用材料、施工工艺、地质气候环境条件、材料劳力价格环境等综合条件都是独一无二的，因此，每一个产品都是独一无二、无法完全复制的。因此每实施一个项目，都需要对项目管理的各个方面重新设计。

工程项目建设环境的不可预测性：由于工程地质条件的复杂性，在工程实施之前的地质勘探不可能预知工程所有情况的发生，由此造成工程设计变更，工程计划和成本预算都会发生改变。

不可逆转性：建筑工程产品一旦生产，则无法逆转，即无法"重新制作"。因此，进行每一道工序之前，都必须验收上一道工序。

社会性：建筑工程产品关系到人民生命财产的安全，涉及社会公众利益。承包商必须按资质管理，生产程序必须符合规划、环保、消防、城管等相关要求。

项目的单件性、复杂性和生产的不可逆转性的特点决定了每开展一个项目，都需要对项目管理的各个方面重新设计，包括投资计划、工期安排、评标方式、项目管理组织、项目管理制度等。因此，工程项目管理需要进行设计是工程项目本身的客观要求。

3. 克服制度瓶颈的必然要求

在国家进行"统一管理设计"的环境下，虽然有各项政策法规，但是对于项目本身的操作却缺乏指导性。在基本的法律法规框架下，细化工程建设管理制度，是项目管理要进行设计的制度需求。另外，法律政策的制定和更新往往滞后于经济的发展，在不突破现有制度的前提下进行必要的制度创新是项目管理克服制度瓶颈的必然需求。因此需要在基本理论的指导下，与时俱进，针对具体建设工程，创新管理体制与机制。

2.4.3　工程项目管理设计的目标

工程项目管理设计的目标就是追求项目的成功，其中包括质量、时间和费用三大目标，以及项目利益相关者的满意度、项目的社会效益。

建设工程施工成本、质量、工期三大目标存在对立与统一。因此，在确定目标值时，不可能达到三个目标都是最优，也不能使每个目标都绝对满意。在确定每个目标时都要考虑其他目标的影响，进行各方面的分析比较，做到目标最优化。同时，工程安全可靠性和使用功能目标以及施工质量合格是必须优先予以保证的，并力争在此基础上使整个目标系统最优，满足确定目标值的相对满意原则。设定的最终目标为使工程达到优质水平，成为用户满意、社会满意的建筑产品。

建设工程项目的利益相关者为在建设工程项目实现的全过程中，能够影响项目的实现或受项目影响的团体或个人。根据利益相关者与项目的不同影响关系，建筑工程项目利益相关者可以分为主要利益相关者和次要利益相关者。主要利益相关者是指那些与项目有合法契约合同关系的团体或个人，包括业主方、承包方、设计方、供货方、监理方、给项目提供借贷资金的金融机构等；次要利益相关者是指与项目有隐性契约，但并未正式参与到项目的交易中，受项目影响或能够影响项目的团体或个人，包括政府部门、环保部门以及社会公众等。项目管理设计的目标就是满足绝大多数利益相关者的要求。

2.4.4 工程项目管理设计的核心理念

1. 工程思维

工程学是在工程的建设与使用的过程中逐步发展起来的，对工程活动进行指导并总结的知识体系，是工程实践经验的积累和升华，是把自然科学的原理应用于实践，是物质、能量、信息交换成对人有用的另一种物质、能量、信息的过程，是以提高生产力为目的的科技技术的总称。

传统的工程学科已被人所熟知，土木工程、水利工程、机械工程、电力工程等，近年来，越来越多的学科开始关注工程学，试图用工程学来解决其特定学科的问题，如软件工程、生物工程、教育工程、金融工程、组织工程等是运用工程学比较成功的代表。

工程的行动结构：工程主体、工程人工物、决策行动、设计行动、实施操作行动。技术的搜索与选择、集成与创造虽然是工程设计的主要方面，但是由于传统上把工程往往理解为技术的运用，所以对工程设计的理解也往往过于技术化。针对这种看法，西蒙指出："工程师并不是唯一的专业设计师，凡是以现存情形改变成向往情形为目标而构想行动方案的人都是搞设计。"

工程项目管理设计就是依照工程的思维，把项目管理的理论和实践经验应用到具体的项目运作过程中，根据项目本身的特点、工程交易的市场情况、项目参与者状况等，设计项目具体的行动方案、操作步骤、运作模式、管理架构和机制等。

2. 不断优化

工程设计是以想象的方式把未来才能建造完成的人工物置于当下的想象之中，并将其具体化，以此为出发点，在现有知识经验和当下场域与情境条件下，去展开设计的过程。工程决策者的思路与意图、设计主体的知识经验、场域与情境条件及环境等的随机变化，同样会造成工程设计过程的不确定性。即使已经完成的工程设计，也并不是一成不变的，它会随着实施过程中的场域与情境条件及自然与社会环境的随机变异而被要求变更，根据现场情景进行设计，实际工程活动中设计变更、反复设计，甚至重新设计都是经常发生的事情。

工程设计活动是工程共同体为实现工程目标而搜索、研制、集成、创造可行的、可操作的、工程知识与方案的活动过程。其中心问题是，在满足相应的场域与情境约束条件下，选择什么样的方式与方法、方案与手段能使目标优化？通过设计行动出来的方案，是否能够实现工程目标的要求？是否能够实现技术上、经济上、组织实施上以及工程日后运行上的优化？都必须通过评价行动来进行评判，若有问题，必须对设计方案进行修正，直至问题消除为止。

项目管理的设计要进行不断的优化，持续的改进，可以通过四个步骤来完成，如图 2-1 所示。

(1) D(design)——设计。设计项目目标、运作方案、风险分配、合同等。

(2) D(do)——执行。执行就是具体运作，项目实际开展。

(3) C(check)——检查。就是要总结项目执行的结果，发现与实际情况存在哪些差距和不足，找出解决方案。

(4) A(action)——行动(或改进)。对发现的问题进行优化设计，并付诸实施，对于没有解决的问题，应提给下一个 DDCA 循环去解决。

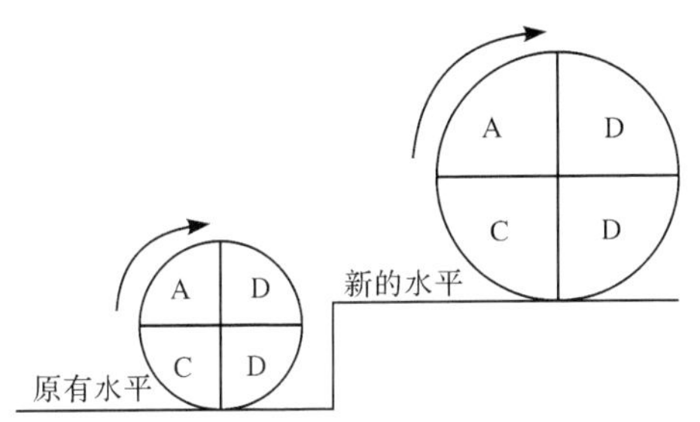

图 2-1　项目管理设计 DDCA 循环

项目管理设计就是在 DDCA 循环中不断地进行优化设计，持续地改进，直到项目实施过程的问题得到解决、实施方案得到优化。

3. 权变性

权变管理就是考虑到有关环境的变数同相应的管理观念和技术之间的关系，使采用的管理理论和技术能力有效地达到目标。对“万能主义”提出了挑战，强调管理动态性，即不同的具体条件应采用不同的管理方法。增强了管理理论指导管理实践的有效性，在管理理论与管理实践之间架起了桥梁。其核心就是力图研究组织的各子系统内部和各子系统之间的相互关系，以及组织和环境之间的联系，并确定这种变数的关系类型和结构类型。强调在管理中要根据组织所处的内外部条件随机而变，针对不同的具体条件寻求不同的最合适的管理模式、方案或方法。环境变量与管理变量之间的函数关系即权变关系，这是权变管理的核心内容。环境可以分为外部环境和内部环境，外部环境又可以分为两种：一种由社会、技术、经济和法律政治等组成(STELP 分析),另一种由供应者、顾客、竞争者、雇员和股东等组成。内部环境基本上是正式组织系统,它的各个变量与外部环境变量之间是相互关联的。由于项目的一次性和独特性,每个项目业主都面临不同的承包商,项目不能都按照统一的管理制度来管理,必须根据项目本身的特点、项目参与者的特性、项目环境变量来对项目管理进行设计。

4. 寻求合作

现代建设工程管理的一个突出特点就是冲突和合作并存。在传统的建设工程管理中各参与方处于利益对抗、风险转嫁的局面,这不仅影响到工程的成本、工期和质量,甚至还会导致索赔、仲裁乃至诉讼的发生。若改变项目各参与方在建设工程管理中的对立关系,建立一种基于合作的和谐柔性化项目管理机制,使项目参与各方相互信任、确立共同目标,彼此认同、理解对方的期望和价值,使各方有效沟通、协调,形成一个和谐的超越传统组织边界的项目团队,这将能大大提高工程建设的效益、效率和项目各参与方的收益。

在工程建设管理过程中,虽然各方都想通过有效磋商使自己的获益尽可能多,表现在各自利益最大化的冲突上。但是,所有多人决策难题中都包含着利益冲突和利益一致的混合策略,在工程建设管理中至少存在一种使各方均能接受的利益分配方案,它要求双方参与合作,并且在合作中获益较多的一方应给获益较少的一方一定的利益补偿,在一定建设条件下,这个补偿是确定的,并且这种利益补偿机制有可能吸引更多的项目各利益相关方加入联盟中,项目各参与方对各自利益最大化的行为本身会促使这种外部效应的内部化,这不但可以使具有这种正的外部效益的参与方,同时也使其他参与者获得更大的合作收益。

5. 整体化思维

所谓工程思维的整体化,就是指在工程思维过程中始终以一种整体的、全局的、联系的眼光去整合和把握全部工程活动的思维倾向,它体现了工程活动中最基本的规律性。

一项工程要实现集成构建的功能,需要有人力、物料、设备、技术、信息、资金、土地、管理等要素,按照特定目标及技术要求而形成的有机整体,并受到自然、社会等环境因素广泛而深刻的影响。从工程过程看,它主要是由规划、设计、建造、使用等若干环节和许多复杂因素构成的有机整体。为此,必须要从工程系统的整体性这一根本特征出发,全面研究和把握工程系统,才能达到对工程系统的深入了解。因此工程项目管理的设计必须从整体着眼。

2.4.5　工程项目管理设计的内容

1. 工程活动视角下项目管理设计的内容

工程就是在一定的约束条件下的技术集成与优化。工程活动的基本过程大致可以分为工程运筹、工程决策、工程建设、工程运行等阶段。

工程运筹阶段的工作主要是调整工程的约束条件、确定工程的目标和设计工程方案。工程运筹阶段非常重要，因为工程方案往往实行多方案比选。采用设计方案不仅要考虑工程的科学性、技术的可行性，还要考虑经济的合理性。工程决策阶段是工程活动中最关键的阶段，决策过程中经济性是考虑的首要指标之一。若工程经济性不佳或对比效益不明显，则工程决策将否定该工程项目。工程建设阶段的主要任务是保证质量、避免事故，在工程实践中，往往牵涉许多因素，包括人力、物力和财力等，这就要求工程是不可出错的，否则就要付出经济代价。工程运行管理阶段，工程运营管理方式对经济效益同样具有决定性的影响。运营管理出效益，优秀的管理方式能创造更好的效益。工程不但要以传统管理方式为基础，而且在知识经济的时代工程管理还要以知识管理为基础，在知识管理方式下的工程建设活动将产生更大的经济效益，工程的优势将要体现在通过智力资本实现资源的最佳配置以及人才资源的开发能力方面。

2. 交易视角下工程项目管理设计的内容

从交易的视角看工程项目管理，工程项目实施的过程同时也是各个项目参与主体交易的过程。包括业主与设计单位、业主与承包商、业主与监理单位、业主与供应商、承包商与分包商，他们交易内容既有服务又有产品，这是基于市场机制的组织之间的交易，价格机制在其中起调节作用。这些基于市场契约的交易需要为其交易设计交易机制，其中包括设计双方的合同范围、合同期限、风险分担、利益分配等。

工程项目交易包括工程实体交易（施工）、工程服务交易（设计、咨询、监理）、工程货物采购交易。工程交易要素分为交易客体/被交易的标的、交易主体/交易对象、交易管理与合同。将某一交易客体的选择方式、交易主体的选择方式（主要指评标方式）、交易过程的管理方式、交易合同类型的组合称为工程项目交易模式。选择不同的方式会产生不同的经济效果，因此存在交易模式设计问题。

交易视角下工程项目管理设计的内容主要包括业主方管理方式设计、发包方式设计、招标设计、合同策划与设计、招标机制设计、合同激励设计、担保机制设计、工程保险设计等。

2.4.6 工程项目管理设计的框架

项目管理设计包括项目的目标、核心理念、设计内容和理论基础四个部分。项目设计的总体的目标就是项目的成功，当然不同的业主对于项目成功的定义是不同的，所以需要根据业主不同的需求设计项目的成功的目标。项目管理设计的核心理念就是工程思维，整体化思维，不断优化，权变性和寻求合作。项目管理设计的内容包括项目策划、业主方管理方式、发包方式设计、项目组织设计、管理机制设计、信息系统设计、招标设计、合同设计、运营管理设计等。项目管理设计的理论基础包括项目管理学、经济学和系统工程等。工程项目管理设计框架如图 2-2 所示。

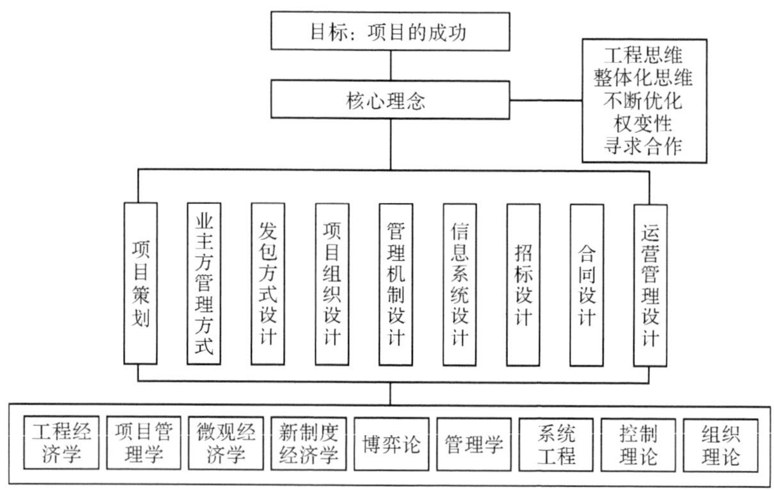

图 2-2 工程项目管理设计框架

根据工程自身和突破制度瓶颈的要求，从设计的角度出发，提出项目管理设计理论。工程项目管理设计是根据工程特性需求和业主需求，为保证工程的成功完成，设计工程各个参与方工作范围，责任、权利和利益分配。工程项目管理设计的目标包括质量、时间和费用三大目标，以及项目利益相关者的满意度、项目的社会效益。项目管理设计的内容包括从项目开始到运营阶段涉及的各项管理机制和制度的设计。从设计的视角重新审视工程项目，为项目管理理论的创新开创一个新的视角。

2.5　建设工程交易的研究范式

2.5.1　社会制度层次分析

Williamson 认为社会分析按照不同的时间维度分为四个层次[74]（见图 2-3）。第一层次是社会嵌入（如非正式社会规则、习俗、宗教和行为准则等），这些体系变化很慢，在一般经济制度研究中，都是给定的。这些体系规范了制度环境的规则、支撑着各类组织的运行。第二层次是制度环境形成的正式的行事规则。第三层次是制度安排（如治理模式），它嵌入在现存的制度环境中，同时社会的习俗和准则也形成对交易者行为的约束，这些制度可以随着生产和交易的发生而重新安排。第四层次是短时间的资源分配和雇佣制度（新古典经济学的研究对象），公司被看成是生产函数，价格随着供求关系的变化而变化。在这个框架中，第一层次影响下面三个层次，而下层反过来给上层反馈。新制度经济学研究的是第二和第三层面的制度[74]。

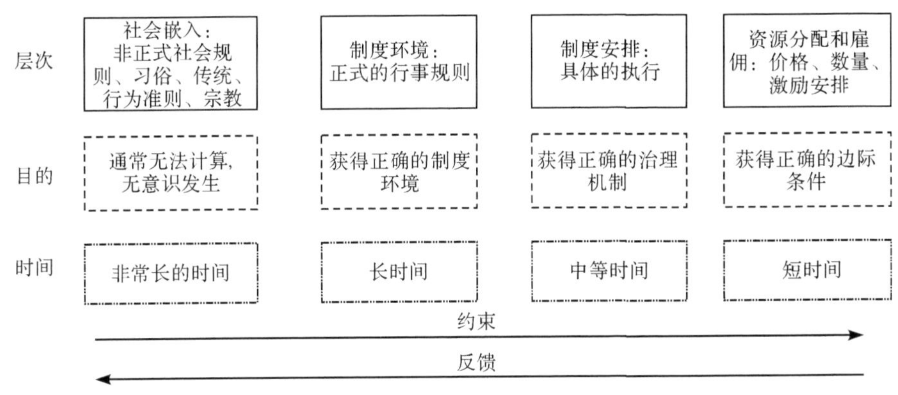

图 2-3　Williamson 的社会分析四个层次模型

来源：Williamson[74]和 Ménard[75]

新制度经济学关注的是制度如何形成又如何运作、制度如何规范交换关系和生产过程的安排、这些安排反过来又如何改变制度环境[76]。Klein[77]认为“发展可以看成是支撑社会经济关系制度的进化表现，经济发展依赖于贸易（交易）的弊端被制度控制的程度，从而降低信息成本，鼓励资本投入和资本流动，允许对风险进行定价和分享，促进合作。经济发展从某种程度上讲就是制度的发展。”

2.5.2　交易费用经济学的研究范式

在 Williamson 的《资本主义经济制度》中，交易被作为最基本的分析单位，将所有交易还原为完全(或者不完全)的契约,不同的契约可以根据其属性不同,分别对应着不同的治理结构,继而通过比较不同治理结构所产生不同的交易费用,进行比较制度分析,如图 2-4 所示。

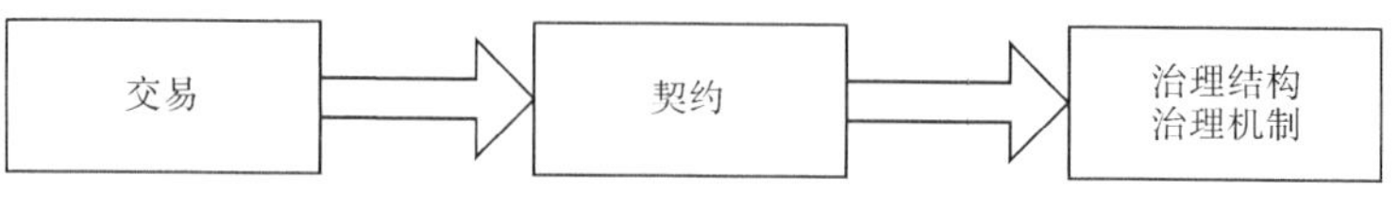

图 2-4　交易费用经济学的研究范式

所有的经济活动都可以看成是一种交易,而且所有的交易都可以看成是一种契约,人的有限理性、机会主义和资产专用性,导致契约尤其是长期契约天生就是不完全的。为了支持长期的不完全契约,需将资产的专用性、价格和保障措施综合起来考虑,即根据资产专用性、交易频率和不确定性三个维度可以将契约分为不同的类型。不存在专用性投资的标准契约,无论交易频率如何、不确定性程度如何,都属于古典契约,适合通过市场来完成交易;资产专用性程度较高、交易频率较高以及不确定性也较高的交易属于某种关系型契约,主要依靠统一治理,通过科层组织来完成;处于两者之间的属于新古典契约或者另一种关系型契约,分别对应于第三方治理结构和双方治理结构,通过除市场和科层之外的混合形式来完成。混合形式包括质押、互惠、特许权和管制等。根据交易费用最小化原则,不同性质的交易或契约对应于市场、混合形式或科层这三种不同的治理结构[78]。

2.5.3　以交易费用经济学为基础的工程交易研究范式

把交易费用经济学应用到工程交易中,依照交易费用经济学建立工程交易的研究范式。以交易作为最基本的分析单元,把每次交易都看成一个契约。工程本身和交易过程的不确定性和复杂性;业主和承包商之间的交易频率都比较低;由于人的有限理性和交易的不可预见性,不能预测签订合同之后所有可能出现的情况,也无法用明确的语言写入合同,造成了工程合同天生的不完备,另外,在很多情况下,是在设计还没有完成时就开始施工,就又增加了工程交易的不确定性;在招标之前业主面临很多承包商,承包商之间存在竞争,业主拥有项目更多的信息,占主导地位,当确定中标承包商之后,业主和承包商就是一对一的关系,在工程实施过程中,承包商拥有关于项目的更多信息,由于人的自利本性,承包商会利用自己的信息优势产生机会主义行为;工程交易有很高的资产专用性,当业主和承包商签订合同之后,随着工程的进展,中止合同对双方来说都是损失巨大的,合同双方“被嵌入”这样一个合同关系中,承包商具有信息优势,所以可以根据自己的信息优势对业主“敲竹杠”,在工程变更和索赔的谈判中,承包商会时时出现“敲竹杠”行为。以上原因导致工程交易产生巨大的交易费用,因此需要引入治理结构来“注入秩序，转移冲突，实现双赢”。工程交易设计的目的是设计最优的治理结构，最大限度地节约事前交易费用和事后交易费用。以交易费用经济学为基础的工程交易研究范式可用图 2-5 来表示。

依照工程交易的研究范式，工程交易要解决两个问题：交易模式的设计和交易机制的设计。

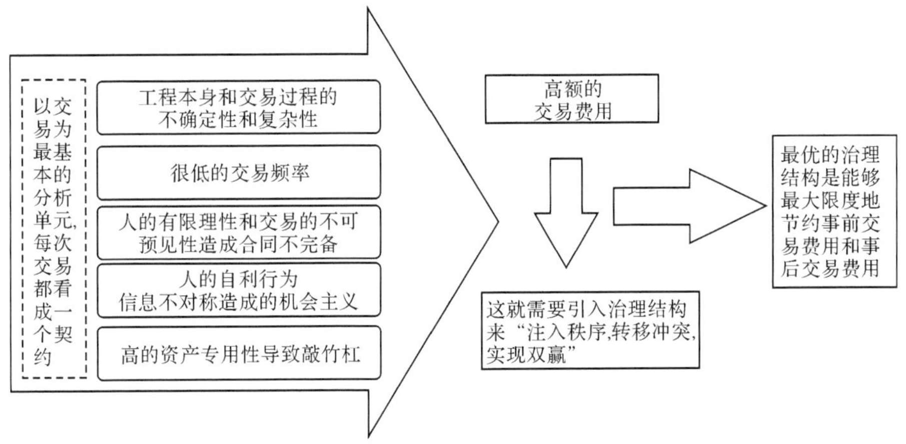

图 2-5　工程交易研究范式

2.5.4　工程交易模式设计

工程交易模式包括业主方管理方式、发包方式和合同类型。不同的组合构成不同的交易模式，如图 2-6 所示。

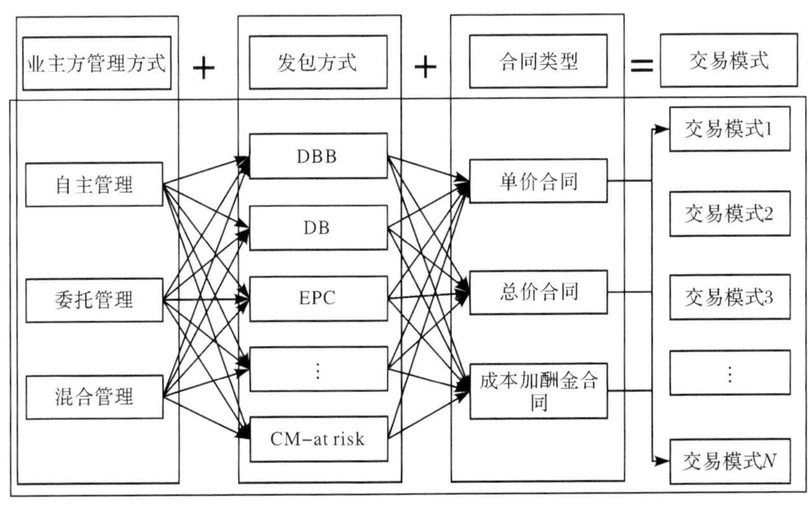

图 2-6　工程交易模式设计

1. 业主方管理方式

工程交易中，业主方管理方式应根据业主方的项目管理能力与经验、工程项目的特点等方面进行设计。王卓甫等[64]采用交易费用经济学的方法分析研究了业主方项目管理经典方式：监理和 PM 方式。结果表明，当业主方项目管理能力较弱和经验欠缺时，采用 PM 方式较适当，而业主方项目管理能力较强和经验较丰富时，采用监理方式较合理。实际上，从交易费用经济学的分析范式来讲，业主方管理模式选择问题就是"make or buy"决策问题。当业主项目管理经验丰富，有专业的管理人员，而且长期进行工程建设时，采用自主＋监理的方式，可以降低交易费用。同时，当业主没有项目管理经验，而且不经常进行工程建设时，雇佣专业的项目管理人员无疑是不经济的，其最优选择就是把项目管理任务外包出去，采用类似 PM 的方式。

2. 发包方式

在此对发包方式进行不同视角的分析。

1）时空二元结构视角下的发包方式

根据文献[79]的研究，从构建建设工程时空二元结构出发，构造了发包方式的时空二元结构图。时间轴为工程建设过程，不同过程集成方式决定了不同的发包方式；空间轴为工程系统，把工程分解成不同的标段、子项目或者工作包（work package）进行发包。对建设工程时空二元结构进行分解，对这些结构单元进行组合就可以形成工程发包的客体，不同的组合方式决定了不同的发包方式。某工程时空二元结构图可以用图 2-7 表示。

图 2-7　建设工程时空二元结构图

2）组织视角的发包方式

工程建设项目发包的演变可以追溯到中世纪，当时的业主只雇佣一名大建造师为其设计、建造全部工程，这样的模式一直到 20 世纪初还非常普遍。随着社会分工和专业化以及建筑技术的不断发展，对设计、施工的专业化要求越来越高，设计者和建造者开始专门从事设计、创造和（或）建造的工作，因此出现了设计—招标—建造（DBB）这一传统发包方式。但是在 DBB 中设计和建造机构相互交流的信息非常少。缺乏沟通的 DBB 发包方式造成了无效的设计、错误以及争议的增加，甚至超出工程预算成本拖延工期。二十世纪七八十年代这种传统的发包方式，已经无法满足业主的需求了，便开始引入了施工经理的方法。施工经理的功能是增加设计的可建造性以及通过使设计和建造并行进行来减少工程的工期。之后，工程项目管理模式（CM）受到青睐，这种模式下，施工承包商可以较早地参与到工程设计中去。20 世纪 80 年代，更多的业主开始采用设计—建造（DB）发包方式[80]。这种模式是"单一责任制"、可以缩短工期、减少业主多头管理的负担、可以使业主提前掌握相对确定的工程总造价等[81]。工程发包方式经历了一个由"合"到"分"、再由"分"到"合"的演化进程。从社会生产力水平和专业化分工水平都很低的"合"，到分工和专业化水平很高的"分"，再到需求更多合作和交流的"合"，整个演变过程呈螺旋式交替上升趋势[82]。

从组织的视角研究发包方式，其本质就是同样的生产任务由几个组织来完成，如图 2-8 所示。DBB 就是设计和施工由两个组织完成；DB 就是设计和施工由一个组织来完成。从交易费用分析的视角，采用哪种组织方式，取决于各种组织方式产生交易费用的相对大小。进一步讲，从新兴古典经济学中的分工和专业化的理论分析，社会生产的组织方式取决于当时的经济发展水平和社会分工水平，从工程发包方式的演变也能看出这一点[12]。因此，没有哪种发包方式更好或者更优越，只是说这种发包方式在当前的经济发展水平和社会分工水平下是比较合适的。同样，业主方的管理方式的选择也是同样的道理，不能说在计划经济条件下，指挥部的方式就不好，只是在当时的经济发展水平下，这种方式是最适合的。

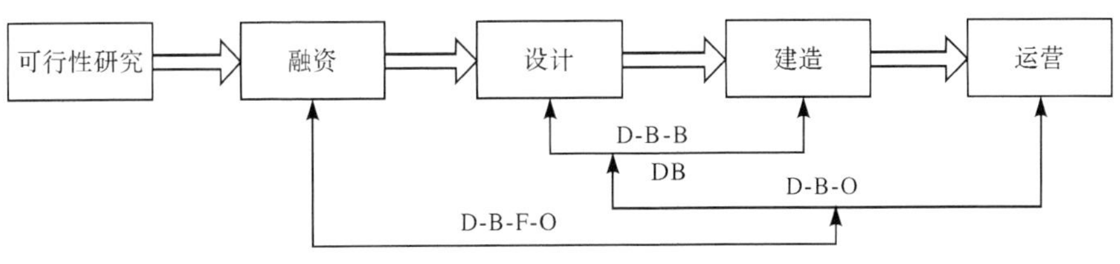

图 2-8　工程发包方式

3. 合同类型

按照建设工程合同的计价方式，常将合同分为基于价格和基于成本的 2 类 5 种合同。第一种是基于价格的合同，包括总价合同和单价合同；第二种是基于成本的合同，包括实际成本加固定费用合同、实际成本加百分比合同、目标价格激励合同、限定最高激励合同。不同的合同类型适合于不同的工程项目、不同的发包方式，合同类型与发包方式存在匹配关系[83]。

2.5.5 工程交易机制设计

1. 招标机制设计

广义的招标机制设计指在建设市场信息不对称的情况下，招标人通过招标机制和事后监督机制达到诱使投标人真实披露信息的目的。招标人通过投标人之间的激烈竞争达到以最低的代价、满意的质量、合理的时间购买产品的目的，实现投资目标[84]，既实现业主方的效用最大，同时又使投标人收益最大。典型的招标机制设计是一个三阶段的不完全信息博弈，其中第一阶段是招标人/业主方设计一个机制，这种机制包括契约、激励方案、评标机制。第二阶段是根据这个机制或者制度，投标人与业主方进行博弈，根据自己的成本和对手的情况，向招标人提交报价。第三阶段是投标人根据事先设计好的评标机制进行评标，最后确定中标人。招标的最重要的目的是选择合格的承包商，同时也是一种价格发现机制。招标机制设计的目的是解决投标人的“逆向选择”问题，其目标函数是工程造价和交易费用的总和达到最小[85]。

2. 合同设计

工程合同确定了缔约双方的权利、义务和责任，承包商按照合同完成设计、施工、安装等任务，发包人应提供必要的设计或施工条件并支付工程价款。

工程交易合同可以用不完全合同理论来进行研究，因为它符合不完全合同理论的三个特点：①很难预测未来可能发生的各种情况并为之作出计划；②即使①满足，也很难达成协议，因为很难用共同语言来描述各种情况；③即使前两条都满足，也很难将它们写得使第三者(如法院)可执行。这三个特点决定了合同在签订之时是不完全的，即合同包含了缺口和遗漏条款。在理性人的假设下，一个不完全合同会随时间变化而进行重新谈判或修正。由此产生了三种缔约成本(交易成本)。第一，事后讨价还价成本。第二，事后无效率的成本，由于事后的信息不对称，或者事后决策权的事前安排不当，重新谈判可能达不成有效率的协议。第三，事前的关系专用性投资扭曲(如不足)，因为交易收益的分配还要取决于缔约双方的讨价还价能力，各方出于对另一方在重新谈判阶段会被“敲竹杠”，会更愿意作相对专用性投资。工程合同中涉及的工程变更和索赔，实际上就是为了弥补合同的不完备而为承发包双方设置的重新谈判或修正机会，同时重新谈判过程中，双方信息不对称、资产专用性等问题的存在，会产生大量的交易费用。工程合同设计的目标就是在满足工程质量、技术、工期等要求的前提下，达到工程建造费用和交易费用的最低。

3. 工程担保机制设计

建设工程承发包合同是一种双务合同，也就是说，签订合同的双方对对方负有履约义务，承包商的义务是按照合同规定的工期和质量要求完成建筑物的施工任务，而业主的义务中很重要的一个内容是按照合同要求按时支付工程款。理论上讲，工程承包类担保主要包括投标担保、履约担保、付款担保、预付款担保、维修担保、保证金担保等。这些担保的保函需分别在承发包合同签订和履行的不同阶段提交给业主，其担保的内容各有不同。业主责任履行担保的共同特征是保函的收益人为政府，由业主向政府申领执照、申办许可时提交。包括回垦担保、管辖地担保、完工担保、特性经营权担保等[86]。

4. 工程保险机制设计

工程保险通过工程参与各方购买相应的保险，将风险因素转移给保险公司，以求在意外事件发生时，其蒙受的损失能得到保险公司的经济补偿。工程保险是工程风险管理采用较多的方法之一。工程保险又分为强制性保险和自愿性保险。

担保是工程合同承发包双方向担保人转移风险，保险是工程合同承发包双方向保险人(保险公司)转移风险，都是借助第三方的治理机制。其区别为二者着重解决的问题不同。建筑工程保险着重解决“非预见的意外情况”，包括自然灾害或意外事故造成的物质损失或人身伤亡；建筑工程担保则着重解决“可为而不为者”。承建商拖延工期、拖欠工人工资和供货商货款、保修期内不尽保修义务和设计人迟延交付图纸及业主拖欠工程款等问题，虽然靠保险能起到一定的作用，但是要从根本上解决问题，必须借助工程担保[87]。

2.6　交易活动成本收益分析

假设任何交易活动都要发生成本，但是仅只有其中的某些活动是带来收益的。假设：

(1) 任何一个工程交易的活动，都需要一个最低水平的投资，但是并非都能产生收益。

(2) 当工程交易活动的投资增加时，将开始产生收益，达到第一个拐点，成本曲线的梯度将大于 45°，就意味着此时收益大于成本。

(3) 当投资边际收益逐渐降低，直到第二个拐点时，成本曲线的梯度小于 45°，又重新回到净成本状态。由于工程的复杂性，监督承包商的任务会变得成本非常高，以至于超过了监督所产生的收益。

如图 2-9 所示，交易费用曲线展示了成本轴 X 和收益轴 Y 的关系。

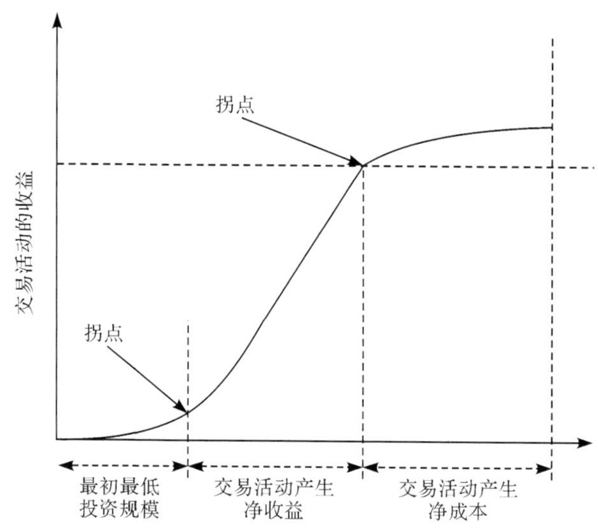

图 2-9　交易活动成本收益费用曲线

2.7　建设工程交易费用产生机理分析

2.7.1　工程承发包的委托代理关系

根据 Jensen 和 Meckling[88] 对委托代理的解释："一个人或一些人(委托人)委托其他人(代理人)根据委托人的利益从事某些活动并相应地授予代理人某些决策权的契约关系"。

标准委托-代理理论就是研究在信息非对称基础上如何进行激励设计。由 Wilson[89]、Ross[90]、Mirrlees[91]、Holmstrom[92] 以及 Grossman 和 Hart[93] 等开创的委托-代理理论，应用模型分析，主要解决委托代理关系中存在的信息不对称问题。因委托人与代理人之间的信息不对称，代理人的行动不能直接让委托人观察到，从而产生代理人不以委托人利益最大化为目标的"道德风险"和"逆向选择"问题，对这些问题的解决形成了现代企业激励理论的核心。

邓中美[94]运用委托代理理论分析了政府投资项目中，代建制管理模式中的政府主管部门、使用单位、代建单位和承包单位四方主体之间的信息优势与劣势、期望与要求、权利与义务、风险与收益，指出建立激励约束机制、加强合同管理、实行工程担保或保险制度是完善代建制的主要措施。秦旋[95]运用委托代理理论分析了业主和工程监理的选择和行为，根据不同的假设条件构造了两类业主与工程师之间的委托代理博弈模型。在此基础上，分析了业主和工程师的选择和行为，并指出合理的激励合同，有效的内外部约束机制和市场声誉可以有效地抑制在信息不对称环境下的道德风险。王晓州[96]指出建设项目业主与承包商之间的经济关系集中反映在信息的不对称性与契约的不完备性上，二者之间具有严格经济学意义上的委托代理关系，并通过建立委托代理关系模型，分析了其运行规律和基本特征，帮助业主设计项目激励与约束机制。林梅[97]将建设项目中委托代理关系分为逆向选择、隐藏信息和隐藏行动三类道德风险，并从投资者和项目公司的角度提出了解决逆向选择问题的信息传递机制和信息甄别机制，以及解决道德风险问题的综合治理机制。

施工承包人是受项目业主的委托(这种委托以投标并中标获得施工合同的形式)，对工程项目施工全面负责的代理人。这里，项目业主是委托人，施工承包企业是代理人，这种委托代理关系中，施工企业主要提供的服务和拥有的权力如下：分包部分合同工程；进行工程施工以提供工程产品；自行采购材料及(或)设备；指导工程的整体施工；调配并管理进入工程项目的人力、资金、物资和机械设备等生产要素；负责施工现场的安全，其他被授予的权力等。

在我国合同法中，并没有将建设工程施工合同视为一种委托代理合同，但是根据业主和施工承包人之间形成关系的特点，在经济学的角度上可以认为业主和施工承包人之间存在委托代理关系，因为经济学上的委托代理关系泛指任何一种涉及非对称信息的交易，交易中具有信息优势的一方称为代理人，另一方称为委托人[98]，而且，代理人的私人信息(行动或知识)会影响委托人的利益。也就是说，经济学中的委托代理关系形成的前提是信息不对称。在业主和施工承包人所形成的关系中就存在着信息不对称，无论在合同签订前的招投标阶段还是合同签订后的实施阶段都存在信息不对称，表现如下。

(1) 在招投标阶段，投标人(施工企业)比业主更了解关于自身个人特征的某些方面如真实的施工水平和履约能力，为了能中标，投标人可能采取的策略是隐瞒可能影响中标的不利因素，即试图从保持信息的私人性中获利，如提供虚假资料、编造工程经验等。

(2) 中标后，在实际履行合同进行工程施工时，施工承包人比业主更了解自己的建造行为，如使用人员的素质、材料的质量、建造方法与技术等，可能为了企业的利润而采用选择材料设备时以次充好、非道德索赔等方法谋求更大利益。另外，施工承包人的施工能力、施工经验、施工方案技术、所使用人员的素质、材料好坏等都会影响最终建筑产品的质量，从而影响业主的利益，所以说，施工承包人的私人信息和行动会影响到委托人的利益。

由以上分析可知，从信息经济学的角度来看，业主和施工承包人显然是一种典型的委托代理关系。业主方（委托人）想使承包人（代理人）按照业主的利益（如使工程项目整体效益最大化）选择行动，但是业主却不能直接观测到承包人选择了什么行动（如努力提供高质量的服务还是偷工减料），能观测到的只是承包人行为选择结果的另一些变量，如最终交付的工程，而这些结果就是由承包人的行动和其他外生的随机因素共同决定的，因而只是承包人行为的不完全信息。

业主和施工承包人的这种委托代理关系，加上建设工程合同的不完全性特点，造成了业主目标与施工承包人目标的差异。业主方从追求自身效用最大化出发，希望建筑产品质量高、造价低，而施工承包人是以谋求自身利润为目标的，提供高质量的建筑产品意味着成本更高，利润更少，因此施工承包人可能会有下列道德风险行为：使用达不到要求的材料、施工工艺流程不规范、施工人员懈怠对待工程施工等。这些行为可以增加承包人的效益，但却会损害业主的利益。

工程实施工期长、各种不同的所有权安排、不同的参与者都有不同的利益目标以及风险分担的特点等，都是产生交易费用的原因。工程合同的不完全性，才是其最深层次的原因，但是为了降低合同的不完全性，就必须使工程计划、设计和技术条款尽可能详尽，但是这些又是需要付出成本的，这对于业主来讲，就需要在两者之间取得平衡。

但是应当注意到，委托代理理论的基础是强调委托人和代理人之间的利益对立与冲突，从而在信息不对称的前提下产生代理成本，而工程项目中作为委托人的业主方和作为代理人的咨询方或者承包商他们的利益并不是完全冲突的，既有对立性又有一致性。

2.7.2 交易过程的不确定性

交易过程的不确定性主要来自三个方面：第一是项目本身的不确定性；第二是项目交易参与者行为的不确定性；第三是项目交易环境的不确定性。

首先，建筑产品体积庞大、结构复杂、技术和质量要求高、施工周期长，这些特点使建设工程本身和工程建设环境存在大量的不确定因素，进而造成交易过程充满了不确定性。其次，建设工程交易通常采用招投标的竞争形式，进行“期货”交易，因而具有较强的偶然性。在交易的过程中，业主和承包商作为有限理性和机会主义倾向的契约人，在追求自身利益最大化的驱使下，就可能利用“隐藏信息”谋求不正当利益，这就增加了建设工程交易过程的不确定性。

人的有限理性和机会主义行为，造成项目参与者行为的不确定性。人们不能预见工程实施过程中所有可能发生的状况，也不可能把每种可能发生的状况写入合同，造成建设工程的合同是天生的不完备合同。不完备的合同不能完全规制人的行为，由于工程建设过程中业主方和承包商信息不对称，承包商拥有信息优势，在自利的趋势下，承包商可能会采取机会主义行为如偷工减料、额外索赔、侵害业主的利益。

2.7.3　人的有限理性

在完备合同中，实质存在个人完全理性的假设。合同当事人不仅完全了解自己与对方的选择范围，而且对将来可能的选择也十分清楚，并根据其选择了解所选择的结果或至少知道这种结果的可能性。这样，他就可把这些信息整合在单一的效用函数中得出最优合同的结果。然而，在工程项目活动中，尽管人的选择希望是理性的，但人的理性选择是不完全的、是有限理性的。由于人的有限理性(bounded rationality)与工程项目及其环境的复杂性、不确定性，不论工程项目的业主/项目法人还是工程承包人，既不能事先把与合同相关的全部信息写进合同的条款，也无法预测到将来可能出现的各种偶然事件，更无法在合同中为各种偶然事件确定相应的处理方案以及计算出合同事后的效用结果。因此，人的有限理性是导致合同不完备的重要原因之一。

2.7.4　交易的频率较低

由于建设工程投资规模大，而且建筑产品的设计使用年限一般都在 30 年以上(临时建筑除外)，是耐用品，所以除了大型企业集团、专业的产业投资公司、房地产公司等外，对一般业主而言，建设工程交易频率相对较低。低的交易频率，不易在市场中形成重复博弈，导致承包商的机会主义行为可能性增大。对于承包商而言，其面对每一个业主的博弈是参与人不固定的重复博弈，在一次性博弈中，唯一的纳什均衡就是业主不购买，承包商不诚信，因此承包商不诚信、偷工减料、实施外的索赔和变更获利更多。但是如果业主必须购买，那么博弈的结果就是业主购买，承包商不诚信。如果是无限次的重复博弈，均衡结果就是业主购买，承包商诚信。如果市场上有诚信记录，承包商就会担心由于不诚信会失去未来的客户，因此选择守信是承包商的最优选择。如果市场上没有诚信记录，承包商面临每一个业主时都是一次性博弈，不诚信、偷工减料就是他的最优选择。因此没有建设管理经验或者建设业务比较少的业主可以把工程发包给经验丰富的项目管理公司，或者采用代建制，可以有效减少交易费用。

2.7.5 建筑产品的资产专用性强

任何建筑产品都是针对业主的要求与偏好进行设计与生产的，是一种为了满足特定业主特定需求而量身定做的产品。因此，任何建设产品转变用途都会导致原产品的使用功能无法充分发挥效益，从而会造成业主投资的损失或浪费，形成大量的沉没成本。即使在项目的前期阶段也不例外，因为各种工程文件（如可行性研究报告、初步设计等）都具有很强的针对性。

资产专用性是指用于特定用途后被锁定很难再移作他用性质的资产，若改作他用则价值会降低，甚至可能变成毫无价值的资产。资产专用性（asset specificity）和资产通用性（asset homogeneity）相对。不同行业有不同的要素品质、要素结构和特征，即资产具有专用性。因此资产要素在不同行业间的再配置必然涉及一定的费用而产生成本。Williamson 将资产专用性与合约中的交易费用联系起来，认为资产专用性的存在，以及在有限理性的条件下，交易双方就有可能进行机会主义行为，从而导致了交易费用的上升。既然在未来预期收益不确定的条件下，追求成本最小是合约安排的目标，那么资产专用性的高低就应成为组织和市场划分的尺度之一。如果资产专用性的程度很高，那么天平将向着有利于内部组织的方向移动。在他的模型中表明，当资产专用性较低时，市场连续性的现货合约则具有规模经济和治理优势。当资产专用性很强时，由于市场现货合约不仅不能实现规模经济，而且由于“套牢”（ lock-in）问题，市场治理存在风险[99]。通用与费雪车身公司一体化案例是对资产专用性最经典的案例。Klein 等在 1978 年提出这一案例并用 Williamson 的 TCE 理论加以解释[100]。

Williamson 在 1985 年提出了四种资产专用性，分别是实物资产专用性（physical asset specificity）、场地专用性（sit asset specificity）、人力资本专用性（human asset specificity）和专门专用性（dedicated asset specificity）[8]。Eccles 对建筑市场交易中的分包问题进行了研究，他认为人力资本专用性是总承包商所面临的主要的资产专用性问题，但 Eccles 的研究对象为总承包商和分包商之间的交易关系，并未讨论业主和承包商的交易关系[36]。Masten 等在建筑生产背景下对 Williamson 的资产专用性分类进行了扩展性研究，提出了临时专用性（temporal specificity）的概念，用以解释建筑生产交易中对时间的依赖关系[24]。Chang 和 Ive 提出了过程专用性（process specificity）的概念，用于解释建设过程中的依赖关系[101]。严玲则认为资产专用性是由建设工程的大量沉没成本所引起的，建设项目交易是一类资产专用性高的交易，但是对于具体的资产专用性类型未进行区分[102]。李俊杰认为建设工程项目交易是高资产专用性一类交易，而且认为建设项目交易的资产专用性主要是由场地专用性引起的[103]。具体情况见表 2-2。

表 2-2　学者对建筑生产交易资产专用性的界定

学者	资产专用性类型	准租的来源	弱势方	例子
Eccles(1981)	人力资本专用性	由于工程量的变化，雇佣和解雇的人员带来的交易成本的增加	不使用分包的总包商	总分包商和分包商
Masten 等(1991)	临时专用性	由关键线路工作工期拖延带来的巨大成本	业主(委托人)	业主(委托人)和承包人
Chang 和 Ive(2007)	过程专用性	为了不中断项目转换到替代承包人，带来的成本	业主(委托人)	业主(委托人)和承包人
严玲(2005)	未界定	未给出	业主	业主和承包商
李俊杰(2005)	场地专用性和专门专用性	未给出	承包商	业主和承包商

骆亚卓和薛声家在总结前人研究成果的基础上作了比较详尽的阐述，但也有值得商榷的地方，如他们认为实物资产专用性、场地专用性与建设项目交易的资产专用性无关，人力资本专用性仅描述了业主对总承包商的人力资本的依赖。而过程专用性则能够全面描述业主与总承包商之间依赖关系[104]。

由于资产专用性的概念最初来自于制造业，当谈到制造业和建筑业的差别时，骆亚卓和薛声家认为针对制造业生产场所的固定性，建设生产的工作场所随建设项目移动。这促使建设承包商的机械设备都是可移动的。包括各种移动的施工机械，甚至临时的办公室都是可移动的(活动房屋)。建设承包商可以以非常低的费用，轻松地从一个建设项目生产场地转移到另外一个生产场地。场地专用性不会对其产生威胁。而制造业因为生产场地的固定性会受到场地专用性的威胁[104]。

作者认为，恰恰相反，建筑行业的场地专用性对承包商的威胁是很大的，首先，场地专用性包括生产资料的专用性和生产产品的专用性，建筑生产的生产资料，如建筑机械并非像骆亚卓和薛声家[104]所说的那样容易移动，高层的塔吊、脚手架、模板，拆装的成本是非常高的，这样的成本而且会随着工程的实施逐渐增加，因而并不像两位所说的那样“轻松地从一个建设项目生产场地转移到另一个生产场地”。此外是生产产品的专用性，建筑产品都是为客户定制化的产品，在生产过程中，承包商生产的半成品只适合于其特定的客户，虽然承包商投入巨大，但是产品的产权是属于客户的，如果再加上垫资承包，一旦客户中止合同，对承包商的损失可谓是非常巨大的，虽然在法律上这些成本是可以追回的，但是耗时、耗神、高成本的法律诉讼是每个承包商都不愿面对的。因此，建筑行业场地专用性像骆亚卓和薛声家所说的那样“总承包商所使用的机械设备是带轮子的，迁移费用低廉。所以业主与总承包商的管理决策不受制于场地专用性”[104]。从业主方来讲，不论营利性项目高速公路、写字楼、住宅楼，还是公益性项目污水处理厂、学校、医院，都有当初策划好的工期，重新选择承包商必然会延误工期，从而影响项目的收益，甚至对社会产生恶劣影响，再有就是银行的贷款利息的增加。所以资产专用性的“嵌入”特性是对合同双发的威胁。

其次，承包商的机会成本也是不可忽略的。当一个承包商和业主签订合同之后，他同时也放弃了去承包其他项目的机会成本，当他中止一个合同时，显然不可能在很短时间内去寻找到另一个项目，即便是像骆亚卓和薛声家所说建筑机械可以“轻松地从一个建设项目生产场地转移到另一个生产场地”，可是项目都还没有找到，要转移到什么地方呢？如果是租赁的设备，空置期间依然要支付租金，如果中止和设备供应商的合同，那就要付出违约成本。

在谈到实物性资产专用性时，骆亚卓和薛声家认为业主的土地投入成本不应该算入其资产专用性[104]。在讨论业主和承包商在建筑项目交易工程中的资产专用性问题时，当然应该只考虑这笔交易对双方的利益和损失，但是在双方的讨价还价中，土地投入成本确实会影响业主方的决策，对于业主来讲，大量的土地先期投入成本会大大降低业主在谈判中讨价还价的能力。

2.7.6 机会主义动机

Williamson 强调了机会主义是一种损人利己的行为。他用交易的特征性规范了机会主义产生的原因，即人的有限理性和市场环境。事实上，机会主义产生的因素不仅是环境因素，而且受到对事后剩余收益分配的讨价还价过程的预期影响。事后的机会主义问题也被称为机会主义行为问题。但是克莱因并不同意将这种事后的机会主义行为作为一种“不道德”的色彩来批判。他认为机会主义具有自利行为，在市场交易的条件下，有限理性的交易双方为追求收益的最大化是正常的市场行为，合约是建立在“用脚投票”的基础上的。因此，在资产专用性的条件下，导致机会主义的行为主要有两个方面。

其一，资产专用性具有“可占用准租”(appropriable specificity quasi rent)的特点。当一项资产为某一个人所有并租给他人，这项资产的准租值就会超过其残值，即超过另一承租人次优使用的价值。专用性资产能产生可占用的专用性准租，意味着为保护开放性市场上持有一项资产的价值，而不受市场进入影响的一种资产升值，而不是一种垄断租金。可占用准租产生于非市场交易或对竞争性资产加以限制的地方。资产一旦被安置，再转用的代价就会非常高。因此，这种已安置的资产专用性对特殊使用者就会产生准租。在合约签订过程中，机会主义者占用准租是导致合约的交易成本上升、合约难以监督和执行的重要原因[99]。

其二，合约的不完全性。由机会主义导致“套牢”问题的另一原因是合约的不完全性。在实际市场交换的复杂的环境下，完全地、很偶然地和毫无成本地执行合约是不可能的。导致合约不完全的主要原因包括：①不确定性意味着存在大量可能的偶然性因素，且要预先了解和明确针对所有这些可能性的发生，费用是非常高的；②考核具体的合约绩效，费用也是非常高的[99]。因此，对于第三方执行者，如法院，要完满地证实违约往往也是很困难的。因此，在不完全合约的条件下，交易者有能力且常常有动机通过“套牢”其他当事人来进行违反交易，从某种意义上，这种合约关系没有明确或不能执行因素的行为是不能预料的，它不是一种长期均衡现象。

在交易费用经济学的研究背景下，工程交易费用产生的原因和机理可用图 2-10 描述。

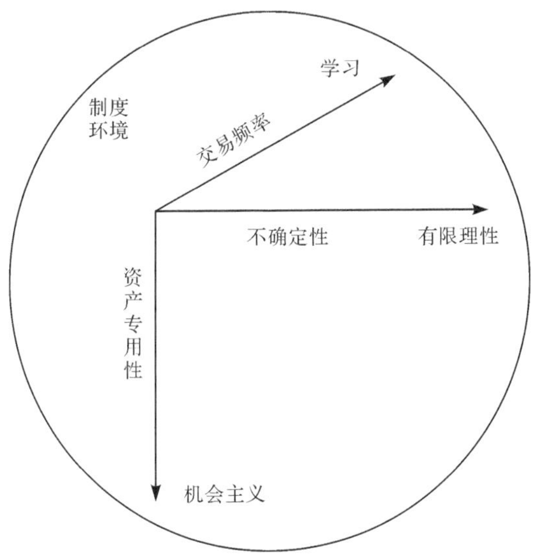

图 2-10　工程交易费用产生的原因和机理

2.8 本章小结

本章对建设工程交易理论相关问题进行了探讨，首先从交易费用经济学、不完全合同理论和组织理论的视角对建设工程交易的特点进行了分析；其次以交易费用经济学为基础构建了工程交易的研究范式；再次从成本和收益的角度对交易活动进行了分析；最后从工程承发包的委托代理关系、工程的不确定性、人的有限理性、资产专用性和机会主义动机等方面分析了交易费用产生的机理。

第3章　建设工程交易费用影响路径模型假设

本章在文献研究的基础上，根据第2章对工程交易理论的深度分析，提出一个系统的建设工程交易费用影响路径模型及相关研究假设，把总的交易费用作为被解释变量，影响交易费用产生的因素作为解释变量。

3.1　概念模型

在本书理论综述部分列举了部分研究学者对工程交易费用的研究，他们无论定性还是定量的研究，都没能全面地从因果关系视角进行阐述，没有把各种因素统一起来进行分析，没有系统地考虑影响工程交易费用的各种因素。本书在上述讨论的基础上，结合实证研究的需要，提出了一个建设工程交易费用产生的概念模型。如图3-1所示。

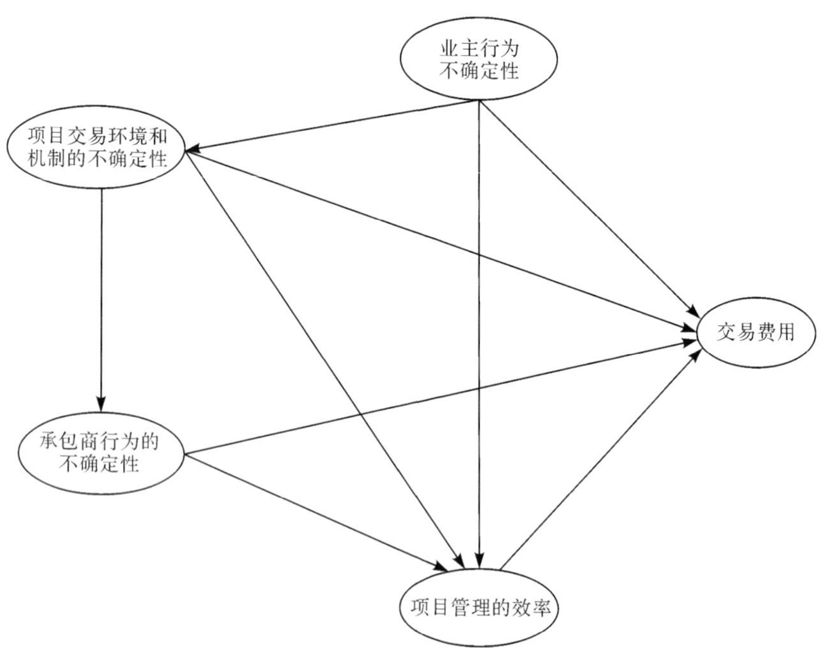

图3-1　建设工程交易费用产生的概念模型

在这个模型中，所有的影响因素被划分为业主行为的不确定性、承包商行为的不确定性、项目交易环境和机制的不确定性、项目管理的效率四种，箭头表示作用和方向，从模型整体架构来看，交易费用是被解释变量。

3.2　建设工程交易费用估计

本书研究的目的是估计建设工程项目交易过程中业主方承担的交易费用，发现影响交易费用产生的因素，以及产生的因果逻辑。

交易费用不同于生产费用，其产生于商品交易过程中，而生产费用产生于生产的输入到输出过程中。交易费用的产生是由于交易的一方具有信息优势、资产专用性、准租和敲竹杠等因素。在建设工程中，合同签订的前后，业主和承包商的讨价还价的地位发生改变，在签订合同之前，业主面临很多待选的承包商，可以利用自己的有利地位，促使承包商在服务质量和价格上产生竞争。然而当业主最终确定一家承包商，合同签订之后，双发的议价地位立即发生转变。承包商有可能利用自己的有利地位频频要求索赔和变更，并在索赔谈判中索取额外的收益[105]，由此产生了工程交易费用。

交易费用研究的起点是分清楚什么是合同前交易费用(ex ante transaction costs)和合同后交易费用(post ante transaction cost)，合同前交易费用包括招标、谈判、合同设计等费用，合同后交易费用发生于合同执行过程中的合同管理、协议和纠纷[106,107]。Lingard 等[107]认为，合同后的交易费用包括执行合同的监督和控制费用、计算机辅助项目管理费用、绩效测量和质量保证系统费用以及项目管理费用[38]。Hillebrandt 和 Hughes[108]认为合同前交易费用主要是选择承包商和决定合同价格的费用。Dahlman 把交易费用分为三类：信息搜索、讨价还价和决定价格、检验和执行费用[109]。这样的分类标准类似于 Gruneberg 和 Ive[110]的研究结果：搜索费用、产品和服务规范费用、合同选择和谈判费用、供应商选择费用、绩效检测和合同执行费用。Turner 和 Simister [50]视业主承担的交易费用为：在合同文本中确定工程发包范围、设计工作方法和程序、管理建筑产品的生产过程等费用。Hughes 等[111]却认为交易费用可以分为三种。招标前费用：营销、构建联盟、建立声誉费用。招标费用：预算、招标评标和谈判费用。招标后费用：绩效检测、执行合同和调解纠纷费用。

Whittington[58]同样把交易费用分为合同前交易费用(包括项目发起、招标、相关专业研究费用)和合同后交易费用(包括合同管理、变更和纠纷、额外协议和损害赔偿)。通过对 6 对 DBB 和 DB 高速公路项目交易费用的案例研究发现：DBB 项目合同前交易费用占项目投资额的 0.4%～8.8%，平均 2.6%左右；DB 项目合同前交易费用占项目投资额的 0%～5.7%，平均 2.2%；DBB 项目合同后交易费用为 8.9%～14.7%，平均 12.6%；DB 项目合同后交易费用为 3.4%～

14.3%,平均 9.5%。

3.2.1 建设工程项目合同前交易费用

合同前交易费用,顾名思义就是发生在合同双方交易之前的交易费用。合同前的交易费用主要起草、谈判一项协议的达成,但是还随着标的物是商品和服务,各有不同。在本书中,主要研究在合同签订之前,业主所承担的建设工程项目合同前交易费用。Soliño 和 Gago de Santos[112]试图去分解合同签订之前不同阶段的交易费用,包括项目本身发生的费用(项目论证、可行性研究等)和额外发生的费用(技术、法律和融资咨询等),这些费用包括环境影响评价、可行性研究、初步设计、招标文件准备、评标和谈判费用。

在本书中,合同前交易费用主要包括市场研究、项目融资、可行性研究、招标、谈判和项目初期日常管理费用。依照 Whittington[58]的研究结果,在调查问卷中,把合同前交易费用占项目合同额的百分比分为五个等级:小于 0.5%、0.5%~3.0%、3.0%~6.0%、6.0%~9.0%、大于 9.0%。用 1—5 的李克特量表来测量。

3.2.2 建设工程项目合同后交易费用

合同后交易费用就是发生在合同签订之后项目完成之前的交易费用。按照 Williamson 的观点,合同后交易费用就是构建和运行治理结构的成本,包括合同条件适应不良的调整成本、矛盾产生的适应和处理成本和承诺担保成本等。

需要注意的是,如果签订合同后的纠纷和诉讼非常多,那么交易费用无疑会增加很多。纠纷和诉讼在建筑行业中是十分普遍的,不论在澳大利亚、美国、英国还是香港地区,所产生的概率和费用都是非常高的。具体来说,直接费用有律师费、索赔顾问、管理的时间、项目工期的延误;间接费用有恶化工作关系、项目参与者之间产生不信任感和破坏团队工作[113]。

对于变更、索赔和纠纷所产生的费用可以分为三部分:处理问题的费用——矫正行为(如额外工作、超时、额外时间和拖延等),此费用的大小依赖于改正工作的范围和质量;寻找问题解决方案的费用;解决问题的费用,包括为确定责任所付出的时间、金钱和努力。后两者费用取决于澄清问题和解决问题所耗费的时间长短,在建筑行业中经常流行一句话:一个不怎么样的解决方案总比没有强。

本书中,合同后交易费用包括日常合同管理费用、索赔和变更管理费用、纠纷解决费用和激励费用。参照 Whittington[58]的研究,把合同后交易费用占合同额的百分比分为五个等级:小于 4%、4%~8%、8%~12%、12%~16%、高于 16%。回答者针对最近该组织刚完成的项目情况按照 1—5 李克特量表进行作答。

3.3　影响交易费用的决定因素

一个市场交易活动的交易费用主要依赖于人和环境两种因素的相互作用[114]。而在工程交易活动中，连接参与者(人)之间、参与者和环境之间的纽带就是合同，一系列的合同问题就会引发额外的交易费用，如索赔、变更和合同纠纷等。Molenaar 等认为影响工程合同纠纷的因素包括：人的因素、过程因素、项目本身的因素。人的因素主要包括项目组织、人际关系、个体角色、责任和期望。过程因素主要包括合同规定的工程参与者在工程中的行为；项目因素主要包括项目本身和技术特点。此外，这三个因素可以影响工程合同纠纷：业主管理能力、承包商的管理能力和项目的复杂性[115]。

在交易费用经济学的框架下，人的因素、环境因素和项目因素对建设工程交易费用的影响可用图 3-2 表示。

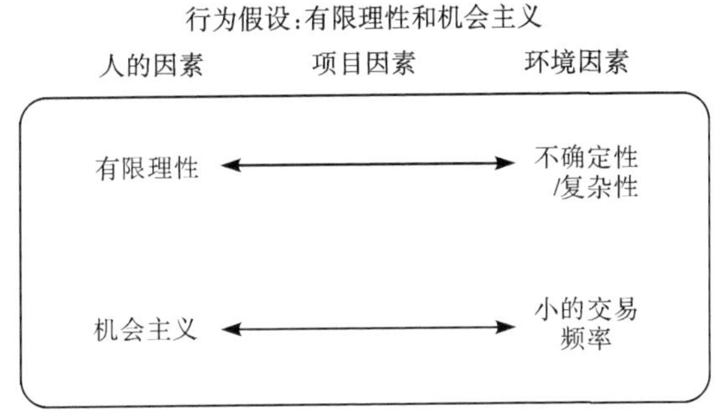

图 3-2　交易费用影响因素分析

依照交易费用经济学的观点，人与人、人和环境之间的关系能够完全地决定事件发生的最终状态和交易的治理结构[114]。这里人的因素主要就是业主和承包商的行为；环境因素就是工程交易的环境和机制以及项目管理等因素。同时合同的不完备性是造成机会主义行为的主要原因，如果合同文件能够详尽描述工程交易过程中的所有状况，如果没有业主需求改变引起的设计变更，那就不存在合同后的"适应"问题，同时也就没有承包商实施机会主义行为的机会[116]。引起合同不完备性的主要因素就是不确定性，包括项目本身的不确定性、建造过程的不确定性、人的行为的不确定性和有限理性。根据交易费用经济理论和工程交易的特点，在本书中，影响交易费用产生的因素包括业主行为的不确定性、承包商行为的不确定性、交易环境和交易机制的不确定性以及项目管理的效率。

3.3.1　业主行为的不确定性

业主在工程交易中处于核心地位，因此业主的行为是影响交易过程和结果的重要因素。业主行为的不确定性主要强调业主的工程项目管理能力、经验、管理的效率和合同执行的能力。同时还包括业主组织内部高层和中低层的管理水平，组织高层的责任是延展合同关系，和各个利益相关方保持好长期的合作关系，对项目成功起到非常大的作用；中低层管理者主要是在建设工地的现场管理合同和监督承包商的工作。如果业主有能力和经验能够按照合同很好地管理项目的实施，将能够极大地减少交易费用的产生。业主行为的不确定性由以下显变量测量。

(1) 业主的需求。在项目设计中如果业主的需求不是十分明确，工程的很多分部功能不能确定，这将导致项目实施过程中频繁的设计变更，会给承包商的机会主义提供可能，从业主方获取额外的利益，同时也增加了合同纠纷和索赔，这无疑会增加项目的交易费用。Onyango 发现大部分的索赔是由业主、工地现场施工条件和建筑师和工程师(architect/engineers)的失误所引起的合同后变更[117]。Chan 和 Kumaraswamy 研究发现造成工期延误的一个非常常见的原因就是业主在项目初始需求的不确定[118]。

(2) 与项目利益相关者的关系。主要集中在业主是否和设计者、供应商和相关政府部门有良好的关系。业主和项目利益相关者的关系良好能够促进营造的合作氛围，使项目各方都能本着合作的态度进行各项工作的决策，并且能够建立比较有效的问题解决和处理机制，可以有效降低交易费用。

(3) 类似工程项目经验。主要关注业主是否有类似项目管理的知识和经验。组织的经验来自于以前完成项目所学到的知识，这些知识和经验能够保留在组织中，成为组织的记忆，并能用到将来的项目中[119]。一个具有丰富经验的业主应该熟悉项目实施的全过程，并且具有在不确定条件下决策的能力、风险管理的能力、有效的问题和纠纷处理能力。

(4) 按时支付。业主按照合同要求按时支付工程款，对减少纠纷保证工程质量起到关键的作用，依照 Ozorhon 等[120]的研究，业主和承包商关系良好的特点是业主很及时地支付工程款、承包商很少的索赔和没有法律纠纷。国内很多民工和承包商发生的劳资纠纷，大部分都是由业主不能按时支付承包商工程款所导致的，而且按时支付工程款也是业主诚信水平的重要标志，同时也是工程能够顺利进行的重要保证。

(5) 组织效率。一个高效率的组织是有能力按照最小的投入得到最大化的产出。对于业主的组织来讲，高效的组织应该包括高效的决策能力、资源分配能力、高效的问题和危机解决能力、高效的日常工作实施能力、高效的合同管理能力等。当然组织的效率中，组织的人才和制度最重要，如果没有足够的人才，组织也很难达到其预期的目标。

因此，根据以上阐述，本书就业主行为的不确定性与交易费用的关系作如下假设。

H1:业主行为的不确定性对工程交易费用有正向显著作用。

3.3.2　承包商行为的不确定性

由于建设工程合同不能描述合同实施过程中所有的可能性,当不确定性发生时,承包商有可能会乘机索要更多的利益,如由于建筑材料的涨价或者其他超支,或者进行蓄意的破产威胁;工期延迟之后或者拒绝赶工或者索要更多的赶工费用;抓住设计错误索要更多不合理的费用[105]。承包商行为的不确定性可用以下变量测量。

(1) 投标行为。在投标阶段,很难判断投标商是否进行了不平衡报价、欺骗以及串标围标行为。不平衡报价会给业主带来很多问题,如果把项目发包给了一个不平衡报价的承包商,项目的最终总成本有可能会非常高,更严重的是这种情况不易被发觉[121],在很多情况下还可能导致不断的合同变更[122]。串标是一组公司达成一种协议,成为“卡特尔”,如果所有“卡特尔”成员都遵守协议,他们都会把报价抬高,如果一家承包商中标,其他承包商将从该项目获得利益,形成“卡特尔”的收益水平要高于普通的竞争性投标,相应的就是业主要付出更多的成本[123]。

(2) 有能力承担此项目。对于一个建设工程项目而言,最重要的问题是能找到一个合格的承包商去完成该项目。在招标阶段,由于信息不对称,业主很难全面了解每一个投标商,而且承包商呈现的都是对自己有利的信息,业主也很难判断究竟哪个承包商更适合完成此项目。因此,业主应该设计一种机制,让承包商主动揭示自己的信息,或者采取适当的行动去验证承包商的各类信息。要从承包商的资质等级、竞争能力、财务状况、技术能力、过去经验和信誉水平等方面立体考察,看其是否真正有能力完成该项目。

(3) 与分包商关系。分包在建设工程中非常普遍,总包商和承包商基本形成了比较稳定的关系网络,一开始他们的合作一般是“经典合同”形式,随着合作时间的增长,他们会诉诸一种“关系合同”形式[49]。分包商通常愿意继续跟随那些过去对他们非常好的总包商,如果总包商对待分包商不好,分包商将不会继续和该总包商合作或者再投标时把价格提高[124]。Proctor 强调了总包商和分包商关系的黄金法则,最重要的是要在长期公平的交易中形成一种信任的关系,他列出了 4C 原则:为对方考虑(consideration)、沟通(communication)、合作(cooperation)和补偿(compensation),并强调,项目的成功完成最终还是要靠总包商的努力[125]。还有研究发现总包商和分包商保持良好的关系将极大地增强总包商的经济绩效[126]。

(4) 类似工程项目经验。主要是项目层面和个体层面在实施相关项目的经验。组织的经验来自于组织的学习,其知识来源就是组织曾经完成的一个个项目[119]。个体层面主要包括项目经理、工程师、其他管理人员，主要负责项目的具体实施，他们的经验知识主要来自于个体的教育经历和工作经历[127]。一个公司如果之前完成的项目的工期、费用和质量各项指标都非常好，并且合同纠纷也非常少，它将会有很高的声誉，选择这样的公司将使项目成功的概率大大增加[115]。

(5) 与过去客户的关系。在投标过程中，对于业主来讲，面对的投标商都有可能成为中标者，如果某个承包商和过去的业主有比较良好的关系，说明他能很好地处理客户关系，将有可能把这种能力复制到下一个客户关系中。虽然，在业主和承包商中间，合作和信任一再被强调，但是业主和承包商之间非常紧密的关系还是难以达到的[128]。在这种情况下，客户满意就显得非常重要，为了和客户达成比较和谐的关系，承包商会努力了解客户关于项目成本、工期和质量的最基本诉求是什么[129]，使承发包双方减少信息的不对称，形成有效的合作，降低交易费用。

(6) 材料变更。建设工程所需材料都是在项目计划和施工方案中确定好的，如果承包商认为材料不合适或者目前市场上不易获得某种材料，而提出材料变更，他必须证明该材料能够在相同的结构位置发挥相同的作用。承包商对准备替换的材料的供应商非常了解，并且不影响其他材料供应。制造厂商的质量保证应该等同或者高于被替代的材料，施工单位必须填写设计变更文件，报以业主、监理、设计批准。工程量、材料需求量和材料价格都处于不确定状态，承包商显然具有信息优势，这对于承包商来讲是向业主索要更多利益的机会。

(7) 合同索赔。对于业主和承包商而言，建设工程的合同索赔本身就要花费很多成本和时间。甚至有些索赔还会产生一些不必要或者不合理的法律冲突和纠纷[130]。一些合同索赔是不可避免的，事实上也是必要的，由于合同不可预见性的变化，或者业主不确定性的需求，这样的索赔有可能被恰当处理，就有可能导致其他不必要纠纷的出现。这样的情景下，将有可能产生不必要或者不合理的索赔，从而进一步上升为诉诸法律的解决手段[130]。

因此，根据以上阐述，本书就承包商行为的不确定性与交易费用的关系作如下假设。

H2：承包商行为的不确定性对工程交易费用有正向显著作用。

3.3.3 项目管理的效率

一个高效的项目管理团队能够把一个非常大而复杂问题的影响最小化，而一个低效的项目管理团队有可能把一个小的问题逐渐放大，以至于无法处理。项目组织处理问题的能力取决于项目参与方的行为、关系和各方处理问题的能力[131]。虽然合作行为是解决复杂问题的重要条件，但也并非充分条件，因为项目组织还需要项目参与各方建立统一的项目目标、有效的决策程序和解决问题及协商的技能[131]。有效的项目管理同时还必须涉及计划、协调、监督和控制。

(1) 领导力。领导力就是对组织成员描绘和沟通项目的使命、愿景和价值观，一个成功的领导者能够创造一种激励个体创造、学习和支持的环境[132]，是组织能力建设的重要组成部分。一个项目组织的领导者必须有一个比较清晰的项目未来愿景，能够把项目团队的人统一到项目的目标上，还能够提供一种推动力使团队成员步调一致，并激励团队努力工作达到项目的目标。项目组织中，最重要的领导力来自项目经理，一个合格的项目经理能够调动整个团队的力量一起努力，更快、更好、更有效地完成项目。项目经理必须不断地发展有效的领导力技能并把其应用到项目管理的各个阶段。

(2) 决策能力。项目经理经常处理不确定性、复杂性的问题，并且要协调项目的各个目标以及不同利益相关者之间的矛盾。有效的决策从来不是靠着直觉和过去的经验进行的，而是遵循一种决策分析过程，是经过深入地分析和评价各种可能发生的情况作出的。决策还可以根据项目进行的需要不断地评价和改进[133]。根据项目的工作流程和层次，每个项目成员都在各自的岗位上作出不同的决策，放权给底层人员进行决策也是提高项目管理效率的途径。很多过去项目的管理实践可以帮助项目的领导者在项目开始之前就预测出未来可能出现的各种障碍，提前作出决策能够减少在那些不可预见事情上所花费的时间，能够确保项目按时完成并不超支。

(3) 沟通能力。缺乏沟通往往会引起纠纷[130]。随着信息技术高速发展，极大地提高了沟通的范围和效率，但是建设行业的诉讼和纠纷依然没有减少，那么就需要反思其工作的程序、方法、规则以及行为方式是否需要改变[134]。有效的沟通有助于改善项目参与者之间的相互关系，能使其很好地理解项目的目标，各自在项目组织中的地位、权力和责任；同时，有效的沟通还能促使项目成员之间共享各自知识和经验，并使知识在组织中传播和沉淀，对提高项目管理的效率作用巨大。项目管理经常是指挥一个合作意识并不好的团队，或者是不在同一个国家，沟通在这样的项目组织中就显得尤为重要。在项目开始阶段，项目经理就应该确定组织成员之间沟通的频率、沟通的媒介和沟通的对象。有效的沟通使项目团队成员在决策时能够意识到此决策对于项目的意义、对于个人的责任和目标不存在任何不确定性。

(4) 冲突管理。冲突就是双方或者多方由于信仰、意见和兴趣的不同，在一些重要事情上发生的分歧和争论。冲突是人类关系中不可避免的现象[135]，在项目建造过程中，如果人际关系逐渐融洽，有些冲突往往是可以预测的。除了关注冲突的不愉快和不好的结果之外，冲突对于项目实施有益的一面也是不能忽视的，有些冲突往往可以尽早地发现问题，有助于项目的顺利进行，因此，冲突管理被认为建设项目管理的一个非常重要的组成部分[136]。冲突的结果往往引起索赔和纠纷的产生。Kumaraswamy[130]认为很多可以避免的索赔就是对资源的浪费，一些不好的冲突和细小的纠纷有可能引起双方更大的误解，便会产生更多的索赔和纠纷。给人们的启示就是，如果要避免纠纷的发生，减弱纠纷产生的强度和影响，就要合乎逻辑地按照合同认真地解决冲突和纠纷，这对大部分国家的建筑行业都有借鉴意义[130]。

(5) 技术能力。承包商的技术能力主要是公司具备承担一些特定项目的专业技能，所拥有的机械和设备的种类和数量，能够独立地开展工作[137]。依照Warszawski的研究，一个公司的技术能力可以由以下因素来评价：企业一贯的施工方法、技术人员的经验、生产能力和施工速度以及产出产品的质量[138]。

因此，根据以上阐述，本书就项目管理的效率与交易费用的关系作如下假设。

H3：项目管理的效率对工程交易费用有负向显著作用。

3.3.4 项目交易环境和机制的不确定性

建设工程项目交易的产品不同于市场交易的现货产品，其实际上是一种合同产品，在项目开展伊始，如果工程项目范围界定不清晰，就会引发一系列的分歧和纠纷[127]。Farajian的研究表明，环境的复杂性和不稳定性增加了工程项目的采购费用[139]。除了环境的不确定性外，还有行为的不确定性，主要是因为项目参与者众多，各个参与方都有不同的目的，业主要获取项目的价值最大化、在规定质量水平下最小化项目成本，而承包商却追求自身利益的最大化。因此，无论在标前还是标后的谈判中，双方利益的不一致，会产生较多的交易费用[140]。

在工程开始之前，项目计划和技术条款必须很好地进行论证而且要清晰可行[127]。此外，在工程进展过程中，恰当地处理交易过程中的不确定性是避免大量分歧和纠纷出现并确保工程顺利完成的重要保证。因为合同的不完备性，不能预测未来可能发生的所有情况，所以需要构建尽可能使项目参与者权利、责任和义务明晰的治理机制。然而在合同设计的过程中，预测将来可能发生的各种状况和确定参与各方的责任的成本将随着项目和环境的复杂性急剧增加，由于业主经济能力和管理能力有限性的约束，设计一份非常详尽的合同几乎是不可能的[141]。因此，在合同完备性和实现合同完备性之间存在一个平衡的边际成本。

图3-3显示了环境不确定性和依赖强度是如何影响交易费用的，其中交易费用不仅包括合同前的项目策划和招标费用(用N表示)，还包括合同后的监督和实施费用(用M表示)，象限2和象限3表示传统的发包方式，如DBB，合同条款比较确定，环境不确定性低，因此交易费用要小。象限1和象限4表示更高的不确定性，如PPP和DB，很高的交易费用和项目高度的不确定性密切相关。从另一个角度来讲，象限1和象限2代表的状况是，项目参与一方的成败和其他项目参与方的成败的相关性不大。例如，总价合同的超支成本只有承包商承担。象限3和象限4表示的情况是，项目的风险和收益由项目参与方公平地分担。或者说，他们是高

度依赖的合作伙伴。依照 Ryu 的分析，当依赖程度非常高时，合同的缔约一方是非常容易受到其他方的报复的。因此需要一种强有力的监督程序去控制各方有可能的报复行为。象限 1 代表了环境的高度不确定性，导致合同双方的信息不对称，拥有信息的一方就会有机会主义动机[141]。

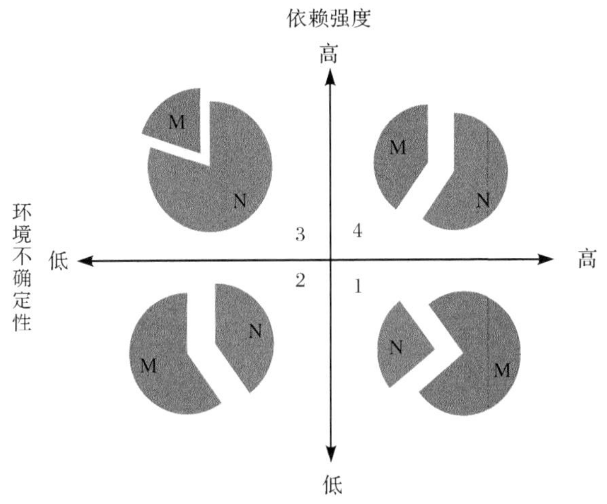

图 3-3　环境不确定性和依赖强度对交易费用的影响

(1) 项目的复杂性。工程项目的一次性、固定性、工期长等本身的特性，造成工程的复杂性，工程项目系统本身就是一个复杂系统。项目本身的复杂性将增加项目实施过程中的复杂性，同时也是项目交易机制和环境复杂性增加的原因。一般来讲，投资额度大的项目通常都会比较复杂，相应就会产生更多的交易费用。显然，交易费用的大小不会随项目投资额度成比例增加。Dudkin 和 Välilä 根据 EIB、NAO 和 PAC 的数据库收集了英国 55 个 PPP 项目，通过统计分析发现，合同前交易费用(采购阶段交易费用)占到工程项目投资额的 10%左右，其中工程项目的规模也影响交易费用的大小，对于业主而言，小于 2000 万英镑项目的交易费用占到工程投资额的 8%以上，当工程投资规模逐渐增大时，交易费用占总投资的比例减少[142]，如图 3-4 所示。

(2) 项目的不确定性。不确定性是因为组织为完成一项任务所需的信息和所拥有的信息量之间存在差距[143]。不确定性也就是项目的各个执行的细节不能够在工作之前通过计划而完全详尽描述[144]。信息需求量依赖于两种因素：①任务的复杂性(必须各种不同因素)；②绩效的要求(如项目工期和成本约束)。信息获得量依赖于计划的有效性，也就是说任务开始之前所收集和解释信息量的多少。当项目的不确定性很高时，业主需求不确定和工程实施条件不确定都不可避免，当初的工程设计就很容易发生变更，项目的业主、设计者、承包商、分包商都必须

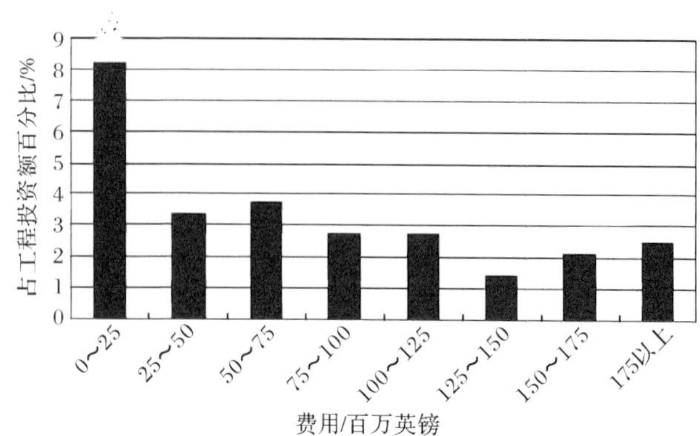

图 3-4　PPP 项目采购阶段交易费用（占项目投资额百分比）和项目规模的关系

资料来源：EIB、NAO、PAC

去解决这些问题，由此引发参与各方在权利、责任上的分歧和纠纷。另外，由于技术的复杂性、工程地质条件的复杂性、不可预测的天气情况，还有工程实施过程中各种建筑材料价格的波动，这些不确定性都可以增加工程的交易费用。

(3) 设计的完整性。主要是指业主或者工程设计者把项目精确地定义并形成工程设计文件和技术条框。如果项目的范围定义不准确，在工程项目实施过程中就会引发一系列的分歧和纠纷[127]，而且工程项目建造活动复杂且需要特殊的技能和技术，甚至有时很难协调，实际上非常完整的设计非常难办到。

(4) 承包商早期参与。在项目开展的初始阶段，就让承包商参与到项目的规划、设计中，承包商在此过程中共享自己在施工专业领域的知识，减少设计的不确定性，另外，还可以采用设计施工并行的快速路径法施工。而且由于承包商要对设计负责，大大减少了施工过程中的设计变更和索赔。让承包商尽早地参与项目，主要是业主为了通过长期和承包商建立合作的机制，实现工程各个过程的集成化，其中最重要的是双方要建立以信任为基础的协作方式[145,146]。

(5) 承包商的竞争水平。投标人数代表了招标竞争的激烈程度。投标人数较少时，业主资格预审、评标的费用就会降低，导致事前交易费用相对较少[142]；由于竞争不够充分，一方面，承包商的报价会较高，另一方面，有可能不能选出特别出色的承包商，只能是一部分承包商中的较好者，类似工程经验和管理水平可能会处于较低水平，最终导致事后交易费用偏高，项目的最终成本可能会很高。但是如果投标者过多，就会使业主资格预审和评标的费用大大增加，并且过多的投标失败者也增大了社会成本。Farajian 也认为不充分的竞争会使项目合同前交易费用减少，但是合同后交易费用就会增加[139]。Dudkin 和 Välilä 统计了随着投标人数的变化，业主、中标者和未中标者在采购阶段交易费用情况[142]，如图 3-5 所示。

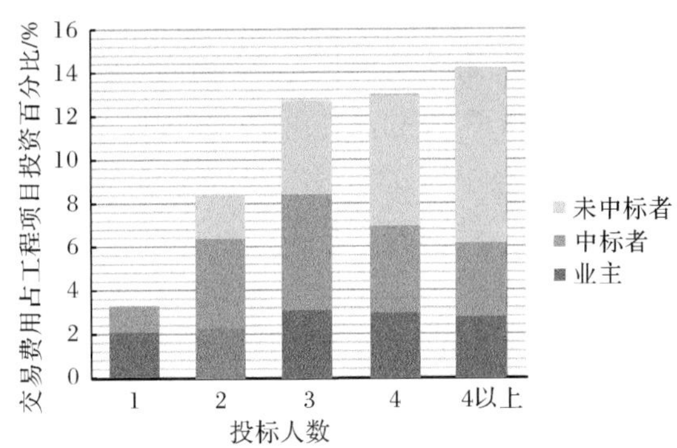

图 3-5　采购阶段的投标人数对交易费用占工程项目投资额百分比的影响

资料来源：EIB、NAO、PAC

(6) 设计和施工的集成。设计是一个项目的蓝图，而施工就是把设计变成产品实体的过程。设计和施工集成，或者称为并行工程，是把设计和施工过程进行平行的集成，以达到缩短工期、减少变更的目的[147,148]。Andi 和 Minato 认为为了降低设计不当的风险，协调设计和施工过程，达到一定程度的集成是可行的[149]。在建筑行业中实行集成、协作和沟通将能够大大减少供应链中的交易费用[150]。

(7) 工程担保。如果业主和承包商签订了一个没有任何经济保护的合同，业主在合同中的利益很容易受到侵犯。业主的地位是很脆弱的，工程担保是保证业主利益的重要手段。因为工程合同不可能预测到未来发生的所有意外情况，所以业主就需要寻求一些经济手段来保护自己在交易中的脆弱地位，如担保就是一种非常常见的方式[151,152]。虽然业主要求承包商提供担保，这些担保费用最终还是要转嫁给业主来承担，但是如果承包商提供了担保将会约束其机会主义行为[153]，从而降低交易费用。

(8) 激励/惩罚条款。激励/惩罚条款对促进业主和承包商的伙伴关系作用重大，合同双方都能从合作中获得期望的收益[154~156]。此种合同安排的目的就是激励承包商和业主能够协调合作，使工程成本达到最小，同时通过分享节约的工程成本使承包商获得最大的边际利润，最终结果是业主支付成本达到最小[157]。合同激励条款还可以和项目目标中不同的绩效指标相结合[158]，如项目工期[159,160]、工程质量[160]和项目整体绩效[161]。

(9) 公平的风险分担。即在合同双方业主和承包商之间公平合理地分配风险，当合同一方不能完全承担一种风险时，就需要双方共同承担。建设工程项目的风险比其他工业生产活动更大，已经得到国际学术和工业界的广泛认同[162]。通常情况下，风险应该分配给有能力承担且能妥善处理的一方。公平的风险分担能够增加合同的完整性和双方的可接受性，同时对合同双方的关系起到积极的作用[163]。然而由于信息的不对称，合同签订之后双方讨价还价能力发生变化，承包商会处于比较有利的地位，通常会把承担和处理风险的费用算为不可预见费用和价格增长费用，最终把这些成本转嫁给业主[164]。因此，对项目参与者之间进行合理和公平的风险分配[131]，就像 Ibbs 和 Ashley[165]研究的那样，业主和承包商之间的纠纷和法律诉讼很大一部分来自于双方对风险分配的合同条款的不同理解。进一步讲，仅仅通过工程计划、合同策划和合同设计就把合同非常公平详尽地进行分配是不可能的，因为工程实施过程中情况在不断变化，工期、成本和质量总是和计划发生偏差[166]。所以，如果能够恰当地分配风险将会降低工程实施过程中的冲突和纠纷，从而降低工程交易费用。

因此，根据以上阐述，本书就项目交易环境和机制的不确定性与交易费用的关系作如下假设。

H4：项目交易环境和机制的不确定性对工程交易费用有正向显著作用。

3.4 假设总结与假设模型

综合以上分析，本书从四个影响因素即业主行为的不确定性、承包商行为的不确定性、项目管理的效率、项目交易环境和机制的不确定性，提出了四个假设。在四个假设的基础上，又基于四个影响因素的关系，再提出五个假设，共九个假设。

H1：业主行为的不确定性对工程交易费用有正向显著作用。

H2：承包商行为的不确定性对工程交易费用有正向显著作用。

H3：项目管理的效率对工程交易费用有负向显著作用。

H4：项目交易环境和机制的不确定性对工程交易费用有正向显著作用。

H5：业主行为的不确定性对项目交易环境和机制的不确定性有正向显著作用。

H6：业主行为的不确定性对项目管理的效率有负向显著作用。

H7：项目交易环境和机制的不确定性对项目管理的效率有负向显著作用。

H8：项目交易环境和机制的不确定性对承包商行为的不确定性有正向显著作用。

H9：承包商行为的不确定性对项目管理的效率有负向显著作用。

本书把有关工程交易费用的假设影响因素以及其相互作用以变量之间结构方程的形式表现在图 3-6 中。简洁起见，前面的概念模型未显示从观察变量到潜在变量的测量模型。从中可以看出，前面的概念模型以及假设共同构成了一个包含解释变量和被解释变量的复杂的结构方程模型。

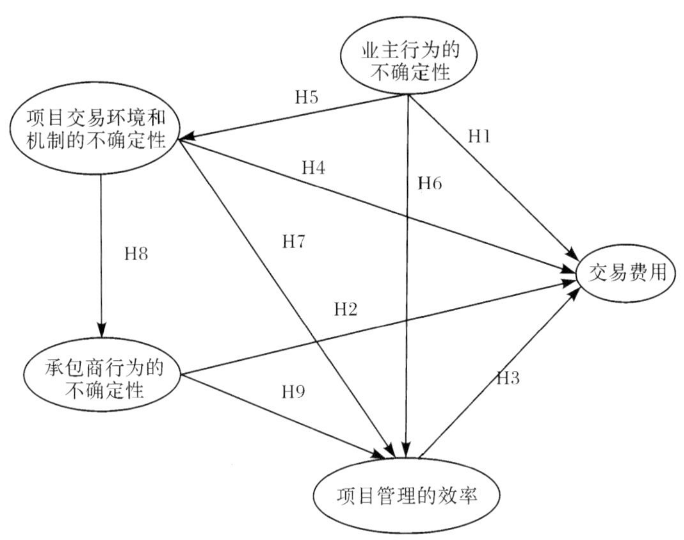

图 3-6　建设工程交易费用测量的假设模型

3.5　结构方程建模分析

本书的假设模型预用结构方程进行检验,以下介绍结构方程建模方法。

3.5.1　结构方程模型简介

结构方程模型(structural equation modeling,SEM)早期又被称为线性结构方程模型(linear structural relationship,LISREL)或称为工变数结构分析(coratiance structure analysis)。SEM 起源于 20 世纪 20 年代遗传学者 Eswall 发明的路径分析,70 年代开始应用于心理学、社会学等领域,80 年代初与计量经济学密切相连,现在 SEM 技术已广泛运用到众多的学科。

结构方程模型是在已有的因果理论基础上,用与之相应的线性方程系统表示该因果理论的一种统计分析技术,其目的在于探索事物间的因果关系,并将这种关系用因果模式、路径图等形式加以表述。与传统的探索性因子分析不同,在结构方程模型中,可以提出一个特定的因子结构,并检验它是否吻合数据。另外,通过结构方程多组分析,还可以了解不同组别内各变量的关系是否保持不变,各因子的均值是否有显著差异。结构方程模型可以替代多重回归、通径分析、因子分析、协方差分析等方法。

结构方程模型同时也是应用线性方程系统来表示观测指标与潜在变量之间关系的一种统计方法。结构方程模型没有严格的假定限制条件,允许自变量和因变量之间存在测量误差，同时可以分析潜在变量之间的结构关系，广泛应用于心理学、社会学、经济学和行为科学等领域。结构方程模型融合了因子分析和路径分析两个统计技术，相对于传统的回归分析具有如下优点。

(1) SEM 可同时考虑和处理多个因变量。在传统的回归分析或路径分析中，即使统计结果的图表中展示多个因变量，其实在计算回归系数或路径系数时，仍然是对每一因变量逐一计算。表面看来是在同时考虑多个因变量，但在计算对某一因变量的影响或关系时，其实都忽略了其他因变量的存在与影响。

(2) SEM 容许自变量及因变量项含测量误差。例如，在心理学研究中，若将人们的态度、行为等作为变量进行测量，往往含有误差并不能使用单一指标(题目)，结构方程分析容许自变量和因变量均含有测量误差。可用多个指标(题目)对变量进行测量。

(3) SEM 容许同时估计因子结构和因子关系。要了解潜在变量之间的相关性，每个潜在变量都用多指标或题目测量，常用做法是首先用因子分析计算机每一潜在变量(即因子)与题目的关系(即因子负荷)，将得到的因子得分作为潜在变量的观测值，再计算因子得分的相关系数，将其作为潜在变量之间的相关性，这两步是同时进行的。即同时考虑因子与题目之间的关系与因子与因子之间的关系。

(4) SEM 可采用比传统方法更有弹性的测量模型。传统的因子分析难以处理一个指标从属于多个因子的情形。但 SEM 允许更加复杂的模型。

(5) SEM 可设计出潜变量间的关系，并估计出拟合度。传统的路径分析只估计每一路径(变量之间关系)的强弱。在结构方程分析中，除上述参数估计外，还能计算不同模型对同一样本数据的整体拟合程度，据此判断哪一个模型更接近数据所呈现的真实关系。

3.5.2 结构方程模型的模型构成

结构方程模型可分为测量模型(measure model)和结构模型(structural model)两部分。

1. 测量模型

测量模型由潜变量(latent variable)与观察变量(observed variable，又称测量变量)组成，就数学定义而言，测量模型是一组观察变量的线性函数，观察变量有时又称为潜在变量的外显变量(manifest variables，也称显性变量)或者测量指标(measured indicators)或指标变量。所谓观察变量是量表或问卷等测量工具所得的数据，潜在变量是观察变量间所形成的特质或抽象概念，此特质或抽象概念无法直接测量，而要由观察变量测得的数据资料来反映。

测量模型在 SEM 的模型中就是一般所谓的验证性因子分析(confirmatory

factor analysis,CFA),验证性因子分析的技术由于检验数个测量变量可以构成潜在变量的程度,验证性因子分析即检验测量模型中的观察变量 $\boldsymbol{X}$ 与潜在变量 $\boldsymbol{\xi}$ 之间的因果模型是否与观察数据契合。在 SEM 模型分子中的变量又可以分为外因变量(或称外衍变量,exogenous variable)与内因变量(或称内衍变量,endogenous variable)。外因变量是指在模型中未受任何其他变量的影响,但它却直接影响别的变量。外因变量在路径分析图中相当于自变量(independent variable)。内因变量是指在模型中会受到任一个变量影响的变量。在路径分析图中内因变量相当于依变量(dependent variable)。

就潜变量之间的关系而言,某一个因变量对别的变量而言,可能又形成另一个外因变量,这个潜在变量不仅受到外因变量的影响(此时变量属性为依变量),同时也可能对其他变量产生影响作用(此时变量属性为自变量),此种同时具有外因变量与内因变量属性的变量,可称为中介变量(mediator)。

测量模型的回归方程式如下:

$$\boldsymbol{x}=\boldsymbol{\Lambda}_x\boldsymbol{\xi}+\boldsymbol{\delta}$$

$$\boldsymbol{y}=\boldsymbol{\Lambda}_y\boldsymbol{\eta}+\boldsymbol{\varepsilon}$$

式中,$\boldsymbol{x}$,$\boldsymbol{y}$ 是表示观测变量与潜变量 $\boldsymbol{\eta}$,$\boldsymbol{\xi}$ 之间关系的方程组,如图 3-7 所示。

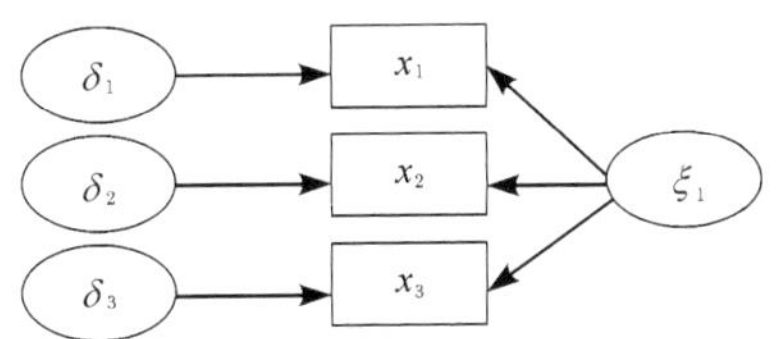

图 3-7　结构方程测量模型

$$\begin{bmatrix} x_1 \\ x_2 \\ x_3 \\ x_4 \end{bmatrix} = \begin{bmatrix} \lambda_{11} & 0 \\ \lambda_{21} & 0 \\ 0 & \lambda_{32} \\ 0 & \lambda_{42} \end{bmatrix} \begin{bmatrix} \xi_1 \\ \xi_2 \end{bmatrix} + \begin{bmatrix} \delta_1 \\ \delta_2 \\ \delta_3 \\ \delta_4 \end{bmatrix}$$

方程说明:

$\boldsymbol{x}$ 是由外生(exgenous)指标组成的向量;$\boldsymbol{y}$ 是由内生(endogenous)指标组成的向量;$\boldsymbol{\Lambda}_x$ 为外生指标与外生潜变量之间的关系;$\boldsymbol{\Lambda}_y$ 为内生指标与内生潜变量之间的关系;$\boldsymbol{\delta}$ 为外生指标 $\boldsymbol{x}$ 的误差项;$\boldsymbol{\varepsilon}$ 为内生指标 $\boldsymbol{y}$ 的误差项;$\boldsymbol{\eta}$ 为内因潜变量;$\boldsymbol{\xi}$ 为外因潜变量。

2. 结构模型

结构模型即潜在变量间因果关系模型的说明,作为因的潜在变量即称为外因潜在变量(或称潜在自变量、外衍潜在变量),以符号 $\boldsymbol{\xi}$ 表示,作为果的潜在变量即称为内因潜在变量(或称潜在依变量、内衍潜在变量),以符号 $\boldsymbol{\eta}$ 表示。外因潜在变量对内因潜在变量的解释变异会受到其他因素的影响,此影响变因称为干扰潜在变量,以符号 ζ 表示,ζ 即结构模型中的干扰因素或残差值。结构模型又可称为因果模型、潜在变量模型(latent variable model)、线性结构关系(linear structural relationship)。在 SEM 分析模型中,只有测量模型而无结构模型的回归关系,即验证性因子分析;相反,只有结构模型而无测量模型,则潜在变量间因果关系探讨,相当于传统的路径分析(或称径路分析,path analysis),其中的差别在于结构模型探讨潜在变量之间的因果关系,而路径分析直接探讨观察变量之间的因果关系。结构方程模型所导出的每条方程式称为结构方程式,此方程式很像多元回归中的回归系数。

结构模型的回归方程如下:

$$\boldsymbol{\eta}=\boldsymbol{B\eta}+\boldsymbol{\Gamma}\xi+\zeta$$

$$\begin{bmatrix}\eta_1\\\eta_2\end{bmatrix}=\begin{bmatrix}0&0\\\beta_{21}&0\end{bmatrix}\begin{bmatrix}\eta_1\\\eta_2\end{bmatrix}+\begin{bmatrix}\gamma_{11}&\gamma_{21}\\0&0\end{bmatrix}\begin{bmatrix}\xi_1\\\xi_2\end{bmatrix}+\begin{bmatrix}\zeta_1\\\zeta_2\end{bmatrix}$$

结构方程是表示潜变量与潜变量之间关系的方程组。

方程说明:

$\boldsymbol{\eta}$ 为内因潜变量;ξ 为外因潜变量;$\boldsymbol{B}$ 为路径系数,表示内生潜变量之间的关系;$\boldsymbol{\Gamma}$ 为路径系数,表示外生潜变量对内生潜变量的影响;ζ 为结构方程的残差项。

模型假设:

(1) 测量方程误差项 $\boldsymbol{\varepsilon},\boldsymbol{\delta}$ 的均值为零。

(2) 结构方程残差项 $\boldsymbol{\zeta}$ 的均值为零。

(3) 误差项 $\boldsymbol{\varepsilon},\boldsymbol{\delta}$ 与因子 $\boldsymbol{\eta},\boldsymbol{\xi}$ 之间不相关,$\boldsymbol{\varepsilon}$ 与 $\boldsymbol{\delta}$ 不相关。

(4) 误差项 $\boldsymbol{\xi}$ 与因子 $\boldsymbol{\xi},\boldsymbol{\varepsilon},\boldsymbol{\delta}$ 之间不相关。

结构方程模型是一种非常通用的、重要的线性统计建模技术。结构方程模型的基本思路为:首先根据先前的理论和已有知识,经过推论和假设形成一个关于一组变量之间的相互关系模型,然后经过问卷调查,获得一组观测变量数据和基于此数据而形成的协方差矩阵,这种协方差矩阵称为样本矩阵。结构方程模型就是要将前面形成的假设模型与样本矩阵的拟合性进行验证,如果假设模型能拟合客观的样本数据,说明模型成立;否则就要修正,如果修正之后仍然不符合拟合指标的要求,就要否定假设模型。

在结构模型中,外因潜在变量之间可以是无关联的,也可以是彼此之间有关联的,而外因潜在变量对内因潜在变量之间的关系必须是单方向的箭头,前者必须是“因”变量,后者为“果”变量,此单向箭头不能颠倒。一个广义的结构方程模型,包括数个测量模型及一个结构模型。

在 SEM 模型中,研究者依据理论文献或经验法则建立潜在变量与潜在变量间的回归关系,也即确立潜在变量间的结构模型。同时,也要构建潜在变量与其测量指标间的反映关系,即建立各潜在变量与其观察指标间的测量模型[167]。在SEM 分析中,由于涉及数个测量模型及一个结构模型,变量之间的关系较为复杂,变量间关系的建立要以坚强的理论为根据,模型界定时必须遵循简约原则(principle of parsimony)。在 SEM 分析中,同样一组变量的组合有许多种的可能,不同的关系模型可能代表了特定的理论意义,若研究者可以用一个比较简单的模型来解释较多的实际观察数据的变化,那么,以这个模型来反映变量间的真实关系,比较不会得到错误的结论,避免犯下第一类型的错误[168]。

3.5.3　结构方程模型的建模过程

一般的结构方程模型分析大致可以分为两个阶段,共七个步骤。

1. 模型发展阶段

它包括以下三个步骤。

1) 模型构想

结构方程模型是为观察变量间假设的因果关系建立起具体的因果模型,可以用路径图明确指定变量间的因果联系。但模型的建立必须以正确的理论为基础,否则无法正确解释变量关系。所以在进行结构方程模型的建模工作之前,应该对所研究的具体问题有很深的理论理解,对所研究的问题中出现的各种变量间的各种关系应有比较明确的认识,这些都是结构方程模型建立的前期预备阶段的工作。

利用结构方程建模时,需要考虑假设模型的各种备选模型。结构方程模型可分为三大类:纯粹验证(strictly confirmatory,SC)模型、选择模型(alternative models,AM)和产生模型(model generating,MG)。

(1) 纯粹验证模型。在纯粹验证模型的应用中,只有一个模型是最合理和最符合所调查数据的。应用结构方程建模分析数据的目的,就是验证模型是否拟合样本数据,从而决定接受还是拒绝这个模型。这一类的分析并不太多,因为无论接受还是拒绝这个模型,从应用者的角度来说,还是希望有更好的选择。

(2) 选择模型。在选择模型分析中,结构方程模型应用者提出几个不同的可能模型(也称为替代模型或竞争模型),然后根据各个模型对样本数据拟合的优劣情况来决定哪个模型是最可取的。这种类型的分析虽然较纯粹验证模型多,但从应用的情况来看,即使模型应用者得到了一个最可取的模型,仍然是要对模型作出不少修改,这样就成为产生模型类的分析。

(3) 产生模型。结构方程模型的应用中,最常见的是产生模型分析(即 MG 类模型)。在这类分析中,模型应用者先提出一个或多个基本模型,然后检查这些模型是否拟合样本数据，基于理论或样本数据，分析找出模型拟合不好的部分，据此修改模型，并通过同一的样本数据或同类的其他样本数据，去检查修正模型的拟合程度。这样整个分析过程的目的就是要产生一个最佳的模型。

2) 模型设定

模型设定就是用线性方程系统表示出理论模型。模型的设定主要依据以下假设：一是线性模型可以体现观察数据特征的假设；二是观察指标与潜变量关系的假设；三是潜变量或观察指标作用方向及属性的假设。结构方程模型主要是一种实证性(confirmatory)技术，而不是一种探测性(exploratory)技术。这就是说，尽管结构方程模型分析中也涉及一些探测性的因素，但研究人员主要是应用结构方程模型来确定一个模型针对某个研究的问题是否合理，而主要并不是用来寻找和发现一种合适的模型。

因此，应用结构方程模型时都是从设定一个初始模型开始的，然后将这个模型应用于具体的样本数据，通过每次的计算结果及研究人员对研究这方面问题的相关知识、经验去验证模型关系设定的合理性，然后进行修改，直至得到一个最终的最合理的模型。模型的设定主要包括指定以下几个方面。

(1) 观测变量(即指标，通常是题目)与潜变量(即因子，通常是概念)之间的关系。

(2) 各个潜变量之间的关系(即指定哪些因子间有相关的或直接的效应)。

(3) 根据研究者对所研究问题所掌握的知识及经验，去限制因子负荷或因子相关系数等参数的数值或关系(例如，可以设定某两个因子间的相关系数等于0.43；某两个因子负荷必须相等)。

设定模型可以有不同的方法。最简单最直接的一种方法就是通过路径图将自己的模型描述出来。路径图使研究人员得以将设定的模型以直接明了的方式表达出来，并且可以直接转化为建模的方程。在设定建构模型时，需要指定观测变量(即指标，通常可能以题目去表示)与潜变量(即因子，通常潜变量都是一种概念性的东西，并不具有实际的东西与其相符)之间的关系，以及模型中各个潜变量之间的相互关系(也就是指定哪些因子间有相关或直接的效应)。在建立的一些复杂模型中，可以根据实际情况去估计设定或限定因子负荷或相关系数等参数的数值或关系。通过模型设定，就可以得到结构方程模型的两大组成方程即测量模型方程和结构模型方程。在模型设定以后，就可以通过各种计算方法去计算得到结构方程模型中的各个参数。

构建结构方程模型的方法根据估计技术来划分主要有两大类。一种是基于极大似然估计(ML)的协方差结构分析方法，该方法被称为“硬模型”(hard model)，以线性结构关系(linear structural relationship，LISREL)方法为代表；另一种则是基于偏最小二乘法(PLS)的分析方法，被称为“软模型”(soft model)，以PLS (partial least square)路径分析方法为代表。国内社会科学研究论文多数采用 LISREL 方法对 SEM 参数进行估计。

3) 模型识别

识别所指定的模型是建立结构方程模型的重要阶段,如果假设的模型本身不能识别,则无法得到系统各个自由参数的唯一估计值。在这里需要介绍以下几组概念。

(1) 可识别参数。

①过度识别参数:一个未知参数可以由观测变量的方差协方差矩阵中多个元素的代数函数式来表示。

②恰好识别参数:一个未知参数可以由观测变量的方差协方差矩阵中一个元素的代数函数式来表示。

③不可识别参数:一个未知参数不能用观测变量的方差协方差矩阵中任何元素的代数函数式来表示。

(2) 可识别模型。

①过度识别模型:模型中的每个参数都是可识别的,且至少有一个参数是过度识别的模型。

②恰好识别模型:每个参数都是可识别的,且没有一个参数是过度识别的模型。

③不可识别模型:至少包含一个不能被识别参数的模型。

(3) 递归模型。

所有变量之间的关系都是单向链条关系、无反馈作用的因果模型。非递归模型:变量之间具有多向因果关系的模型。

(4) 饱和模型。

所有变量之间都有关系,即变量之间都由单向路径或表示相关的双箭头弧线相连接所组成的模型。

(5) 非饱和模型。

并非所有变量之间都存在关系,即具有某些路径系数为零的模型。

所有的递归模型都是可识别模型,所有的饱和模型都是恰好识别模型。LISREL 主要应用于过度识别模型。在过度识别模型中,自由参数的数目少于观测变量中方差和协方差的总数,而使拟合优度的计算成为可能;但对于恰好识别模型来说,拟合度的检验没有意义。

对于结构方程模型,并没有一套简单的充要条件来作为模型参数是否可以识别的手段。然而,有两个必要条件是应该时时加以检验的。

① 数据点的数目不能少于自由参数的数目。

② 必须为模型中的每个潜变量建立一个测量尺度,可以将潜变量的方差设定

为 1。这就是说,将潜变量标准化了;另一个比较常用的方法,就是将潜变量的观测标识中的任何一个负载 λ 设定为一个常数,通常为 1。

当然,上面两个条件仅仅是必要的,而非充分的。所以即使上面两个条件得到满足,也还是可能产生模型的识别问题。

此外,当模型中设定的变量之间有循环或双向关系,以至于两个变量之间存在反馈圈(feedback loop)时,这一结构方程模型就是非递归的,也即迭代过程是非收敛的。这样的模型一般是不可识别的,除非还存在另外的变量影响这两个循环变量之中的一个(但不能同时影响两个),或存在另外的变量受这两个变量中的一个所影响(也不能同时受两个影响)。

2. 模型评估与评价阶段

1) 模型数据抽样与测量

结构方程建模是研究人员就某个(或某方面的)具体的问题来进行的。结构方程建模是在设定模型并确认模型是可识别的以后,研究人员根据设定的指标去抽样并测量可以测量的数据,以作模型分析之用。

2) 模型参数估计

这个过程也称模型拟合(model fitting)或称模型估计(model estimating)。通常使用所谓的最小二乘法去拟合模型,相应的参数估计也就被称为最小二乘估计。这种传统的回归分析的目标就是求参数使得残差平方和最小。但是结构方程模型的参数估计过程中,不是追求尽量缩小样本每一项的拟合值与观测值之间的差异,从而使得残差平方和最小,而是追求尽量缩小样本的方差协方差值与模型估计的方差协方差值之间的差异,结构方程模型是从整体上来考虑模型的拟合优度的。

结构方程模型中,观测方差协方差(observed variance/covariance)与估计的方差协方差(predicted variance/covariance)之间的差别作为残差。由于对这种差别有多种不同的定义方法,产生不同的模型拟合方法及相应的参数估计方法。在结构方程模型的著名软件 LISREL 中有七种模型估计的方法:工具变量(instrumental variable,IV)、两阶段最小二乘(two-stage least square,TSLS)、未加权最小二乘(unweighted least square,ULS)、极大似然(maximum likelihood,ML)、广义最小二乘(generalized least square,GLS)、一般加权最小二乘(generally weighted least square,WLS)、对角加权最小二乘(diagonally weighted least square,DWLS)。其中,使用比较广泛的估计模型方法是极大似然估计法(ML法),其基本假设是观察数据都是从总体中抽取得到的,且所抽取的样本必须是所有可能样本中最可能被选择的,此时估计的参数才能反映总体水平。

参数估计的目标就是再生成一个观测变量的协方差矩阵 $\boldsymbol{\Sigma}(\theta)$,使之与样本协

方差矩阵 $\boldsymbol{S}$ 尽可能地接近。当模型重建的协方差矩阵非常接近于观测的协方差矩阵时，残差矩阵各元素就接近于零，此时就可以认为模型与实际数据得到了充分拟合。要检验模型是否与数据拟合，需要比较 $\boldsymbol{\Sigma}(\theta)$ 和 $\boldsymbol{S}$ 的差异，这两个矩阵的差异，采用拟合指数表示。

根据有关研究，可以将拟合指数分为三大类：绝对指数、相对指数和简约指数。在绝对指数中较为常用的有近似误差均方根(root mean square error of approximation，RMSEA)、标准化残差均方根(standardized root mean square residual，SRMR)、拟合优度指数(GFI)、调整的拟合优度指数(AGFI)等。相对来说，RMSEA 受样本量 N 的影响较小，是较好的绝对拟合指数。

评价模型与数据拟合程度的指标有很多，其中大多数指标都有各自的局限性，但是如果大部分指标都比较好，就可以说模型对数据有较高的拟合度。

3) 模型拟合度估计及模型的修改

模型拟合度估计就是把观察数据与统计模型相拟合，并用一定的拟合指标对其拟合程度加以判断。在进行模型拟合度估计时，不仅要看拟合指数是否合乎要求，还要看各个路径等的参数的估计值在理论上是否合理、是否有实质意义。模型及模型拟合度的估计并不完全是统计问题。

即使一个模型拟合了数据，也并不意味着这个模型“正确”或“最优”。首先，所有的估计参数应该都能得到合理的解释。其次，如果简单模型的拟合与复杂模型的拟合一样好，那么就应该接受简单的模型。在用结构方程建模或用其他的方法建模时，建立一个简单而又明了的模型(parsimonious model)是建立模型的目标。所以，在用结构方程模型建立模型时，应尽量减少模型中的参数。

另外，当测试某一模型时，其实在研究自己所提的模型(即哪些变项之间有关，哪些没有)是否与数据拟合。SEM 所输入的是指标变项的样本协方差矩阵($\boldsymbol{S}$)(虽然在一些 SEM 分析中，必须用协方差矩阵，但为方便了解，读者也可假设下述所有协方差矩阵为相关矩阵)，而依指定先验模式，计算出一个最佳的衍生矩阵($\boldsymbol{E}$)；$\boldsymbol{E}$ 与 $\boldsymbol{S}$ 接近，则表示建议的模型成立，若 $\boldsymbol{E}$ 与 $\boldsymbol{S}$ 差异大，则表示模型与数据不符；拟合优指数(CFI)是用于反映 $\boldsymbol{E}$ 与 $\boldsymbol{S}$ 差异的一个总指标。用以表达数据与模型吻合程度的指数甚多，为简便起见，在下面只用 CFI，当指数越接近 1，吻合越好；指数越小，则表示吻合越差。

例如，有 A、B、C、D、E、F 六潜伏变项，建议的模型：A、B 是有相关，而 A、B 引起 C、D；C、D 则导致 E、F。假设 $\boldsymbol{S}$ 是所有指标变项(构成 A、B、C、D、E、F 的所有指标)的协方差矩阵，而 $\boldsymbol{E}$ 则是 LESREL 依上述模型估计出的最佳衍生矩阵；若拟合优指数高则表示 $\boldsymbol{E}$ 与 $\boldsymbol{S}$ 差异甚小，反之，则 $\boldsymbol{E}$ 与 $\boldsymbol{S}$ 差异甚大。

在结构方程模型的建模中，模型的修改这一步骤经常是不可缺少的。要修改一个拟合不好的模型，可以改变其测量模型，增加新的结构参数，或者设定某些误差项相关,或者限制某些结构参数。在模型的修改设定时一定要记住,对模型的任何修改都应该是基于理论事实的,而不应该盲目地追求模型对于数据的拟合效果。在结构方程模型中,可以通过检查测量方程和结构方程的平方复相关系数来得到方程的解释能力的强弱。如果这个平方复相关系数太低,则测量方程的解释能力不强;就结构方程来说,则表明所用的自变量预测因变量的能力不强。

4) 模型的评价

模型的评价即在已有的证据和理论范围内,考察所提出的模型是否能最充分地对观察数据作出解释。一般而言,在评价所建立的结构方程模型时,应先检查这个结构方程模型中的测量方程的拟合程度,只有在测量方程拟合程度很好的条件下,再检查结构方程直至整个结构方程模型的拟合效果才是合理的。具体来说,可以从以下几个方面着手。

模型评价是模型建构的一个重要环节,它比单纯地确定模型与数据的拟合程度更为复杂,因为模型评价需要表明在现有证据和知识限度内,所提出的模型是否是数据最好的或信息量最大的解释。这就要求把结构方程分析置于一个更广泛的证据和理论之中,同时还要讨论模型的现实可能性,并进行参数估计。判断结构方程模型的应用是否成功,或者说因果模式是否得到了验证,一般可以采用以下判断标准。

(1) 对变异的解释。

判断回归分析成功与否的传统标准是看被解释变量中的变异比例。这个标准可用于估计因果模式的应用成功与否。但在使用时要注意几个问题:第一,用哪个被解释的变量去检验;第二,研究的设计因素对变量变异的解释可能有影响。例如,在相同条件下,希望对变量的变异能解释更多,这意味着预测的变异通常只能比较具有相同设计的两个研究。但用所解释的变异设置标准去判断因果模式的有效性是不可能的。

(2) 系数的显著性或大小。

因果模式可用于不同的预测,假设某个自变量能解释特定的干预变量,假设所选的自变量和干预变量在因变量中会引起变异。由这些预测就能够通过考察数据中的预测指标对模型作出评价。因此,当研究者预测的关系在分析图中反映为显著的路径时,他们就说该模式被“验证”了。此外,当路径系数大于某一特定标准时,研究者也判断该模型已被“验证”。当然,这两种程序都有其不足。

第一个程序要求研究者把统计显著性的概念具体化(统计显著性反映了样本大小和作用大小。因此,两个研究对同一个因果模式可能得出不同的结论,因为它们涉及的样本大小不同。另外,在同一个回归方程中,回归系数的计算误差可能很大。因此,两个变量作用的大小虽相同,但一个达到显著,而另一个则不显著)。

第二个程序要求研究者把随机产生的影响认为是合理的。此外，两个标准把对系数实际大小的注意转向影响作用的大小，而多数路径图对影响作用的强弱没有加以区分（实际上，对这二者进行区分是很容易的，如把影响作用强的路径加粗，但研究者很少这么做）。尽管存在这些问题，但希望模式能做的另一件事情是对它们给予不同的预测。评价回归系数的统计显著性，是检验模式“验证”的一种适当方法。但这个标准相对独立于变异的解释标准。某个标准可能解释了主要的变异，却错误预测了有效的变量。相反，某个标准也可能预测了适当的变量，但仍然只有很弱的共同效应。

(3) 相对效果大小。

有些因果模式预测了各种效果的相对大小（例如，研究者预测，智力比社会地位对学业成绩的影响更大，并且他把这个预测纳入因果模式）。通过判断回归系数差异的相对大小或统计显著性，就可以对这个预测作出评价。如果差异支持了因果模式，就可以说这个模式被“验证”。但是，判断回归系数的相对大小也是评价因果模式的一种有效方法。这条标准也相对独立于已讨论过的标准。

(4) 路径的“捕获”。

当研究者考虑因果模式具有干预变量时，会产生另一种判断成功的标准。如果假设干预变量居于自变量和因变量中间并可解释二者间的关系，那就预期干预变量“捕获”了大多数连接自变量与因变量的路径。如果模式是成功的，研究者选择了适当的干预变量并确定了正确的因果路径，则分析中几乎没有残差或者根本没有残差，而且自变量与因变量之间也几乎没有直接路径或根本没有直接路径。相反，如果他发现了残差和直接路径，可能表明该模式并没有包括重要的干预变量。

(5) 拟合量数。

如果因果模式的任何部分确实与数据不相拟合，就不能“验证”该模式。但“验证”了一个因果模式，并不意味着其他模式就不能被“验证”。此外，对于其中只能解释很小变异的模式，可能会发现它不显著。当这个模式被“验证”时，这并不表示模式中特定的、预期的作用达到了统计显著。简而言之，这个标准有且是独立的。

(6) 干扰的协方差。

如果所有这些协方差都没有达到统计显著，模式代表所有的重变量。相反，如果发现有些“干扰”显著改变，就应该假设把其他重要变量纳入该模式。因此，当一个模式干扰条件的协方差不显时，也可认为这个模式得到了“验证”。这标准也相对独立。

(7) 样本比较。

最后，可把因果模式用于新的数据，继续对其作出评价。对于大样本可把数据分成两个子样本，一个在于形成因果模式，一个在于验证已形成的因果模式。同样为达比较的目的，研究者也可把源于一个总体的因果模式用于另一个在社会地位、道德、民族或其他背景上完全不同的总体，这类评价通常只"验证"该因果模式的某些方面，不能"验证"模式的其他方面。

3.5.4 应用结构方程模型须注意的若干问题

结构方程模型的一个重要特性是理论的先验性，通常进行的是实证性研究(confirmatory study)。如果无任何理论依据和实际工作基础就直接构建模型，这种模型除了提供统计学的结论外，无任何实际意义。因此，SEM分析首先以理论为基础构建模型，在此所谓的理论并非SEM模型的统计理论，而是强调SEM模型是建立在一定构念之上，提出一套有待检验的假设模型。另外两个过程——模型设定与模型识别，也是基于理论的推演，将SEM模型的理论假设转换成为适当的技术语言，如LISREL。只有遵循SEM的分析理论，才能更合理正确地应用结构方程模型。

1. SEM模型的前提假定

结构方程模型要求数据满足相关的前提假定，才能获得良好的估计量，如极大似然(ML)法估计结构方程模型，要求观测变量为多元正态、大样本、正确的模型指定以及观测变量表示为潜变量的线性函数等。欲建立恰当的模型，得到有效的结论，必须根据数据选择合适的模型估计方法，正确计算模型拟合优度检验统计量和参数的标准误。

1) 样本含量的要求

在采用结构方程模型分析时，为获得稳定可靠、有意义的结果和准确的参数估计值，需要有较大的样本保证。其原因在于：①SEM的估计方法采取渐近理论来估计参数；②要使所估参数能够满足一致性以及正态分布的假定，样本必须足够大；③小样本时，模型拟合检验统计量偏离卡方分布；④随着样本量的增大，协方差估计的准确性增强，使得SEM分析能够得到可靠的结果。样本量必须达到一定水平，各种拟合指标、分布、检验及其功效才有意义，才能对模型进行合理的评价。

样本具体要多大尚无统一规定，确定研究的样本量，一般须考虑样本代表性、模型估计和模型评价三个方面的需要。有学者建议样本例数与模型中需要估计的参数比例最小应达到5∶1，如果数据偏离正态应达10∶1，且随着所选用的估计方法和数据条件发生变化。

2) 数据的分布

SEM分析时一般要求数据服从多元正态分布，当违反正态分布的假定时，

SEM 分析结果应受质疑，因此，撰写研究论文时，应给出数据的分布特征与假设检验结果。尤其在研究者以矩阵数据作为输入数据时，由于缺乏各变量的原始数据，无法判断数据的分布特征，更需在论文中说明分布类型是正态分布或多变量正态分布。对于连续性潜变量的结构方程模型，如果观测变量不服从多元正态分布，甚至单变量不满足正态分布，按照 SEM 的线性假定，潜变量也不服从正态分布。

实际工作中，采用结构方程模型估计这类数据时，仍有很多研究者采用了基于正态分布理论的估计方法获得模型检验统计量和参数标准误，并对模型及其参数进行假设检验。采用 ML 法对模型总体拟合优度评价的卡方检验统计量偏高，而对于参数估计值进行假设检验的标准误则偏低。这就意味着当数据违背分布假定时，研究者更有可能拒绝实际上构建很好的模型，或者认为个别估计参数不是零，增大了统计学推断的第一类型错误。

非正态数据可采用四种方法来处理：①变量转换，采用变量转换后对估计参数的解释按照新的测度进行，得到的因子载荷不再是原非正态观测变量的因子载荷，故一般不建议使用转换后的变量进行研究；②使用经过调整的基于正态理论的模型检验统计量和参数标准误，如 S-B 调整方法；③使用任意分布估计方法，如渐近任意分布(ADF)估计方法；④自助抽样方法。

3）非线性与交互效应情况

尽管在实际应用与研究中，线性模型一直是其研究热点，但研究者发现在许多研究情况下，潜变量并不是线性关系，其存在非线性关系，线性模型并不能完全解释这些数据。这些潜变量的非线性关系不能通过实验设计有效控制，因此有必要把传统的线性结构方程模型扩展到更加复杂关系的模型——非线性的结构方程模型。

目前，非线性(含交互项)的结构方程模型仍是一个热点研究问题。非线性效应模型包括曲线型效应模型和交互效应模型，其中潜变量交互效应的分析可大致分为两类：全信息方法和有限信息方法。全信息方法是估计方程的参数时能用模型包含的所有结构方程，并估计出每个方程中的参数；有限信息方法是一次建立一个结构方程并估计这个方程的有关参数。

2. 矩阵数据的应用

SEM 分析最好使用方差协方差矩阵，而非相关系数矩阵。有人认为相关系数是标准化的系数，数据介于 1 与 −1 之间，越接近 0 表示关系越微弱，越接近 +1 或 −1 表示线性关系越明显，相关系数可以提供较为清楚的变量关系的描述。甚至误以为经过标准化的相关系数输入 SEM 分析软件后，会有利于标准化参数的估计。相关系数是将协方差除以标准差所获得，一组变量的协方差矩阵中，不仅可以计算出方差、协方差,还可以计算出相关系数。

但利用相关系数矩阵来进行 SEM 分析,无法导出协方差的数据,除非另行提供给 LISREL 各变量的标准差。也就是说,方差协方差矩阵能够涵盖相关系数矩阵,最重要的是能够导出 SEM 分析所需的各种重要数据。利用协方差阵作为输入数据时,在论文中还应附上矩阵数据以便考察。除了矩阵资料之外,SEM 分析也可以直接读取原始资料来进行分析。如果进一步进行均值结构或多重比较,尚需提供均数与标准差。

3. 模型整体评价标准的选择

得到参数的估计值意味着得到一个特定的理论模型。要知道这个特定的模型拟合实际数据的程度就涉及模型评价问题,至少需要进行两方面的评价:①检验模型中的参数是否具有统计学意义;②模型整体拟合程度的评价。其中,对模型整体拟合效果的评价指标主要是拟合指数,拟合指数有很多,每个指标的计算及意义不尽相同。

绝大多数的拟合指数是基于拟合函数计算出来的。其中χ^2值是反映模型与数据拟合程度最直接的指标,χ^2值越大,模型与数据拟合越不好。但χ^2值容易受到样本含量影响,即在 N 较大时,χ^2值也很大;N 较小时,χ^2值则很小。因此,许多学者先后提出了几十个拟合指数。这些拟合指数大致可以分为绝对拟合指数(absolute index)、相对拟合指数(comparative index)、信息标准指数(information criteria index)、节俭拟合指数(parsimony index)。

一个比较理想的拟合指数应该具有这样的特点:①不受样本含量的影响;②惩罚复杂模型(自由参数较多的模型);③对误设模型敏感。

4. 等同性分析

随着结构方程模型技术的广泛使用,测量理论得以对复杂的因素构建进行证实性的研究。在跨文化研究、分组比较均值结构(means structure)等应用中,即使一个测量被证明有良好的信度与效度,并不能说明这些测量与其所测得的潜在因素在不同的受试对象上具有相同的意义。因此,须事先进行测量的等同性(measurement invariance)检验,提供研究者因素构建、因子载荷、误差估计在不同样本间的等同性或歧义性。

所谓等同性是指同一测量施于不同的对象或在不同时点上使用时,测量分数应具有一定的恒定性,即当研究者利用一组测量题目测得一个心理概念并应用于组间比较,研究者必须假设项目分数与尺度对不同的受试对象具有相同的意义。

5. SEM 结果报告

当由模型的评价指标获得一个适合的模型之后，研究者应从该模型估计出的最终结果中整理出各参数的数据。结果报告应该尽可能充分翔实，使读者可以清楚地看出每一个参数的意义。包括三个重要方面：参数的合理性、假设检验、标准化解。参数的合理性反映该参数是否符合数学或统计学理论上的可能性，或是实证资料的可能性。假设检验则是用来检验各参数的统计意义，在结构方程模型中各参数的检验以检验的方式来进行。

标准化解则是将所有参数估计的结果以标准化的方式来呈现。标准化解有两种形式：完全标准化解（completely standardized solution）与标准化解（standardized solution）。标准化解是将潜变量有关的结果进行标准化，但是测量变量的得分则无标准化；因此，测量变量有关参数估计的标准化解可能超过－1 到 1 的范围；LISREL 另外提供完全标准化解，观测变量与潜变量有关的参数估计结果都经过标准化。习惯上，研究结果报告完全标准化解，此时系数值限定于－1 和 1 之间，使研究者易于理解。

结构方程模型作为一种解决复杂问题的复杂统计技术，在实际应用中既有人对之望而却步，也有人在滥用误用。应用结构方程模型要严格遵循其理论规范，依照分析流程，合理应用。以上只是对结构方程模型的一些重要环节进行了介绍，其他诸如原始数据异常值的判定、模型修正时的专业指导等问题在实际应用中也需注意。

6. SEM 具体操作步骤

黄芳铭指出结构方程建模可以有很多种方法，但却都具有非常相似的基本分析步骤[167]。结构方程模型建模可以分为以下七步。

第一步：理论基础。从本质上说，结构方程建模是一种验证性因子分析，因此结构模型中变量间关系的提出，需要具备相应的理论支持，而且理论也是假设模式成立的主要解释依据。因此，理论基础的选择是 SEM 分析的第一步。

第二步：模型设定。根据理论和已有研究成果来设定相关假设的初始理论模型，根据理论模型中的假设来构建一个因果关系路径图，再将路径图转换成结构方程和测量方程。

第三步：选择测量项目与资料搜集。根据所设定的模型选择适用于模型潜变量的可测变量，编制量表，发放问卷，并进行数据收集。

第四步：模型估计。根据所收集的数据对模型中的相关参数进行估计。参数估计的方法有两阶段最小二乘法、未加权最小二乘法、极大似然估计法、广义最小二乘法、一般加权最小二乘法和对角加权最小二乘法。常用的模型估计方法是极大似然估计法和广义最小二乘法。

第五步:模型评价。检验理论假设模型与所搜集数据的匹配程度。一般说,模型的评价包括整体模型的检验、测量模型的检验和结构模型的检验。

第六步:模型修正。若模型不能很好地拟合数据,则需要对模型进行修正和重新设定。也就是需要决定如何删除、增加或修改模型的参数,通过模型的再设定可增进模型的拟合程度。在实际应用中,研究者通常根据一些统计分析结果,如误差、模型修正指数,进行放宽、固定或改动模型,使模型更加拟合数据。如果理论允许,这个过程可以重复,直到模型达到可接受的程度。

第七步:对模型的检验结果进行解释。根据模型检验和数据分析的结果,对其进行合理的解释,并说明其理论和实际意义。

本书采用 AMOS7.0 软件来进行数据分析和模型检验。AMOS7.0 是一个基于方差矩阵结构的潜变量对结构模型进行估计的软件包,是一种功能较为齐全的统计分析工具,在估计一组线性结构方程的未知系数、检验含有潜变量的模型、测量自变量对因变量的直接和间接影响等方面具有较强优势,并可以实现路径分析、协方差结构分析以及回归分析等多方面的功能。这种方法适用于存在潜变量的模型,用于说明它们之间的关系,同时验证模型的收敛性。

在 AMOS7.0 分析中,模型估计方法有五种,其中 ML 法为 AMOS 内定的模型估计法。对于 SEM 模型估计法的选择,Tabachnick 和 Fidell 认为选择恰当的估计技术与统计检验时同时考虑样本大小、正态性与独立性假定因素,若样本为中等数目或更大,且有明确的证据显示数据符合正态性与独立性的假定,则研究者最好选择 ML 法和 GLS 法[169]。

3.5.5 评估指标的确定

1. 模型内在结构适配度

1) Cronbach's alpha

信度(reliability)就是量表的可靠性或稳定性,在态度量表法常用检验信度的方法为 Cronbach 所创的 α 系数,其公式为

$$\alpha = \frac{K}{K-1}\left(1 - \frac{\sum S_i^2}{S^2}\right)$$

式中,K 为量表所包括的总题数;S^2 为测验量表总分的变异量;S_i^2 为每个测验题项总分的变异量。

α 系数值介于 0～1,α 出现 0 或 1 两个极端值的概率非常低,但是究竟 α 系数要多大才算是高的信度,不同的学者对此有不同的看法和标准。Nunnally 认为 α 系数值等于 0.70 是一个较低但是可以接受的量表边界值[170]。DeVellis 提出以下

标准:α 系数值介于 0.60～0.65 最好不要;α 系数值介于 0.65～0.70 是最小可接受值;α 系数值介于 0.70～0.80 相当好;α 系数值介于 0.80～0.90 非常好[171]。

2) 个别观察变量的项目信度

个别观察变量的项目信度要达到 0.5 以上,Bogozzi 和 Yi 认为个别潜在变量的信度值(标准化系数的平方)应大于 0.50,也即标准化系数必须等于或大于 0.71 以上。个别观察变量的信度等于其标准化系数(因素负荷量)的平方。

3) 潜在变量的组合信度

潜在变量的组合信度(composite reliability)要在 0.5 以上,组合信度评价一组潜在构念指标(latent construct indicator)的一致性程度,也即所有测量指标分享该因素构念的程度,此信度指标也属于内部一致性指标,组合信度越高,表示测量指标间有高度的内在关联(intercorrelated)存在;相对地,组合信度低,测量指标间的内在关联程度比较低,表示测量指标间的一致性不高,其要测得的共同因素构念特质间的歧义比较大[167]。没有一个明确的准则来决定组合信度要多高才能够说明内在适配度指标的信度是好的,Kline 给出了以下的判别依据,信度系数值在 0.90 以上是最佳的;0.80 附近是非常好的;0.70 附近则是适中的;0.50 以上是最小可接受的范围,若信度低于 0.50,则最好不接受[172]。

4) 潜在变量的平均方差抽取量

潜在变量的平均方差抽取量(average variance extracted,AVE)表示相对于测量误差变异量的大小,潜在变量构念所能解释指标变量变异量的程度,若此值小于 0.50,表示测量误差解释指标变量的变异量反而高于基底潜在变量所能解释的变异量,此种情形表示潜在变量平均方差抽取值不佳。如果 AVE 值在 0.50 之上,表示指标变量可以有效反映其潜在变量,该潜在变量具有良好的信度和效度。

2. 模型拟合程度判断

结构方程模型评价的核心就是模型的拟合程度,即研究者所提出的变量间关系模式的假设是否与实际数据拟合以及拟合的程度如何,进而对研究者的理论研究模型进行验证。模型对观测数据拟合良好,表明研究者对问题结构的分析是正确的,即模型有效性得到验证,所估计的参数是有效的;如果模型对观测数据拟合效果不好,模型的有效性得不到验证,表明研究者的理论分析与实际情况有一定差距,研究者需要对原有理论模型进行调整与修正。

虽然结构方程模型提供了多种不同的模型拟合程度评价指标,但是不同的指标得到的结果往往相近或一致,因此对于指标的优劣并无一致的共识。目前最常见的拟合度评价指标除了卡方值与卡方显著性、卡方自由度等两种传统方式之外,还有其他很多指标。本书将说明以下常用的拟合指数:卡方自由度比(χ^2/df)、近似误差均方根(root mean square error of approximation,RMSEA);拟合优度指数(goodness-of-fit index,GFI)、修正的拟合优度指数(adjusted goodness-of-fit index,AGFI)、比较拟合指数(comparative fit index,CFI)。χ^2 /df 一般越小越好,但一般小于 3 为宜。当 GFI、AGFI、NFI、CFI 这几项指标的值达到 0.9 时,通常认为该模型具有较好的拟合效果,在 0.8~0.9 时,认为该模型的拟合效果是可以接受的。RMSEA 低于 0.05 表示非常好的拟合,低于 0.08 表示拟合效果可以接受。有关各项指标及其评判标准如表 3-1 所示。

表 3-1　拟合优度指标判别标准

拟合优度指标	优良拟合标准	有效拟合标准
χ^2/df	≤3.0	≤5.0
RMR	—	<0.05
GFI	≥0.9	>0.8
AGFI	≥0.9	>0.8
PGFI	>0.6	>0.5
CFI	≥0.9	>0.8
RMSEA	≤0.05	≤0.08

卡方自由度比值越小,表示假设模型的协方差矩阵与观察数据越匹配,相对地,卡方自由度比值越大,表示模型的适配度越差。卡方自由度比也称为规范卡方(normed chi-square;NC),当其值小于 1.00 时,表示模型过度适配,即该模型具有样本独异性;当其值大于 2.0 或 3.0(较宽松的规定值是 5.0)。事实上,NC 指标也像卡方值一样,容易受到样本大小的影响,在小样本使用时较不可靠,因而在判别模型是否可以接受时,最好还是参考其适配度指标,进行综合判断[173,174]。

RMR 为残差均方和平方根(root mean residual),是指数据样本所得的方差协方差矩阵与理论模型隐含的方差协方差矩阵的差异值,RMR 越小,表示实际样本数据与假设模型越契合,一般而言,其值在 0.05 以下是可接受的适配模型。

RMSEA 为渐进残差均方和平方,其意义是每个自由度的平均数据样本所得的方差协方差矩阵与理论模型隐含的方差协方差矩阵的差异值,当 RMSEA 的数值高于 0.10 以上时,模型的适配度欠佳;其数值在 0.08~0.10 则模型尚可,具有普遍适配(mediocre fit);在 0.05~0.08 表示模型良好,具有合理适配(reasonable fit);而如果其数值小于 0.05,表示模型适配度非常好(good fit)[175]。与卡方值相较之下,RMSEA 值较为稳定,其数值不易受样本多寡的影响,因而在评价模型契合度时,RMSEA 值均比其他指标值为佳[176]。

GFI 为拟合优度指数,用来显示观察矩阵中的方差与协方差可被复制矩阵预测到的数量,其数值是指根据"样本数据的观察矩阵与理论复制矩阵之差的平方和"与"观察的方差"的比值[177]。GFI 值越大,表示理论构建复制矩阵能解释样本数据的观察矩阵的变异量越大，二者的契合度越高。GFI 的数值介于 0～1，其数值越接近于 1，表示模型适配度越佳；GFI 越小，表示模型的适配度越差。一般的判别标准是 GFI 小于 0.90，表示模型路径图与实际数据有良好的适配度，该值大于 0.80 是模型可以接受的范围。

AGFI 为修正的拟合优度指数，其估计公式中，同时考虑了估计的参数数目与观察变量数。GFI 越大，AGFI 值也越大，AGFI 数值介于 0～1，一般的判别标准为 AGFI 大于 0.90，表示模型路径图与实际数据有良好的适配度[178]。在模型估计中，AGFI 估计值通常会小于 GFI 估计值。到目前为止，并没有 GFI 与 AGFI 两个指标的统计概率分布，因而无法对这两个指标进行显著性检验。

CFI 为比较拟合指数由 Bentler 等发展而得，数值介于 0 与 1 之间，越接近 1 表示模型适配度越好，其判别标准为 0.90 以上[179,180]。

PGFI 为简约拟合优度指数(parsimony goodness-of-fit index)，PGFI 值介于 0 与 1 之间，其值越大，表示模型的适配度越佳(模型越简约)。判别模型适配的标准，一般采用 PGFI 值大于 0.50 为模型可接受的范围。

3.6　本章小结

本章根据第 2 章对工程交易理论的详细阐述，提出一个系统的建设工程交易费用影响路径的概念模型及相关研究假设，是实证准备部分。首先构建了建设工程交易费用影响路径的概念模型；然后把工程交易费用分为合同前交易费用和合同后交易费用；影响交易费用的因素分为业主行为的不确定性、承包商行为的不确定性、项目管理的效率和项目交易环境和机制的不确定性；在此基础上提出了相应的九个研究假设；最后介绍了结构方程模型的研究方法。

第4章　建设工程交易费用影响路径的实证分析

根据第3章构建的概念模型与假设，本章将对样本数据进行结构方程分析，用以验证概念模型和假设。

首先，对问卷进行前测(pre-test)分析以检验问卷初稿的有效性和可靠性，在对小样本问卷进行CITC和信度分析、探索性因子分析的基础上，分析问卷初稿中测量的区别效度；其次，运用结构方程统计软件AMOS7.0对测量方程进行验证性因子分析，评估测量的信度和效度；最后，利用结构方程建模对本书的概念模型和相关假设进行检验。

4.1　预试问卷数据收集与检验

在问卷调查法(questionaire survey)中，研究和调查工具的编制和步骤甚为重要，问卷如果编制或选用得宜，则研究才具有可靠性与价值性。

4.1.1　预试问卷设计与数据收集

1. 编制预设问卷

在预设问卷的编制和修订上，应根据研究目的、相关文献数据与研究结构等方面加以考虑，如果有类似的研究工具，可以根据研究当时的实际情形，加以修订、增删；如果自己重新编制问卷，问卷内容应根据研究结构的层面，加以编制。本书采用李克特式量表(Likert-type scale)法编制量表。

对于李克特式量表法，Berdie等[181]的看法：在大多数的情况下，5点量表(points)是最可靠的，选项超过5点，一般人难有足够的辨别力。3点量表限制了温和意见与强烈意见的表达，5点量表则正好可以表示温和意见和强烈意见之间的区别。量表的点数越多，选答分布的情形就越广，变异数也就会越大。这种选答很广的分布缺乏可信度，较大的选答变异数，也会有较大的抽样误差。

李克特式量表法，重视其“内在一致性程度”，它是量表题项两两之间关系强度的函数，也是题项与潜变量间的关系指针，函数值大小与题项数多寡有密切关系，题项数越多，越有可能涵括所有测量的潜在变量；不过题项数过多，在实际研究情形中，多数会有实际困难，如受试者时间不允许或填答者不用心做答，造成问卷回收率过低。

2. 预试

预试问卷编拟完后，应实施预试，预试对象的性质应与将来正式问卷要抽取的对象性质相同。预试时选取样本数应该多大为适宜，应考虑问卷量表是否进行因素分析，以较大样本分析所呈现的因素组型(factor pattern)，比一个只用较小样本所出现的因素组型要来得稳定。Tinsley 等认为量表题数与预试人数比例在 1∶1～1∶10[182]。受试样本来自于美国建设业主协会(Construction Owners Association of America，COAA)和联邦公路管理委员会(Federal Highway Administration，FHWA)的建设管理人员。

3. 整理问卷与编号

问卷回收之后，一份份地检查筛选，对于数据不全的问卷，应考虑将之删除；对于填答时填同一答案者，是否删除，应考虑问卷题项本身的内容与描述，审慎判断。筛选完后的问卷应加以编号，以便将来核对数据用；然后给予各变量、各题项一个不同代码，并依问卷内容，输入电子表格。由于采用 SurveyMonkey 发放问卷，各个题项答案自动生成编码，调查结束之后可以直接从网站上下载到 Excel 和 SPSS 的数据表格，这为数据处理节省了不少时间。

4.1.2　预试样本数据描述

在美国以业主方的工程管理人员为对象，发放了 1000 份问卷，共收到 82 份有效问卷，有效回收率为 8.2%。

如表 4-1 所示，62%的样本来自于公共部门，38%的样本来自于私营部门；23%的回答者来自公司管理层，而项目经理和现场管理人员分别占 41%和 36%；5 年以下从业经验占 8%，5～10 年从业经验占 9%，10～15 年从业经验占到了 13%，15 年以上从业经验达到了 70%；发包方式 DBB、DB 和 CM 的比例分别是 55%、15%和 25%；公开招标和邀请招标各占 71%和 29%；总价合同、单价合同和成本加酬金合同所占比例分别是 43%、22%和 35%。

表 4-1　预试样本数据描述

项目	分类	美国
组织类型	公共部门	62%
	私营部门	38%
职位状况	公司管理层	23%
	项目经理	41%
	现场管理人员	36%

续表

项目	分类	美国
从业经历	5 年以下	8%
	5～10 年	9%
	10～15 年	13%
	15～20 年	20%
	20 年以上	50%
发包方式	DBB	55%
	DB	15%
	CM	25%
	其他	5%
招标方式	公开招标	71%
	邀请招标	29%
合同类型	总价合同	43%
	单价合同	22%
	成本加酬金合同	35%

4.1.3　预设样本项目分析

项目分析即求出每一题项的“临界比率”(critical ratio,CR),其求法是将所有受试者在预试量表的得分总和依高低排列,得分前 25%～33%者为高分组,得分后 25%～33%者为低分组,求出高低二组受试者在每题得分平均数差异的显著性检验(多数据分析时,均以测验总分最高的 27%及最低的 27%,作为高低分组界限),如果题项的 CR 值达到显著性水平($\alpha<0.05$ 或者 $\alpha<0.01$),即表示这个题项能鉴别不同受试者的反应程度;如果不显著,则要考虑是否删除该题项。经过检验,题项 CR 值都达到要求。

4.1.4　预设样本信度分析

因素分析完之后,继续要进行分析的是量表各个层面与量表的信度检验。所谓信度,就是量表的可靠性或稳定性,态度量表法常用的检验信度的方法为 Cronbach 所创的 α 系数,α 系数值介于 0.65～0.70 是最小可接受值;α 系数值介于 0.70～0.80 相当好;α 系数值介于 0.80～0.90 为非常好。预设样本的 Cronbach α 系数大于 0.7。

4.1.5　预设样本因子分析

对所有变量的测量条款净化后，要对样本进行 KMO 样本充分性检测和巴特莱特(Bartlett)球体检验以判断是否可以进行因子分析。一般认为，KMO 在 0.90 以上，为非常适合；0.8～0.9，为适合；0.7～0.8，为适合；0.6～0.7，为不太适合；0.5～0.6，很勉强；0.5 以下，为不适合。巴特莱特球体检验统计值的显著性概率小于等于显著性水平时，可以作因子分析。一般对于 KMO 值在 0.6 以下，不进行进一步的因子分析；对于 KMO 值在 0.7 以上，则可以进行因子分析；对于 0.6～0.7 的以理论研究为基础，根据实际情况决定是否进行因子分析。本书对 4 个变量的所有测量项目进行了 KMO 和 Bartlett 球体检验。

由表 4-2 可知，KMO 系数为 0.824，大于 0.8，巴特莱特球体检验显著，据前述规则，所有个测量条款适合作进一步的因子分析。根据探索性因子分析对区分效度的分析方法和判断标准，采用特征值大于 1 作为因子选择标准，利用主成分分析方法，并使用 Varimax 旋转，得到不同条款的因子荷载系数，通过将因子与变量进行一一对应，得到如表 4-3 的探索性因子分析结果。

表 4-2　探索性因子分析的 KMO 和 Bartlett 球体检验

KMO	0.824	
Bartlett 球体检验	卡方	3256.793
	df	330
	显著性	0.000

表 4-3　探索性因子分析结果

潜变量	观察变量	因子				
业主行为的不确定性	业主需求	0.534	0.151	0.009	−0.181	0.042
	与项目利益相关者关系	0.623	0.005	0.017	0.163	−0.091
	类似工程项目经验	0.570	0.074	−0.188	0.010	0.082
	按时支付	0.622	0.189	0.007	0.041	0.196
	组织效率	0.743	−0.199	0.182	0.139	0.049
承包商行为的不确定性	投标行为	0.084	0.877	−0.177	0.071	0.052
	有能力承担项目	0.032	0.571	−0.171	0.016	0.069
	与分包商关系	0.189	0.725	0.180	0.053	0.182
	与过去客户关系	0.152	0.675	0.072	−0.138	0.010
	类似工程项目经验	0.041	0.743	0.050	0.071	0.193
	材料变更	0.160	0.556	0.026	0.155	−0.084
	合同索赔	0.157	0.683	0.141	0.059	0.143

续表

潜变量	观察变量	因子				
项目管理的效率	领导力	0.067	0.185	0.598	0.162	−0.012
	决策能力	−0.083	0.087	0.875	−0.163	0.153
	沟通的质量	0.194	0.174	0.755	0.154	0.021
	冲突管理	0.047	0.171	0.654	0.199	−0.142
	技术能力	−0.011	0.118	0.536	0.142	0.094
项目交易环境和机制的不确定性	项目的复杂性	0.053	0.150	−0.120	0.542	0.126
	项目的不确定性	0.123	−0.133	0.084	0.734	−0.106
	设计完整性	0.161	0.015	0.136	0.712	0.003
	承包商尽早参与	−0.139	0.003	−0.161	0.590	−0.009
	投标竞争水平	0.183	0.019	0.161	0.848	0.031
	设计和施工集成	0.198	0.036	0.094	0.865	0.068
	担保条款	−0.184	0.008	0.097	0.632	0.140
	激励/惩罚条款	0.176	0.021	0.140	0.554	0.072
	公平的风险分配	−0.077	0.173	0.077	0.654	0.022
交易费用	合同前交易费用	−0.027	0.149	0.169	0.003	0.763
	合同后交易费用	0.015	0.025	0.097	0.008	0.776

由表 4-3 可以看出，共得到 5 个特征根大于 1 的因子，分别对应于 5 个变量。经过 Varimax 旋转后，发现同属于一个变量的测量项目，其最大因子负荷均具有聚积性，最大载荷超过 0.5，这说明所构建的测量量表具有比较好的区分效度。

4.2 大样本数据收集

4.2.1 大样本数据来源

本问卷首先在 SurveyMonkey 进行设计，采用中英文两种形式，然后把超级链接通过 E-mail 发放给工程建设业主方负责人。

中国的样本主要来自于公共企事业单位、房地产开发公司的工程建设业主方负责人。

美国的样本主要来自于美国建设业主协会、联邦公路管理委员会、美国州公路及运输协会(American Association of State Highway and Transportation Officials，AASHTO)、美国工程新闻报道(Engineering News-Record，ENR)2009 年最大业主排行榜名单。

要求答卷人对其单位完成的上一个工程进行评价，采用 Likert 五级量表进行回答。2011 年 3～4 月，共发放中文问卷 502 份，回收完整问卷 108 份，回收率为 21.6%。英文问卷共发放 2628 份，收到回复完整问卷 239 份，回收率为 9.09%。

4.2.2　数据描述

1. 数据总体概述

从表 4-4 可以看出，中国 37%的样本来自于公共部门，63%的样本来自于私营部门，而美国 82%的样本来自于公共部门，18%的样本来自于私营部门，这主要是因为 COAA、FHWA、AASHTO 的成员多数来自于公共部门。从反馈者的职位层次上看，中国 48%的回答者是项目经理及机构(公司)的中高管理层，而美国 3/4 以上的回答者是项目经理及机构(公司)的管理层，这样的回答者保证了问卷有效性，因为中高级管理层对项目有整体的认识，了解项目全面的信息。从业经验也是保证问卷有效性的一个重要方面，从总体样本来看，5～10 年从业经验的中国回答者有 30%，而 10 年以上的占到了 34%，而美国回答者的经验就更加丰富，5 年以上的就占了 95%，其中 20 年以上的有 67%，反馈者丰富的建设项目从业经验极大地增强了问卷信息的准确性和有效性。

表 4-4　中美样本数据描述

项目	分类	中国/%	美国/%
组织类型	公共部门	37	82
	私营部门	63	18
职位状况	公司管理层	33	26
	项目经理	15	51
	现场管理人员	52	24
从业经历	5 年以下	36	5
	5～10 年	30	7
	10～15 年	24	9
	15～20 年	5	12
	20 年以上	5	67
发包方式	DBB	62	47
	DB	10	10
	CM	21	35
	其他	7	8

续表

项目	分类	中国/%	美国/%
招标方式	公开招标	55	82
	邀请招标	45	18
合同类型	总价合同	62	59
	单价合同	36	26
	成本加酬金合同	2	15

从发包方式的分布来看，中美两国的样本分布比较类似，中国 DBB、DB 和 CM 的比例分别是 62%、10%和 21%，而美国三者的比例是 47%、10%和 35%。

来自中国项目的招标方式中公开招标和邀请招标各占 55%和 45%，而美国样本的公开招标占到了 82%，邀请招标只占 18%，这主要是因为 COAA、FHWA、AASHTO 的成员多数来自于政府公共部门，美国法律要求，公共项目必须公开招标。

合同类型的分布，中国和美国样本有着类似的比例，中国样本的总价合同、单价合同和成本加酬金合同所占比例分别是 62%、36%和 2%，美国样本的比例是 59%、26%和 16%。

2. 观察变量数据分析

1) 合同前交易费用的分布状况

本书中，合同前交易费用主要包括市场研究、项目融资、可行性研究、招标、谈判和项目初期日常管理费用。Dudkin 和 Välilä 收集了欧洲投资银行所投资的 PPP 项目在合同前即项目采购阶段的交易费用，占项目合同额的 2%～3%[142]，虽然这只是 PPP 项目，但对本书依然有借鉴意义。如图 4-1 所示，在中国 53.93%的人认为合同前交易费用占合同额百分比在 0.5%～3%，75%以上的人认为在 3%以下；如图 4-2 所示，在美国认为在 0.5%～3%的占 36.82%，55%以上的人认为在 3%以下，平均值为 3.4%。可以看出，本书的调查与 Dudkin 和 Välilä 的研究很接近。

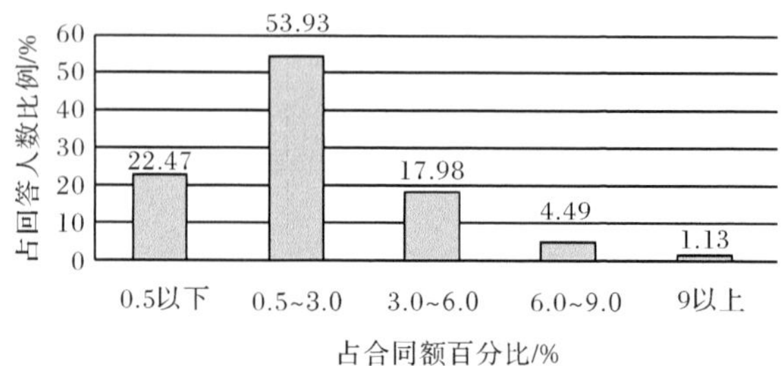

图 4-1 建设工程合同前交易费用分布(中国)(占合同额百分比)

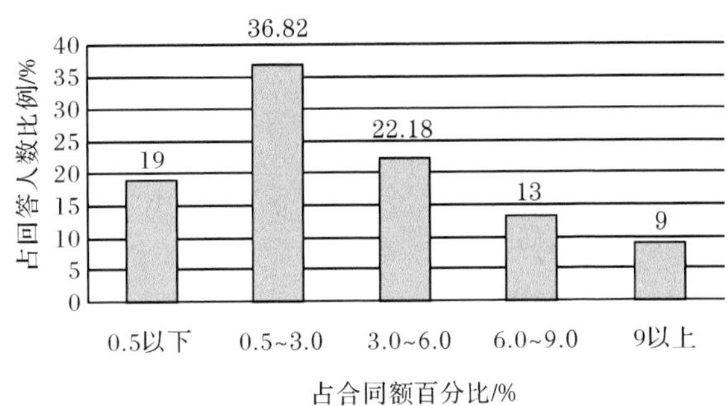

图 4-2　建设工程合同前交易费用分布(美国)(占合同额百分比)

2) 合同后交易费用的分布状况

在本书中,合同后交易费用包括日常合同管理费用、索赔和变更管理费用、纠纷解决费用和激励费用。依照 Whittington[58] 的研究,DBB 项目的合同后交易费用(占合同额百分比)为 8.9%～14.7%,平均 12.6%;DB 项目的合同后交易费用为 3.4%～14.3%,平均 9.5%。从图 4-3 来自中国的数据,可以看出近 50%的人认为合同后交易费用在 4%～8%,合同后交易费用大约是 6.31%;同样由来自美国的数据图 4-4 可以看出,1/3 以上的人认为合同后交易费用在 4%～8%,平均值大约是 6.54%,和 Whittington 的研究还是比较接近的。

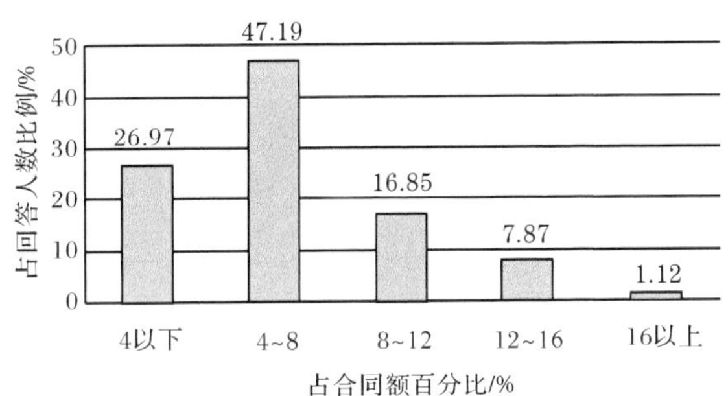

图 4-3　建设工程合同后交易费用分布(中国)(占合同额百分比)

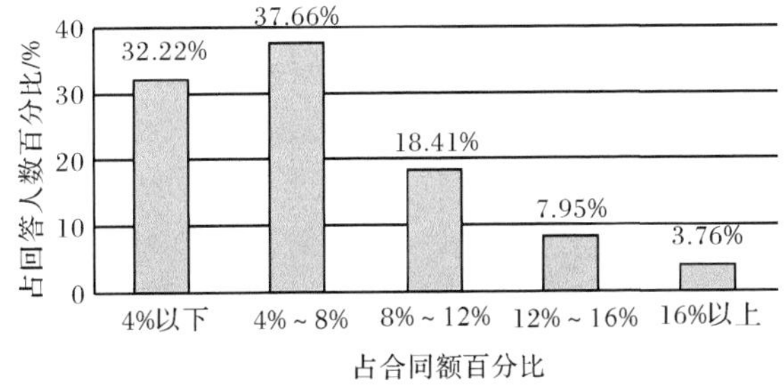

图 4-4　建设工程合同后交易费用分布(美国)(占合同额百分比)

3. 对交易费用影响的不同变量

1）项目所在地区

工程交易费用受到工程交易的经济环境和制度环境的影响，由于制度依赖性，在一个地区实施一种新的制度，或者新的发包方式时，往往会发生制度性的“摩擦”，而导致额外的交易费用的产生。因此，工程交易费用受项目所在地区的影响，实际上是受所在地区制度环境的影响。如一个项目要采用 PPP 或者 BOT 的方式实施，取决于当地的制度环境是否成熟，是否有充分的法律支持，是否有足够可以从事 PPP 或者 BOT 项目的人力资源，业主或者承包商是否有从事 PPP 或者 BOT 的相关经验。如果这些条件都不具备，过多的交易费用就会产生。如果有项目实施的完善的法律环境，有相关有经验法律工作者的支持，有 PPP 或者 BOT 合同书写和实施的经验，还有经验丰富的技术、法律、经济和管理方面的员工和咨询企业，并且还有很多具备相当丰富经验的合作伙伴，那么项目就能很顺利地开展，减少了很多制度上和合作上的摩擦，交易费用相应就会很少。依照 Dudkin 和 Välilä 的研究，交易费用的产生依赖于不同国家的法律经济环境[142]，如图 4-5 所示。本书将把中国和美国的建筑市场作为研究对象进行详细分析。

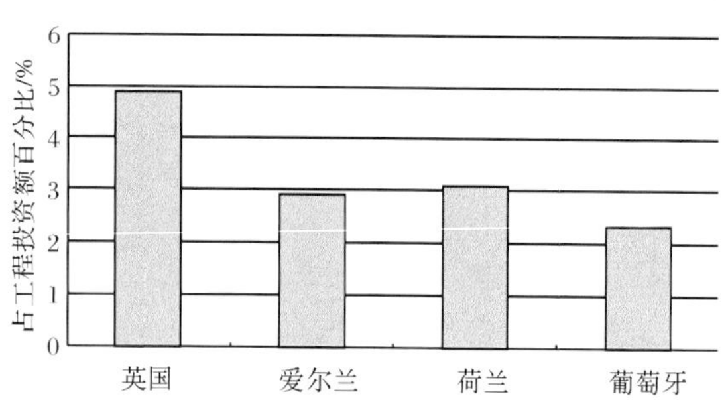

图 4-5　采购阶段工程所在国家不同对交易费用的影响（占工程投资额百分比）

资料来源：EIB、NAO、PAC

2）业主类型

不同的业主类型，有可能导致工程项目交易费用的不同。从图 4-6 和图 4-7 可以看出，在中国，无论合同前、合同后还是总体交易费用，私营机构总比公共机构多；而美国则正好相反，公共机构普遍大于私营机构。从总体交易费用来看，美国公共机构的平均交易费用要比中国高，而对于私营机构，中国却高于美国。但是这样的差异究竟是不是由业主类型影响，还需要进行方差分析。

下面对不同业主类型对交易费用的影响进行方差分析。

从表 4-5 和表 4-6 可以看出，业主类型对中国建设工程合同前交易费用影响的显著性 $P=0.876>0.10$，不显著；同时对合同后交易费用影响的显著性 $P=$

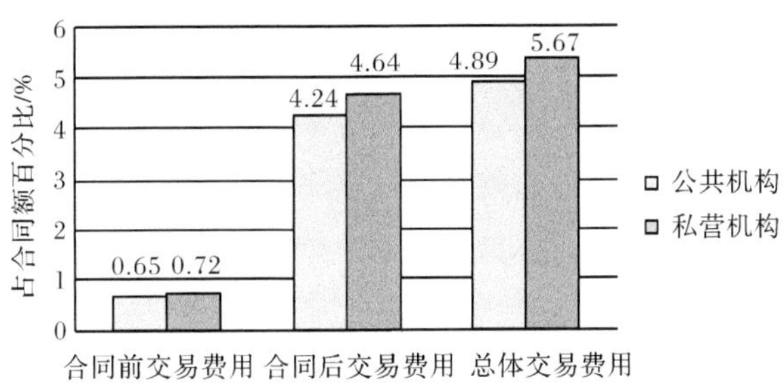

图 4-6　不同业主类型交易费用比较（中国）

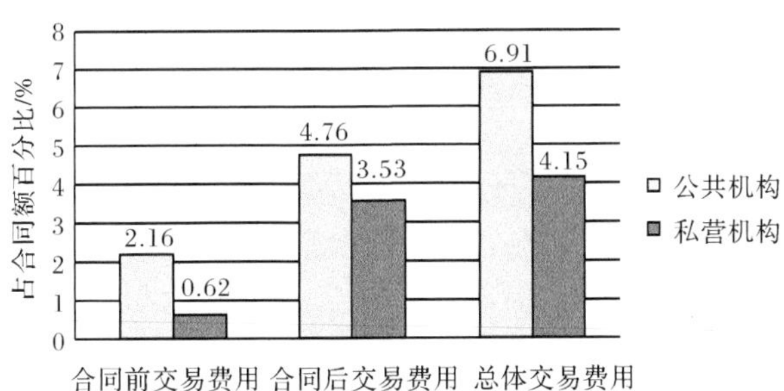

图 4-7　不同业主类型交易费用比较（美国）

0.643>0.10，不显著。通过以上方差分析可以推论，中国公共机构和私营机构的建设工程合同前和合同后交易费用都没有明显差异。

表 4-5　方差分析表（中国建设工程合同前交易费用）

	平方和	df	均方	F	显著性
组间	0.017	1	0.017	0.025	0.876
组内	60.432	87	0.695	—	—
总计	60.449	88	—	—	—

表 4-6　方差分析表（中国建设工程合同后交易费用）

	平方和	df	均方	F	显著性
组间	0.208	1	0.208	0.217	0.643
组内	83.432	87	0.959	—	—
总计	83.640	88	—	—	—

表 4-7 和表 4-8 是对美国业主类型对交易费用影响的方差分析结果，值得注意的是，业主类型对美国建设工程合同前交易费用的影响是显著的（$P=0.002<0.10$），同样对合同后交易费用的影响也显著（$P=0.091<0.10$）。说明合同前和

合同后交易费用受到业主类型的影响。

表 4-7　方差分析表(美国建设工程合同前交易费用)

	平方和	df	均方	F	显著性
组间	13.414	1	13.414	9.761	0.002
组内	325.682	237	1.374	—	—
总计	339.096	238	—	—	—

表 4-8　方差分析表(美国建设工程合同后交易费用)

	平方和	df	均方	F	显著性
组间	3.282	1	3.282	2.876	0.091
组内	270.434	237	1.141	—	—
总计	273.715	238	—	—	—

下面对中美和业主类型进行双因素方差分析:如表 4-9 所示,考虑国家和业主类型对合同前交易费用的影响,国家(country)、业主类型(OG)、国家×业主类型对合同前交易费用的影响在 $\alpha=0.10$ 的显著性水平下都显著,P 值分别是 0.065、0.052、0.033。究竟影响程度如何,通过图 4-8 和图 4-9 就可以知道,中国(country=2),公共机构(OG=1)的交易费用和私营机构(OG=2)的交易费用差别不大;美国(country=1),公共机构(OG=1)的交易费用比私营机构(OG=2)的交易费用大,而且差别较大。从业主类型看,公共机构(OG=1)的交易费用,美国(country=1)比中国(country=2)高,差别比较显著;私营机构(OG=2)的工程交易费用,美国和中国差别不大。而对于合同后交易费用如表 4-10 所示,国家、业主类型、国家×业主类型对合同后交易费用的影响在 $\alpha=0.10$ 的显著性水平下都不显著,P 值分别是 0.607、0.479、0.162。

表 4-9　中美和业主类型对合同前交易费用影响的双因素方差分析表

误差来源	Ⅲ型平方和	df	均方	F	显著性
校正模型	27.980①	3	9.327	7.826	0.000
截距	1025.820	1	1025.820	860.795	0.000
国家	4.097	1	4.097	3.438	0.065
业主类型	4.520	1	4.520	3.793	0.052
国家×业主类型	5.444	1	5.444	4.568	0.033
误差	386.115	324	1.192	—	—
总计	2341.000	328	—	—	—
校正的总计	414.095	327	—	—	—

① R Squared=0.068 (Adjusted R Squared=0.059)

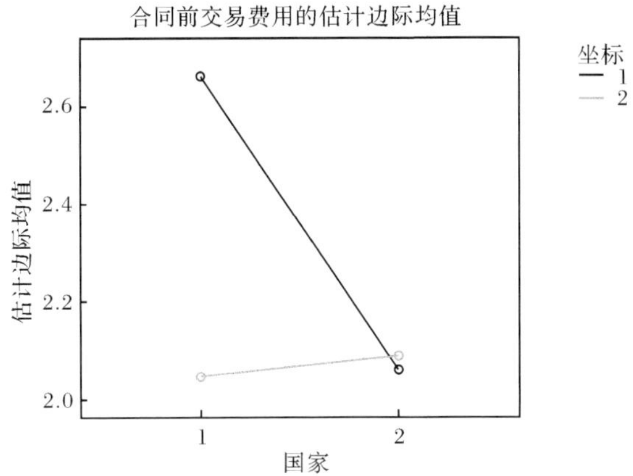

图 4-8　合同前交易费用估测边际均值(国家-业主类型)

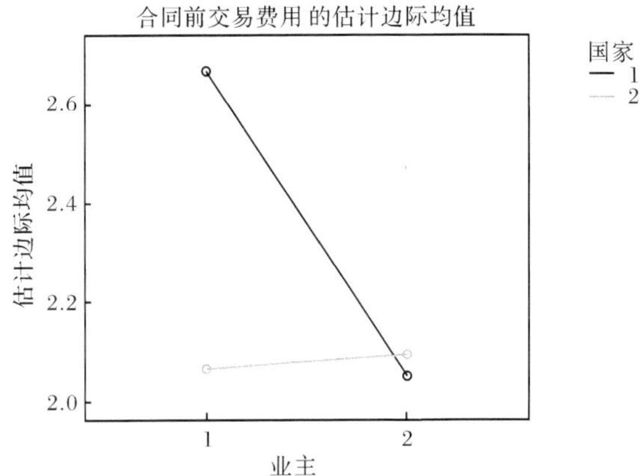

图 4-9　合同前交易费用估测边际均值(业主类型-国家)

表 4-10　中美和业主类型对合同后交易费用影响的双因素方差分析表

误差类型	Ⅲ型平方和	df	均方	F	显著性
校正模型	3.497[①]	3	1.166	1.067	0.363
截距	898.970	1	898.970	823.097	0.000
国家	0.289	1	0.289	0.265	0.607
业主类型	0.549	1	0.549	0.503	0.479
国家×业主类型	2.145	1	2.145	1.964	0.162
误差	353.866	324	1.092	—	—
总计	1847.000	328	—	—	—
校正总计	357.363	327	—	—	—

① R Squared=0.010(Adjusted R Squared=0.001)

3）项目发包方式

工程发包方式决定着工程的发包对象，以及招标时设计深度（设计完整性），从而影响工程的交易费用。如果选择 DBB 的发包方式，招标时工程设计已经完成，业主需求也基本完全确定，因此在实施过程中的不确定性就会相对减少，但是由于设计和施工分别由不同的组织完成，在施工过程中遇到不确定的情况需要变更时，业主和承包商的谈判将会产生额外的交易费用，甚至承包商还会利用自己处于信息优势地位对业主"敲竹杠"。如果选择 DB 发包方式，工程设计有可能只完成了概念设计就开始招标，设计完整性还未达到 30%，业主的需求可能还未完全确定，这会造成业主和承包商在后期承担工程的不确定性和风险。谁都无法预测后期将会发生什么，这会造成工程交易费用的增加。但是由于工程的设计和施工是由一个组织来完成的，当工程实际情况发生变化，如遇到特殊的地质条件，需要工程变更，或者由于图纸的绘制错误需要变更时，这些都会在 DB 承包商内部迅速解决，不会造成承包商和业主的重新谈判和协商，在这一方面，DB 减少了工程的交易费用。另外，不同的发包方式还造成了工程招标时的竞争激烈程度不一样，当市场上缺乏 DB 承包商时，采用 DB 发包方式，可能会造成竞争的不充分，承包商的报价会偏高，甚至选择了不恰当的承包商，增加了工程的交易费用，从而最终影响工程的总成本。

Whittington[58] 比较了美国 3 个州的 6 对 DBB 和 DB 工程的生产费用和交易成本构成，但是由于数据量有限，不能得出具有统计意义的规律，究竟发包方式对工程交易费用的影响是否显著，影响程度如何，还需要进一步探讨。

先看来自中国的数据，如图 4-10 所示，合同前交易费用 DB 最高，CM 次之，DBB 最低；合同后交易费用 CM 最高，DBB 和 DB 相差不大；总体交易费用 CM>DB>DBB。如图 4-11 所示，美国的情况和中国有所差别，无论合同前、合同后还是总体交易费用排序总是 DB>DBB>CM。

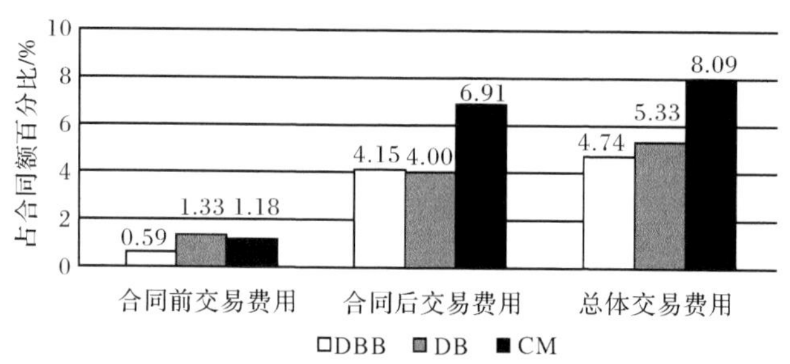

图 4-10　不同项目发包方式交易费用比较（中国）

以下就针对本书所收集的数据对发包方式对交易费用的影响进行方差分析。

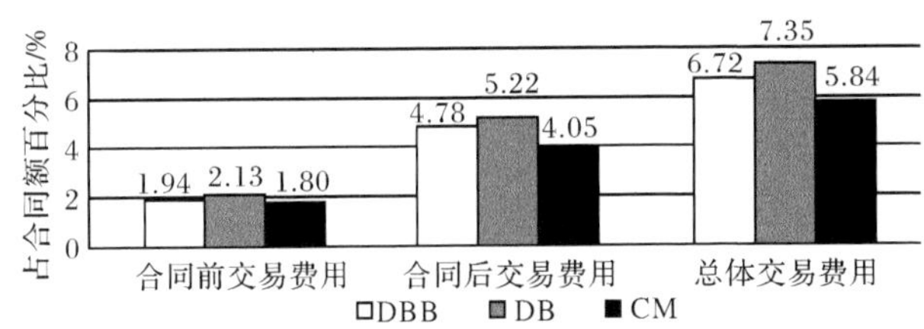

图 4-11　不同项目发包方式交易费用比较(美国)

从中国建设工程的方差分析结果(表 4-11、表 4-12)来看,三个发包方式的合同前交易费用在 0.10 的置信水平下不存在明显差别($P=0.433>0.10$);发包方式对合同后交易费用($P=0.097<0.10$)的影响则是显著的,说明合同后交易费用因发包方式的不同而不同。

表 4-11　方差分析表(中国建设工程不同发包方式合同前交易费用)

	平方和	df	均方	F	显著性
组间	1.038	2	0.519	0.847	0.433
组内	44.109	72	0.613	—	—
总计	45.147	74	—	—	—

表 4-12　方差分析表(中国建设工程不同发包方式合同后交易费用)

	平方和	df	均方	F	显著性
组间	4.558	2	2.279	2.409	0.097
组内	68.109	72	0.946	—	—
总计	72.667	74	—	—	—

从美国建设工程的方差分析结果(表 4-13 和表 4-14)来看,三个发包方式的合同前交易费用($P=0.881>0.10$)、合同后交易费用($P=0.369>0.10$)都不显著,在 0.10 的置信水平下不存在明显差别。

表 4-13　方差分析表(美国建设工程不同发包方式合同前交易费用)

	平方和	df	均方	F	显著性
组间	0.367	2	0.183	0.127	0.881
组内	311.551	216	1.442	—	—
总计	311.918	218	—	—	—

表 4-14 方差分析表(美国建设工程不同发包方式合同后交易费用)

	平方和	df	均方	F	显著性
组间	2.316	2	1.158	1.002	0.369
组内	249.574	216	1.155	—	—
总计	251.890	218	—	—	—

考虑国家和发包方式对合同前交易费用的交互影响,如表 4-15 所示,国家(country)、发包方式(PDS)、国家×发包方式对合同前交易费用的影响在 $\alpha=0.10$ 的显著性水平下,只有国家是显著的,P 值分别是 0.067、0.640、0.638。而合同后交易费用,如表 4-16 所示,在 $\alpha=0.10$ 的显著性水平下都不显著,说明国家、发包方式、国家×发包方式对合同后交易费用没有明显的影响。

表 4-15 中美和不同发包方式双因素方差分析表(合同前交易费用)

误差来源	Ⅲ型平方和	df	均方	F	显著性
校正模型	12.361①	4	3.090	2.578	0.039
截距	507.463	1	507.463	423.336	0.000
国家	4.050	1	4.050	3.379	0.067
发包方式	1.072	2	0.536	0.447	0.640
国家×发包方式	0.267	1	0.267	0.222	0.638
误差	246.937	206	1.199	—	—
总计	1492.000	211	—	—	—
校正总计	259.299	210	—	—	—

① R Squared=0.048(Adjusted R Squared=0.029)

表 4-16 中美和不同发包方式双因素方差分析表(合同后交易费用)

误差来源	Ⅲ型平方和	df	均方	F	显著性
校正模型	5.096①	4	1.274	1.234	0.298
截距	467.241	1	467.241	452.533	0.000
国家	1.179	1	1.179	1.142	0.287
发包方式	4.787	2	2.394	2.318	0.101
国家×发包方式	0.117	1	0.117	0.114	0.736
误差	212.695	206	1.033	—	—
总计	1225.000	211	—	—	—
校正总计	217.791	210	—	—	—

① R Squared=0.023(Adjusted R Squared=0.004)

4）招标方式

根据《招标投标法》第十条规定，招标分为公开招标和邀请招标。不同的招标方式决定了投标人不同的竞争激烈程度，业主对承包商信息的掌握程度。在市场上有足够多合格承包商的情况下，公开招标使市场竞争充分，承包商报价降低，承包商信息充分显露，虽然造成业主标前预审和评标的交易费用增加，但是可以在一定程度上减少合同后交易费用。邀请招标，业主可以在自己熟悉的几个承包商中选择一家或者几家来作为最终的承包商，显然市场竞争不够充分，有可能会造成合同后交易费用的增加，但是业主和承包商之前有很好的合作关系，对承包商的经验和诚信水平有一定的了解，所以也未必会真正增加交易费用。在竞争程度很小的情况下，承包商的报价偏高是显而易见的，而后期的交易费用是否很高，还有待进行实证研究。

Soliño 等收集了欧盟三个国家英国、西班牙和奥地利的 18 个 PPP 项目，包括 12 个公路项目、6 个铁路项目，其中 8 个是议标招标，10 个是公开招标，项目平均投资额是 38 亿欧元。统计了招标前的交易费用，包括项目准备费用（基础研究、环境评价、可行性研究、初步设计）和招标费用（招标文件准备、谈判、评标等），还包括每个阶段的技术、法律、财务金融咨询费用。使用所得数据进行回归分析，检验议标和竞争性投标对合同前交易费用影响的显著性，结果发现议标比竞争性投标产生更多的交易费用[183]。

下面对本书收集的数据进行分析。首先看中国的数据，由交易费用的平均数据图 4-12 可以看出，公开招标的合同前交易费用要高于邀请招标，而合同后交易费用却低于邀请招标，从总体上看公开招标交易费用高于邀请招标的交易费用。从方差分析的结果看，如表 4-17 和表 4-18 所示，合同前交易费用和合同后交易费用都不显著（$P=0.422>0.10$，$P=0.819>0.10$），可以初步推论公开招标和邀请招标对交易费用的影响不存在明显差异。

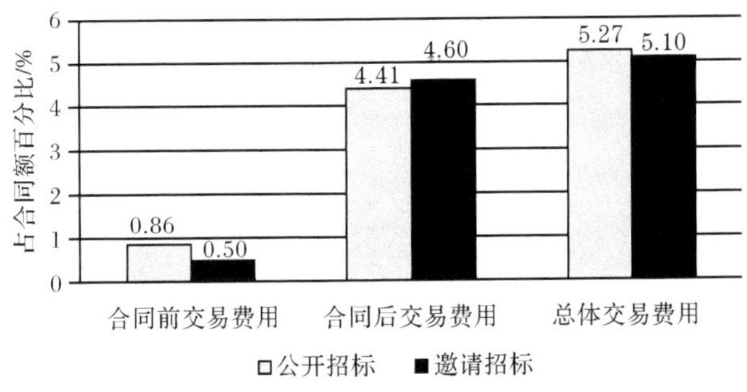

图 4-12　不同招标方式的交易费用比较（中国）

表 4-17 中国建设工程不同招标方式合同前交易费用方差分析

	平方和	df	均方	F	显著性
组间	0.449	1	0.449	0.652	0.422
组内	60.000	87	0.690	—	—
总计	60.449	88	—	—	—

表 4-18 中国建设工程不同招标方式合同后交易费用方差分析

	平方和	df	均方	F	显著性
组间	0.051	1	0.051	0.053	0.819
组内	83.590	87	0.961	—	—
总计	83.640	88	—	—	—

而美国的情况则有所不同，如图 4-13 所示，竞争性招标，也就是中国的公开招标，虽然合同前交易费用略比竞争性谈判少，但是合同后交易费用和总体交易费用都是最高的。而谈判的方式则是交易费用最少的，竞争性谈判次之。出现这样的结果，一方面由于美国的数据 80%以上来自于公共部门，美国公共部门是要求必须用竞争性招标方式的，而私营部门则没有规定，这样的数据结构在统计上可能会造成偏差。一方面，在市场经济比较开放成熟的区域，谈判的方式是建立在长期合作的基础之上，业主和承包商是一种合作博弈，签订的合同是一种关系性合同，这也就是世界建筑业研究和实施 BIM（building information modeling）[184]、IPD（integrated project delivery）[185~187] 和 Collaborative Procurement[188] 的原因。

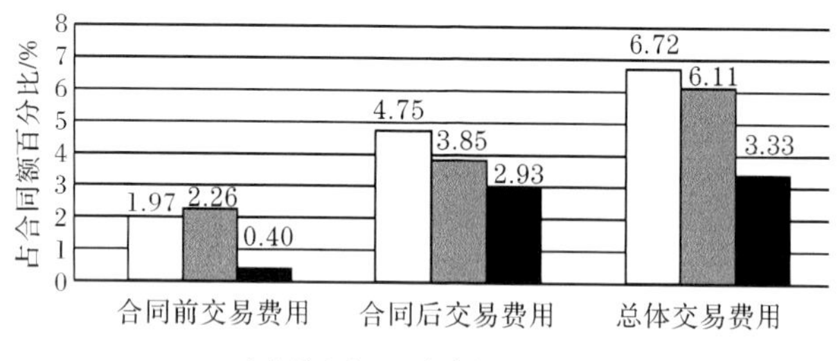

图 4-13 不同招标方式的交易费用比较（美国）

从方差分析的结果看，美国建设工程合同前交易费用因招标方式的不同而不同，因为方差检验是显著的（$P=0.037<0.10$），如表 4-19 所示；而合同后交易费用检验不显著（$P=0.195>0.10$），如表 4-20 所示。

表 4-19　美国建设工程不同招标方式合同前交易费用方差分析

	平方和	df	均方	F	显著性
组间	9.371	2	4.686	3.354	0.037
组内	329.725	236	1.397	—	—
总计	339.096	238	—	—	—

表 4-20　美国建设工程不同招标方式合同后交易费用方差分析

	平方和	df	均方	F	显著性
组间	3.768	2	1.884	1.647	0.195
组内	269.947	236	1.144	—	—
总计	273.715	238	—	—	—

考虑国家和招标方式对合同前交易费用的影响，如表 4-21 所示，国家（country）、招标方式（PM）、国家×招标方式对合同前交易费用的影响在 $\alpha=0.10$ 的显著性水平下，只有招标方式和国家×招标方式显著，P 值分别是 0.084 和 0.014，而国家的影响不显著，P 值为 0.513。

表 4-21　中美不同招标方式对合同前交易费用影响的双因素方差分析

误差来源	Ⅲ型平方和	df	均方	F	显著性
校正模型	24.369①	4	6.092	5.049	0.001
截距	819.201	1	819.201	678.945	0.000
国家	0.516	1	0.516	0.428	0.513
招标方式	6.020	2	3.010	2.495	0.084
国家×招标方式	7.410	1	7.410	6.141	0.014
误差	389.725	323	1.207	—	—
总计	2341.000	328	—	—	—
校正总计	414.095	327	—	—	—

① R Squared=0.059（Adjusted R Squared=0.047）

究竟招标方式和国家×招标方式对合同前交易费用的影响程度如何，通过图 4-14 和图 4-15 就可以知道，由于样本中中国的招标方式有两种，美国的招标方式有三种，出现偏差。现在只看公开招标方式，中国高于美国的合同前交易费用。而合同后交易费用，如表 4-22 所示，国家、招标方式、国家×招标方式的影响都不显著，P 值分别是 0.356、0.318、0.257，均大于 0.10。

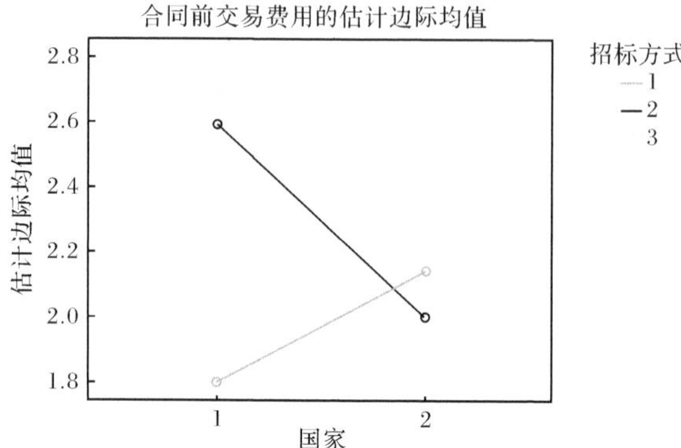

图 4-14 合同前交易费用估测边际均值(国家-招标方式)

无边际均值有的未显示

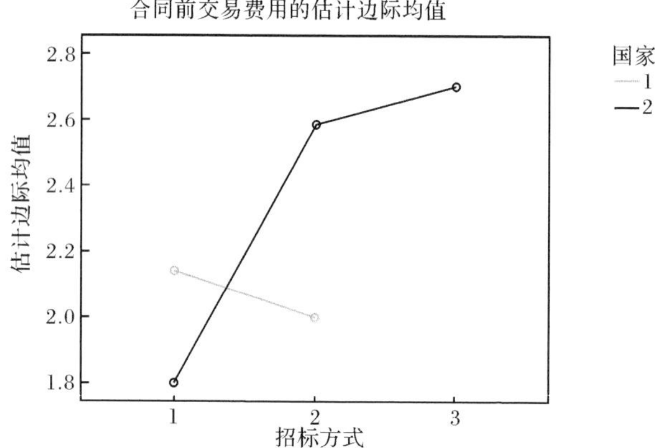

图 4-15 合同前交易费用估测边际均值(招标方式-国家)

无边际均值有的未显示

表 4-22 中美不同招标方式对合同后交易费用影响的双因素方差分析

误差来源	Ⅲ型平方和	df	均方	F	显著性
校正模型	3.826①	4	0.956	0.874	0.480
截距	660.037	1	660.037	603.026	0.000
国家	0.935	1	0.935	0.854	0.356
招标方式	2.514	2	1.257	1.148	0.318
国家×招标方式	1.411	1	1.411	1.289	0.257
误差	353.537	323	1.095	—	—
总计	1847.000	328	—	—	—
校正总计	357.363	327	—	—	—

① R Squared=0.011(Adjusted R Squared=−0.002)

5) 合同类型

工程合同决定了合同参与双方的权利、义务、责任、利益分配和风险分配，不同的合同类型对承包商和业主的行为驱动是不一样的，从而产生不同的交易费用。另外，工程合同类型还和工程类型和发包方式相关。在保证交易费用最小的前提下，合同类型的选择由项目的不确定性和项目移交过程的不确定性决定。当项目和过程高度不确定时，最合适的合同类型是纯成本补偿合同。当项目是确定的，但是过程是不确定的时，交钥匙合同更合适。当项目和过程都不确定时，成本加成激励合同可以达到最优的结果[50]。Bajari 和 Tadelis 建立了一个采购合同选择模型，认为合同的安排是在交易费用和激励成本之间的平衡，成本加酬金合同(cost-plus)比固定价格合同(fixed-price)更适用于复杂项目[51]。但是究竟合同类型如何影响工程交易费用的产生，还需要进行进一步的研究。

从本书收集的数据可以看出，在中国(图 4-16)，成本加酬金合同合同前交易费用和总体交易费用最多，究其原因发现，成本加酬金合同的样本数量很少，在统计意义上不具有代表性。总价合同的合同后交易费用和总体交易费用是略大于单价合同的。进一步从方差分析的结果上看，如表 4-23 和表 4-24 所示，合同类型对合同前交易费用($P=0.805>0.10$)和合同后交易费用($P=0.885>0.10$)的影响都不显著。

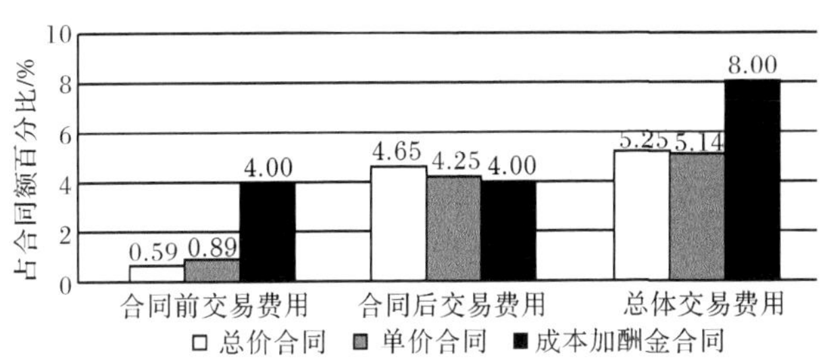

图 4-16　不同合同类型的交易费用比较(中国)

表 4-23　不同合同类型的合同前交易费用方差分析(中国)

	平方和	df	均方	F	显著性
组间	0.303	2	0.152	0.217	0.805
组内	60.146	86	0.699	—	—
总计	60.449	88	—	—	—

表 4-24　不同合同类型的合同后交易费用方差分析(中国)

	平方和	df	均方	F	显著性
组间	0.238	2	0.119	0.123	0.885

续表

	平方和	df	均方	F	显著性
组内	83.402	86	0.970	—	—
总计	83.640	88	—	—	—

美国建设工程的情况是，简单从平均值上看（图 4-17），无论合同前、合同后还是总体交易费用，单价合同交易费用最多，而总价合同和成本加酬金合同相差不大。从单因素方差分析的结果上看，如表 4-25 和表 4-26 所示，合同类型对合同前交易费用（$P=0.004<0.10$）和合同后交易费用（$P=0.000<0.10$）的影响都是显著的。

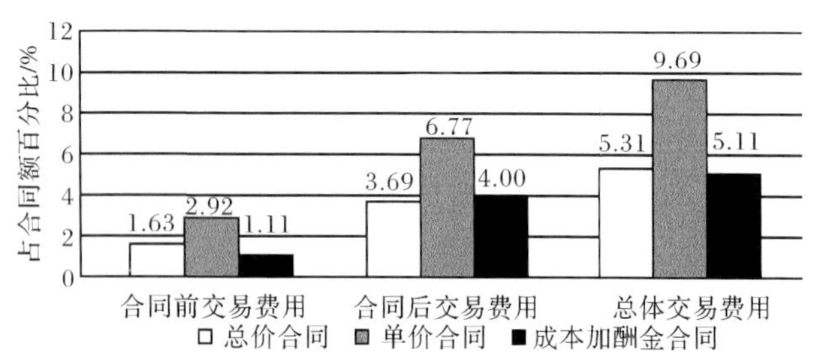

图 4-17　不同合同类型的交易费用比较（美国）

表 4-25　不同合同类型的合同前交易费用方差分析（美国）

	平方和	df	均方	F	显著性
组间	15.700	2	7.850	5.729	0.004
组内	323.396	236	1.370	—	—
总计	339.096	238	—	—	—

表 4-26　不同合同类型的合同后交易费用方差分析（美国）

	平方和	df	均方	F	显著性
组间	26.402	2	13.201	12.597	0.000
组内	247.313	236	1.048	—	—
总计	273.715	238	—	—	—

如表 4-27 所示，考虑国家和合同类型对合同前交易费用的影响，国家（country）、合同类型（contract）对合同前交易费用的影响在 $\alpha=0.10$ 的显著性水平下都显著，P 值分别是 0.083、0.082。国家×合同类型对合同前交易费用的影响在 $\alpha=0.10$ 的显著性水平下不显著。究竟影响程度如何，通过图 4-18 和图 4-19 就可以知道，美国（country=1）和中国（country=2）的三种合同类型的合同前交易费用

大小排序相同，单价合同(contract=2)>总价合同(contract=1)>成本加酬金合同(contract=3)。从合同类型看，美国(country=1)各种合同类型的合同前交易费用都大于中国(country=2)。

表 4-27　中美不同合同类型对合同前交易费用影响的双因素方差分析

误差来源	Ⅲ型平方和	df	均方	F	显著性
校正模型	30.552①	5	6.110	5.130	0.000
截距	320.014	1	320.014	268.665	0.000
国家	3.595	1	3.595	3.018	0.083
合同类型	5.990	2	2.995	2.515	0.082
国家×合同类型	2.353	2	1.176	0.988	0.374
误差	383.542	322	1.191	—	—
总计	2341.000	328	—	—	—
校正总计	414.095	327	—	—	—

①R Squared=0.074(Adjusted R Squared=0.059)

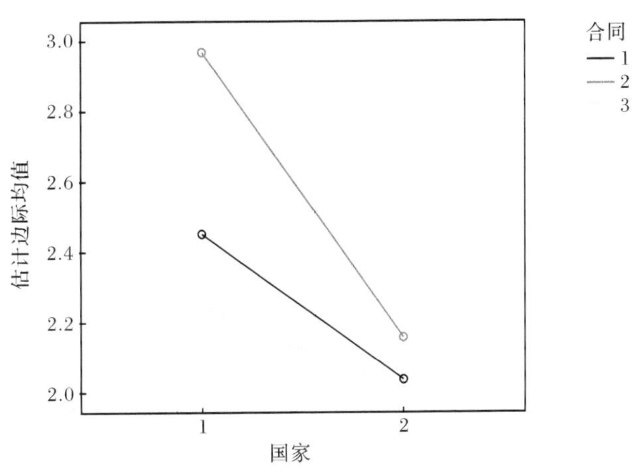

图 4-18　合同前交易费用估测边际均值(国家-合同类型)

对于合同后交易费用如表 4-28 所示，合同类型(contract)、国家×合同类型对合同后交易费用的影响在 $\alpha=0.10$ 的显著性水平下都显著，P 值分别是 0.046、0.007。国家(country)对合同前交易费用的影响在 $\alpha=0.10$ 的显著性水平下不显著。究竟影响程度如何，通过图 4-20 和图 4-21 就可以知道，在美国(country=1)三种合同类型合同后交易费用大小排序是，单价合同(contract=2)>成本加酬金合同(contract=3)>总价合同(contract=1)；而在中国(country=2)的排序是，总

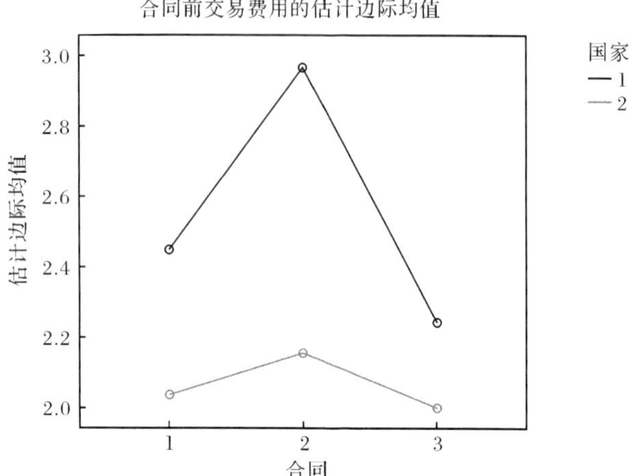

图 4-19　合同前交易费用估测边际均值(合同类型-国家)

价合同(contract=1)>单价合同(contract=2)>成本加酬金合同(contract=3)。而对于不同的国家而言,总价合同(contract=1)的合同后交易费用,中国(country=2)大于美国(country=1);单价合同(contract=2)的合同后交易费用,美国(country=1)大于中国(country=2);成本加酬金合同(contract=3)的合同后交易费用美国(country=1)和中国(country=2)相差不大。

表 4-28　中美不同合同类型对合同后交易费用影响的双因素方差分析

误差来源	Ⅲ型平方和	df	均方	*F*	显著性
校正模型	26.647①	5	5.329	5.189	0.000
截距	274.947	1	274.947	267.701	0.000
国家	0.252	1	0.252	0.245	0.621
合同类型	6.379	2	3.190	3.106	0.046
国家×合同类型	10.496	2	5.248	5.110	0.007
误差	330.715	322	1.027	—	—
总计	1847.000	328	—	—	—
校正总计	357.363	327	—	—	—

① R Squared=0.075(Adjusted R Squared=0.060)

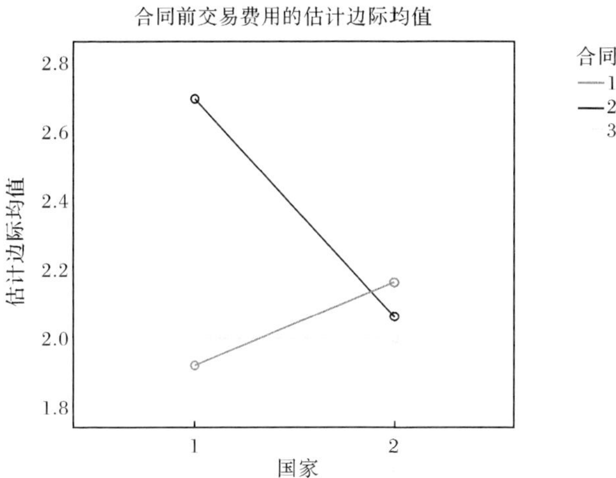

图 4-20　合同后交易费用估测边际均值(国家-合同类型)

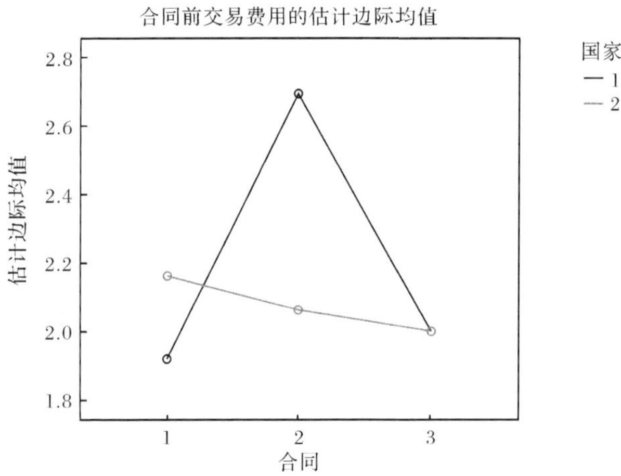

图 4-21　合同后交易费用估测边际均值(合同类型-国家)

4.3　变量的验证性因子分析

因子分析(factor analysis)可分为探索性因子分析(exploratory factor analysis,EFA)与验证性因子分析(confirmation factor analysis,CFA)。EFA 与 CFA 两种分析方法最大的不同在于,测量理论架构在分析过程中所扮演的角色与检验时机。EFA 分析的目的在于确认量表因素结构(factor structure)或一组变量的模型,常考虑的是要决定多少个因素或构念,同时因素负荷量的组型如何。验证性因子分析被归类于一般结构方程模型或共变结构模型(covariance structure model)之中,允许反映与解释潜在变量,它和一系列的线性方程相连接。

在因子分析中,假设潜在变量为“因”,而指标变量为“果”,要注意的原则如下。

(1) 同一构面因素的外显指标其内部一致性要高。

(2) 同一构面因素的测量指标间的相关性越高越好。

(3) 单一维度构面中,信度相同的测量指标,本质上是可以替换的。

(4) 同一构面内测量指标的相关性应高于构面间测量指标的相关性。

(5) 测量指标线性组合可以取代潜在变量。

本书对所有变量进行验证性因子分析,模型包括自变量(业主行为的不确定性、承包商行为的不确定性、项目交易环境和机制的不确定性、项目管理的效率)和因变量(交易费用)。所有变量的因子模型如图 4-22 所示。需要说明的是,图 4-22 所表示的所有变量的验证性因子分析模型仅仅是大体框架,并不是完整的验证性因子分析模型。

从表 4-29 看出,量表的信度、各个潜在变量的 Cronbach's α 均在 0.7 以上,说明各个潜在变量的测度指标信度符合要求;整个量表信度 Cronbach's $\alpha=0.723$,符合信度要求。

表 4-29 测量模型的因素荷载和信度指标

潜变量	观察变量	因素荷载	Cronbach's alpha(α)	平均方差抽取量	组合信度
业主行为的不确定性	业主需求	0.70	0.701	0.65	0.944
	与项目利益相关者关系	0.75			
	类似工程项目经验	0.85			
	按时支付	0.73			
	组织效率	0.65			
承包商行为的不确定性	投标行为	0.77	0.724	0.577	0.844
	有能力承担项目	0.71			
	与分包商关系	0.75			
	与过去客户关系	0.75			
	类似工程项目经验	0.73			
	材料变更	0.66			
	合同索赔	0.68			

续表

潜变量	观察变量	因素荷载	Cronbach's alpha(α)	平均方差抽取量	组合信度
项目管理的效率	领导力	0.80	0.917	0.5845	0.8731
	决策能力	0.81			
	沟通的质量	0.80			
	冲突管理	0.84			
	技术能力	0.53			
项目交易环境和机制的不确定性	项目的复杂性	0.77	0.720	0.65	0.944
	项目的不确定性	0.79			
	设计完整性	0.78			
	承包商尽早参与	0.87			
	投标竞争水平	0.84			
	设计和施工集成	0.89			
	担保条款	0.84			
	激励/惩罚条款	0.83			
	公平的风险分配	0.64			
交易费用	合同前交易费用	0.85	0.728	0.7141	0.8332
	合同后交易费用	0.84			

个别指标的信度评估要检验观察变项在其反映的因子上的标准化负荷。从表 4-29 中可以看出，测量条款的项目信度值均高于 0.5 的标准，且指标的标准化负荷都在 0.7 以上，而且所有的标准化系数皆具有很高的显著水平，因此，这 28 个指标可以作为五个潜在因子的测量指标。

因子信度用建构信度来衡量，从表 4-29 中可以看出，建构信度或组合信度的值都在 0.6 以上，这表明各潜变量的测量表现出了良好的内部一致性，信度指标均可接受。对于聚合效度，如表 4-29 所示，各潜变量所属的因素负荷都大于 0.5 的接受标准，显示量表潜变量具备聚合效度。而且，由表 4-29 还可以看出，各潜在变量提取的平均方差抽取量均在 0.5 以上，这表明测量指标的解释力超过其误差方差，各构造变量的测量有足够的聚合效度。

从拟合指标看，如表 4-30 所示，$\chi^2/df=2.32$，小于 3，符合有效拟合标准；RMR＝0.048，小于 0.05，符合有效拟合标准；GFI 值为 0.903，CFI 值为 0.901，均大于 0.90，符合有效拟合标准；PGFI 为 0.610，大于 0.50，符合标准；RMSEA＝0.070，在 0.05～0.08，符合拟合标准；AGFI＝0.854，小于 0.90，但是大于 0.80，基本符合标准。从上述拟合指标来看，拟合效果很好。

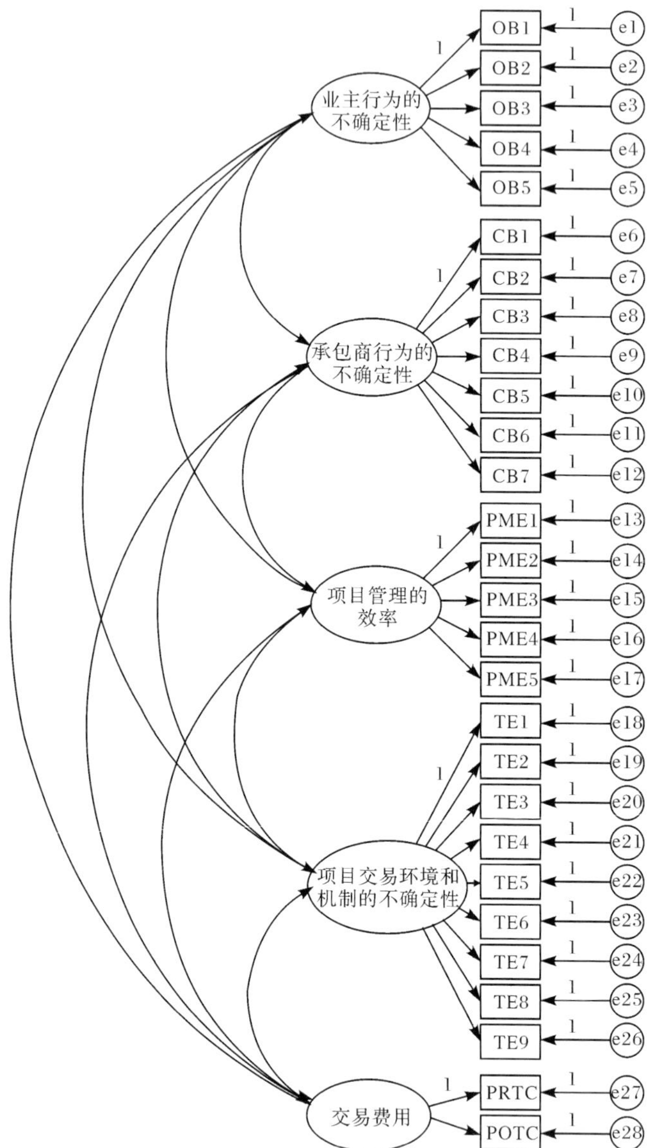

图 4-22　验证性因子分析模型

表 4-30　测量模型的拟合指标

拟合指标	测量模型结果	理想水平
χ^2	788.8	越小越好
df	340	—
χ^2/df	2.32	<3.0
RMR	0.048	<0.05
GFI	0.903	>0.90
AGFI	0.854	>0.90
PGFI	0.610	>0.50
CFI	0.901	>0.90
RMSEA	0.070	0.05～0.08

从量表信度、个别信度指标、建构信度、平均方差抽取量、各个拟合优度指标可以看出，整个测量模型信度、效度和拟合效果都达到标准，模型可以接受。

4.4　潜在变量的路径分析

潜在变量的路径分析，即完整的结构方程模型，包含测量模型与结构模型，结构模型为潜在变量间的关系，各潜在变量包含数个观察变量，包含观察变量的潜在变量即测量模型。

潜在变量间有不可逆模型（recursive model）与可逆模型（nonrecursive model），不可逆模型又称为递归式模型，表示潜在变量间的关系箭头为单一关系；相对地，可逆模型又称为非递归模型，表示潜在变量间的关系可以互为因果关系，本书研究的是潜在变量间的递归模型。潜在变量的路径分析如图 4-23 所示。

4.4.1　模型拟合优度

如表 4-31 所示，拟合指标，χ^2/df=1.790，小于 3.0，符合有效拟合标准；RMR=0.049，小于 0.05，符合有效拟合标准；PGFI 为 0.673，大于 0.50，符合标准；CFI 值为 0.935，大于 0.90，符合有效拟合标准；RMSEA=0.063，在 0.05～0.08，符合拟合标准；GFI 值为 0.889，AGFI=0.805，小于 0.90，但是大于 0.80，基本符合标准。Hu 等[189]和 Marsh 等[190]认为 GFI 和 AGFI 并非独立的参数，容易受到样本数量的影响，如果加大数据样本，有可能得到更好的拟合指标[191]。从上述拟合指标来看，拟合效果较好，模型可以接受。

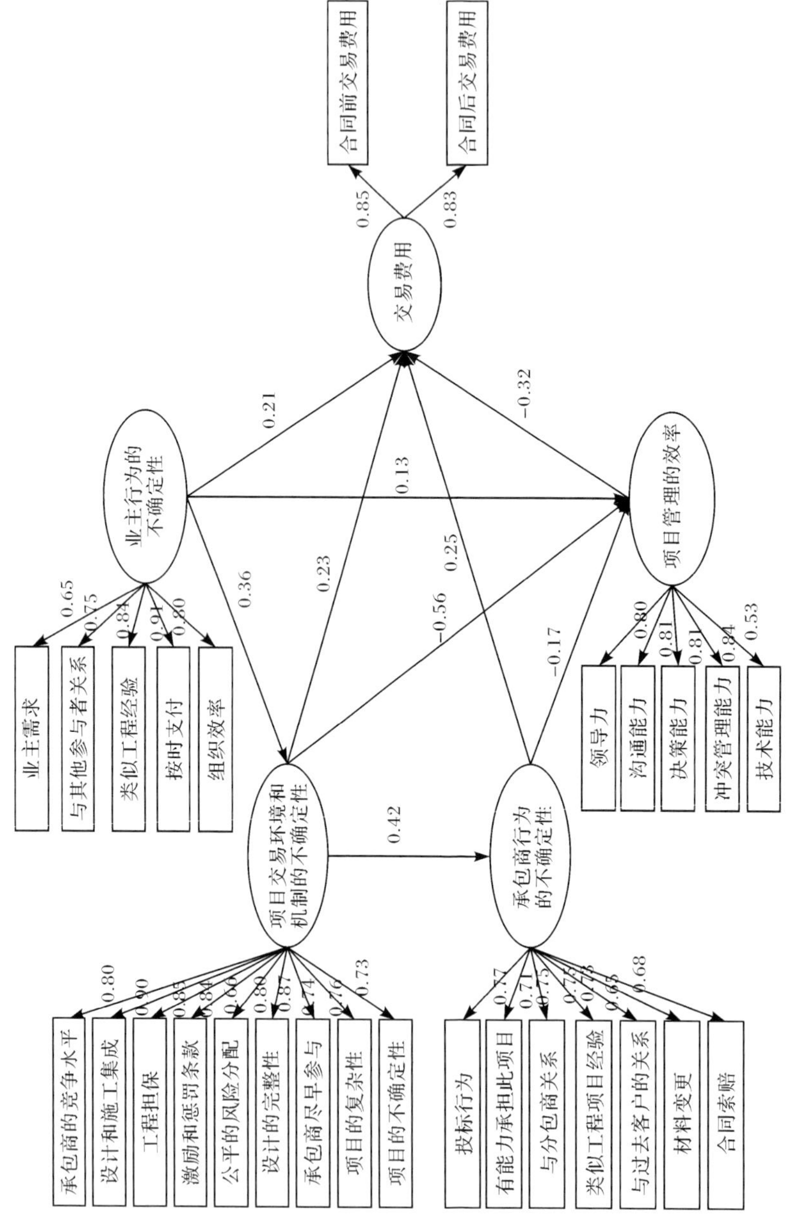

图 4-23 潜在变量的路径分析(最终模型)

表 4-31　潜在变量路径分析的拟合指标

拟合指标	结构模型	理想水平
χ^2	592.47	越小越好
df	331	—
χ^2/df	1.790	<3.0
RMR	0.049	<0.05
GFI	0.889	>0.90
AGFI	0.805	>0.80
PGFI	0.673	>0.50
CFI	0.935	>0.90
RMSEA	0.063	0.05~0.08

4.4.2　假设检验

经过资料搜集和问卷调查，本书的理论模型经过因子分析和结构方程建模分析等数据分析过程，对本书提出的 9 个假设进行了验证。本书对假设关系成立的检验标准：路径系数的显著性水平在 0.10 以上的为显著，假设成立；低于 0.10 的则认为不显著，假设关系不成立。依据上述标准，本书的假设检验结果总结如表 4-32 所示。9 个假设都达到了显著性水平，9 个路径系数通过检验。

表 4-32　结构方程模型路径检验结果

假设	路径系数 β	C.R.	显著性	检验结果
H1	0.21	0.916	0.008	支持
H2	0.25	2.804	0.004	支持
H3	−0.32	−2.977	0.003	支持
H4	0.23	2.522	0.012	支持
H5	0.36	2.270	0.023	支持
H6	−0.13	−2.968	0.006	支持
H7	−0.56	−5.671	0.000	支持
H8	0.42	4.272	0.000	支持
H9	−0.17	−3.566	0.002	支持

4.5　假设检验结果分析

从表 4-29 可以看出，模型的信度和效度都达到要求，各个潜在变量的因子负荷也达到要求，测量模型的拟合指标满足要求，从表 4-31 可以看出，结构模型的拟合优度指标满足要求。本书采用极大似然估计法去估计路径系数，路径系数的估计是显著的。

4.5.1 业主行为的不确定性

H1：业主行为的不确定性对工程交易费用有正向显著作用，通过数据检验，在 $\alpha=0.10$ 的显著性水平下是显著的。而且业主行为的不确定性对项目交易环境和机制的不确定性(H5)的正向作用和项目管理的效率的负向作用(H6)，经数据检验，在 $\alpha=0.1$ 的显著性水平下也是显著的。可以看出，业主行为的不确定性不仅对交易费用有直接影响，还可以通过"项目交易环境和机制的不确定性"和"项目管理的效率"的间接效应来影响交易费用。

依照表 4-29 中因素荷载，为了使业主行为比较确定，业主应该和项目利益相关者(包括承包商、设计者、供应商、政府机关等)保持良好的关系；按时给承包商支付工程款；努力提高组织的管理效率；在工程发包之前尽可能把工程计划和技术条款做到详细，减少工程建设过程中的变更；如果业主没有类似工程的施工经验，可以把工程承包给专业的项目管理公司。如此可以减少业主行为的不确定性，项目交易环境和机制的不确定性减少，提高工程项目管理的效率，从而使工程交易费用减少。

4.5.2 承包商行为的不确定性

承包商行为的不确定性对交易费用的正向影响，经模型检验，在 $\alpha=0.1$ 的显著性水平下是显著的(H2)。也就是说承包商行为越确定，就会产生比较少的工程交易费用。某个承包商经过多年在市场上的努力和公司信誉的建立，其恶意索赔等的机会主义行为就会比较少，从而降低了工程交易过程中的交易费用。

同时，经过数据检验，承包商行为的不确定性对项目管理的效率有负向作用(H9)，因为路径在 $\alpha=0.1$ 的显著性水平下是显著的。而且项目管理的效率越高，工程交易费用越少(H3)，经数据检验 $\alpha=0.1$ 的显著性水平下是显著的，从假设 2、假设 3 和假设 9 可以看出，承包商行为的不确定性不仅对工程交易费用有直接影响，还通过"项目管理的效率"对工程交易费用有间接影响。

通过观察变量的因子负荷(表 4-29)可以得知，从业主的角度，业主要通过恰当的手段去判断承包商的行为是否具有确定性，在招标时，要去判断承包商是否进行了不平衡报价、串标、围标等行为；判断承包商是否真正有能力完成此项目；调查承包商和分包商的关系如何；调查承包商和过去业主的关系如何；调查承包商过去类似工程的经验，并且完成工程的最终绩效如何；工程进行过程中索赔的频率和材料变更情况。如果业主对以上问题都比较清楚，那就可以认为承包的行为是比较确定的，签订合同之后的工程交易费用就会相应比较少。

4.5.3　项目管理的效率

项目管理的质量对项目的生产率、工程质量和工程返工的数量有非常大的影响[192,193]，工程返工的费用甚至占到了工程总费用的 10%[194]。本书中，高效的项目管理效率可以降低工程交易费用的产生(H3)，经数据验证，在 $\alpha=0.1$ 的显著性水平下是显著的。同时，项目交易环境和机制的不确定性降低了项目管理的效率(H7)，经数据验证，在 $\alpha=0.1$ 的显著性水平下也是显著的；相反，业主和承包商行为的确定性能够提高项目管理的效率(H6 和 H9)，从而可以降低工程交易费用。

通过表 4-29，测量项目管理效率的各项因子，高效的项目管理效率通过很好的项目领导力、决策能力、沟通能力、冲突管理能力和技术能力可以达到。优秀的项目经理要有很好的领导力并且是适合项目团队的领导力类型；项目经理还能够在现实约束条件下按照一定的程序作出规范合理化的最优决策，能够从战略的角度解决冲突问题，并且能够用谈判和协商来解决冲突；高效率的沟通能使项目成员理解项目的目标，理解决策的过程和结果，更容易达成一致；快速有效地解决冲突和矛盾能够最大限度地减少法律纠纷和解决问题的成本。以上结论同样得到了 Hartman[195]、Bandow[196]以及 Powl 等[197]的证实。

4.5.4　项目交易环境和机制的不确定性

项目交易环境和机制的确定性意味着项目的范围已经很好地确定，项目计划和技术条款已经清晰和完善。项目交易环境和机制对交易费用的影响处于核心位置，因为它不仅对交易费用有直接影响，还通过“承包商行为的不确定性”和“项目管理的效率”对交易费用有间接影响。关于项目交易环境的影响，相关学者也曾经证实过，如 Diekmann 和 Girard[127]、Shen 等[162]、Mitropoulos 和 Howell[131]、Ibbs 和 Ashley[165]以及 Walker 和 Pryke[140]。

如表 4-29 对测量模型因素荷载的估计，业主为了降低项目交易环境和机制的不确定性、降低交易费用，应该很好地处理项目的复杂性；通过尽可能提高设计的完整性来降低项目的不确定性；让承包商尽早参与到工程实施过程中；投标的竞争维持在一个合理的水平；设计和施工的集成；做到风险分配公平合理。

另外，从结构模型可以看出，一方面项目交易环境和机制受到业主行为不确定性的影响；另一方面，项目交易环境和机制又影响了承包商行为的不确定性。在不确定性的环境和交易机制下，承包商确实有可能提高投标价，进行更多的索赔，因为变更要对很多额外的工作进行协商，通常会破坏业主和承包商之间的关系，更有甚者会以冲突、纠纷和法律诉讼收场。交易机制受到业主的影响，是因为很多机制都是业主要求和制定的。

4.5.5 假设检验结果总结

从研究结果可以看出，在建设工程交易中，为降低交易费用可以通过降低项目交易环境和机制的不确定性，对业主自己和承包商的行为有一个明晰的认识，努力提高项目管理的效率。本书为建设工程交易费用的产生呈现了一个完整的画面。

业主行为的不确定性对交易费用不仅有正向的直接影响，还通过对项目管理的效率和交易环境间接影响交易费用。项目交易环境和机制在模型中处于核心地位，由于它在很大程度上决定了交易费用，还和业主和承包商的行为以及项目管理的效率相关。从项目交易环境和机制的不确定性的测量模型的荷载得知，比较完整的设计、承包商尽早参与、承包商比较健康的竞争、设计和施工的集成、公平合理的分配分析和担保条款的使用，可以降低交易费用。由于工程的唯一性，其合同战略应该能够很好地处理交易环境的不确定性。项目管理的效率中等程度地影响交易费用的产生，凸显领导力、决策能力、沟通能力、冲突管理能力和技术能力的重要性。承包商行为的不确定性对交易费用的影响，就像 Williamson 所说的，行为的不确定性使经济交易的交易费用增加。由承包商行为的不确定性的测量模型得知，业主为了降低工程的交易费用，应该设法去探测承包商的不平衡、串标、围标等行为，让承包商提供足够的证据证明，他可以把项目做好。

4.6 业主减少建设工程交易费用的途径建议

通过以上假设检验得出影响交易费用产生的关键因素和路径，为业主在实施工程建设中尽量减少交易费用提供了可借鉴的途径。

4.6.1 降低项目参与者行为的不确定性

首先是业主本身，常年有工程建设任务的业主单位，要努力提高自己的人力资源专业化水平，项目管理的高层和中层的管理人员要有相当的工程建造经验。如果遇到业主单位不熟悉、没有经验的项目，要尽量雇佣项目实施经验丰富的项目管理公司或者招聘经验丰富的项目经理。其次要按照合同计划按时支付承包商和供应商的工程款。建设领域很多纠纷、“豆腐渣”工程、农民工工资拖欠，都是由业主不诚信、拖欠工程款所导致的。拖欠工程款还可以使业主和承包商关系恶化，承包商有可能索要更多的索赔，从而增加交易费用；由于需要资金有限的承包商垫资建造，为了节约成本承包商往往会偷工减料、以次充好，最后受损失的还是业主自己。

工程发包的主要任务就是选择一个合格的承包商完成工程建设任务。由工程发包造成的委托代理问题，由于信息不对称，承包商的机会主义行为常有发生。业主在招标评标过程中，首先要选择有工程建设经验的承包商，对承包商项目经理和项目管理人员严格审查，调查承包商过去工程实施情况，和以往业主的关系如何、工程质量状况、用户满意情况、是否经常进行不当的变更和索赔。对承包商过去的行为和当前的状况要有全面的认识，并设计恰当的合同条款来规范承包商的行为，尽量减少承包商寻求机会主义和道德风险的机会，从而降低交易费用。

4.6.2　提高项目管理的效率

高效的项目管理能够以最小的投入得到最理想的产出，建设工程项目参与者众多，有业主、设计单位、施工承包商、供应商、分包商、各专业承包商等，各个参与者的利益目标不完全一致，这就使得在项目组织中领导力和协调能力非常重要，而这两方面的能力在很大程度上都依赖一个强有力的项目经理。他能够恰当地协调各方的利益关系，能够采取使各方信服的处理问题的方案。除了项目经理之外还要有非常专业化和经验丰富的项目管理人员，使柔性决策、决策权下放到一线管理人员成为可能，提高项目决策、项目实施的效率和速度。项目组织的制度因素也至关重要，在项目组织成立初期就要建立完善的项目管理制度，行为规范化的项目决策、沟通和协调机制。其中最重要的是沟通和协调机制，在项目组织内部能够形成设计、施工、安装等各个专业知识共享和流通机制，使各个专业之间能够互相参考、学习和理解，减少工作中的矛盾和冲突。在工程实施过程中，各个专业的借口和界面众多，再加上流水施工的特点，如果各个专业工种协调不好，就会造成返工和窝工的现象，因此加强和工作界面的协调至关重要。

4.6.3　降低项目交易环境和机制的不确定性

项目交易环境和机制在很大程度上决定了项目参与者行为的不确定性，并决定了交易费用产生的多少。首先是项目本身的复杂性和不确定性，复杂的项目造成工程设计和勘察的困难，后期设计错误和变更就会增多。复杂的项目造成管理上的困难和技术上的难题，无疑增加项目组织管理费用和技术研究费用。复杂多变的经济环境更使工程交易具有不确定性，人力成本和材料价格的上升使承包商的成本增大，为了获得更多的利润，承包商势必要诉诸索赔，如果风险过大甚至可能申请破产，这对业主和承包商都是不愿意看到的。因此在合同签订之初就要设计公平合理的风险分担条款，把风险分配给最适合承担的一方，并通过保险，转移风险。为了约束承包商的行为，业主才采用担保条款，让承包商提供担保，业主不仅可以选择授信度高的承包商，还可以当承包商违约时转嫁风险。尽早地让承包商、分包商、供应商参与到工程的前期建设中，把他们的知识分享给设计人员，减少设计的不确定性和后期设计变更的数量，由于加入了承包商和分包商的知识，设计更具有可建造性，减少了后期的矛盾和冲突。如果设计者紧密地参与到后期的施工中，发现设计问题就可以及时整改，同样可以减少签证的个数和时间。通过保险和担保转移风险，减低项目交易环境的不确定性，设计恰当的合同条款和交易机制来规范项目参与者的行为，从而降低工程的交易费用。

4.7 本章小结

本章主要阐述了建设工程交易影响路径模型的实证研究过程。首先是预设样本的收集和检验，对预设样本进行项目分析、因素分析和信度分析，得到通过信度和效度检验的量表。接着对大样本数据结果进行了分析，并对影响交易费用产生的因素进行了方差分析。对大样本进行了验证性因子分析、信度和效度的检验，表明收集数据适合测量模型；通过潜在变量的路径分析，结果表明，数据契合结构方程模型，相关假设得到了验证。在对假设检验进行分析的基础上总结出了业主减少建设工程交易费用的途径建议。

第5章　中美建设工程交易费用影响路径比较研究

2010年中国建筑业产值比2009年增长了13.5%，达到2421亿美元。到2015年有望达到3622亿美元，比2010年增长49.6%。中国的非住宅类建筑的产值占到整个建筑业产值的53.7%。中国建筑产业产值占亚太地区建筑业产值的30.3%，中国2006～2010年建筑行业的产值如图5-1所示[198]。

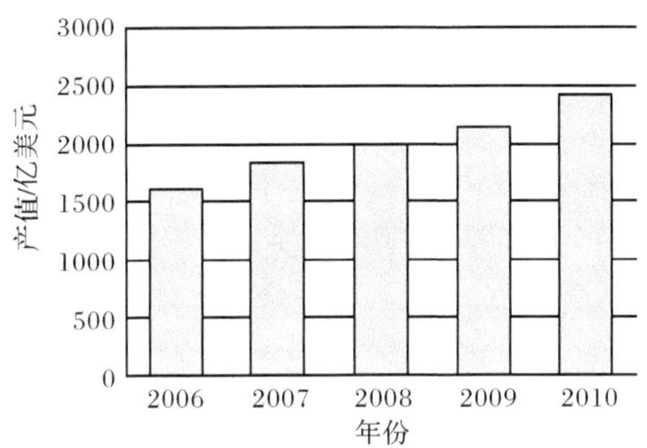

图5-1　中国2006～2010年建筑行业的产值

由于经济危机的影响，美国建筑行业2010年下滑了13.9%，产值达到5631亿美元。到2015年有望达到7129亿美元，比2010年增长26.6%。2006～2010年的年均增长率是0.7%。非住宅类建筑占美国建筑的51.6%。同时美国建筑业产值占世界建筑业产值的24.7%，美国2006～2010年建筑行业的产值如图5-2所示[199]。

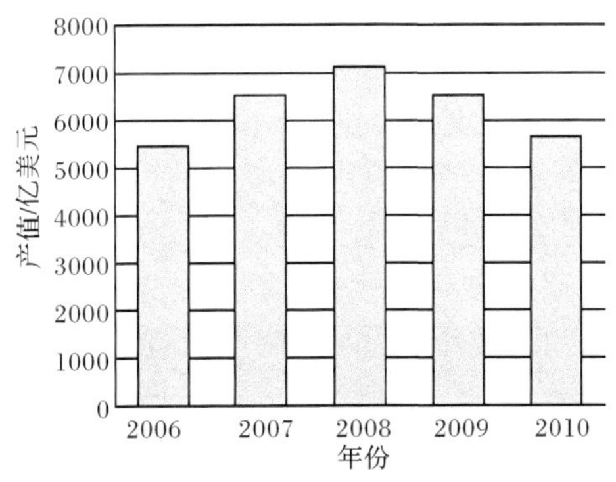

图5-2　美国2006～2010年建筑行业的产值

5.1　中美建设交易制度变迁比较分析

5.1.1　制度变迁动因理论

首先要弄清楚制度变迁的含义，就目前的文献来看此词应该是林毅夫在 1989 年发表的文章《关于制度变迁的经济学理论：诱致性变迁与强制性变迁》中提倡的，而后几成流行语，此前说到类似语义时说的变化、改变、改革等慢慢地被提及的次数就少了。英语中的“institutional change”对应制度变迁，“change”对应变迁，从语义学的角度而言，汉语中“变迁”一词指事物的变化、变更、发展、进化、演变等，英语“change”作动词作用等同于“become”，应该说，在英文中，“change”一词的本来含义是“变化”和“改变”，并没有中文中“迁”即“演变”或“进化”的意思。但是，在 North 制度分析的理论框架中，他曾明确指出：“制度提供了人们相互影响的框架，它们建立了构成一个社会，或更确切地说一种经济秩序的合作与竞争关系。”从这一理解出发，North 明确地表明，在他自己的论述中，“结构”一词是指“制度框架”，而“‘change’一词是指制度的创立、变更以及随着时间的变化而被打破的方式”[11]。

1. 定义

制度变迁是新制度产生，并否定、扬弃或改变旧制度的过程，制度变迁可能在以下意义上发生：第一，扩充型，原有各种制度保存，产生新的制度；第二，改变型，原有制度本身变革成新制度；第三，减少型，原有制度结构中的一些制度因失去存在意义而消亡，如商品粮制度、介绍信买机票的制度；第四，平移型，在现有的制度结构中，制度的性质种类不变，但相对地位发生了变化，从而使制度结构发生了变化，如在人事任免中的档案制度。

制度变迁理论的基本分析框架：分析变化了的自然环境、技术水平、人口结构、产权、道德文化、意识形态等外在的制度环境如何向人们提供新的获利机会，从而提供改变制度、创造新制度的动机，为了获得更大的收益或节约某些交易成本，人们必须进行制度创新；当新制度所能提供的边际收益相当于旧制度运行所需付出的边际成本时，制度变迁就会暂时停止，制度结构就达到了某种“均衡”；只有当环境改变时，才会又发生对新制度的“需求”与“供给”。当制度的供给和需求基本均衡时，制度是稳定的；当现存制度不能使人们的需求满足时，就会发生制度的变迁。

早在 19 世纪，马克思所创立的经济学体系是一个完整的制度分析框架。西方新制度经济学派也承认，马克思是第一个研究经济增长与制度变迁关系的经济学家。North曾确认："这里的一个例外是卡尔·马克思的著作，他企图将技术变迁与制度变迁结合起来。马克思最早阐述的生产力与生产关系的相互关系，是将技术限制与制约同人类组织的局限性结合起来所作的先驱性努力。""在详细描述长期变迁的各种现存理论中，马克思的分析框架是最有说服力的，这恰恰是因为它包括了新古典分析框架所遗漏的所有因素：制度、产权、国家和意识形态"[11]。马克思比他的同时代学者更深刻地洞见了技术与制度变迁之间的历史关系。他将发明看成是一个社会进程，在马克思的体系中，阶级斗争反映了经济制度的演进与生产技术进步之间的不断"冲突"。尽管马克思强调了生产方式的变化（技术变迁）与生产关系的变化（制度变迁）之间的辩证关系，但他相信前者提供了社会组织变迁的更为动态的力量，他的观点继续支配着许多马克思主义者关于技术变迁与制度变迁之间的关系的思想。

2. 新制度经济学对制度变迁的分析

新制度经济学对制度变迁的分析最初是从需求方面展开的，Coase对此作出了开创性的贡献。Coase指出："一旦考虑到进行市场交易和成本，那么显然只有这种调整后的产值增长多于它所带来的成本时，权利的调整才能进行。""合法权利的初始界定会对经济制度的效率产生影响，一种权利的调整会比其他安排产生更多的产值，但除非这是法律制度确认的权利调整，否则，通过转移与合并权利达到同样后果的市场费用如此之高，以至于最佳的权利配置以及由此带来的更高的产值也许永远不会实现。"他进一步指出："只有得大于失的行为才是人们所追求的。但是，当在各自为改进决策的前提下，对各种社会格局进行选择时，必须注意到导致某些决策的改善的现行制度的变化也会导致其他决策的失误。而且，必须考虑各种社会格局的运行成本（不论市场机制，还是政府管理机制）和转变为一种新制度的成本，在设计和选择社会格局时，应考虑总的效果。"[4]

此后许多经济学家对于制度变迁的需求方面的研究都基本遵循Coase的观点，即认为制度是在变迁所获收益超过变迁所需成本时改变。同时Coase也指出，制度变迁的效果在结构上并非全部都是帕累托效率的，即导致某些决策改善的现行制度也会导致其他决策的失误。具有重要意义的是，Coase确认了交易成本在制度变迁中的重要性，但是对于制度变迁中的供给因素一般未作论述。

North的制度变迁理论认为，制度变迁的内在动因是主体期望获取最大的"潜在利润"即"外部利润"。"正是获利能力无法在现在的安排结构内实现，才导致了新制度安排的形成"。而产生潜在利润是由于许多外部性变化，包括规模经济的变化、外部成本与收益的变化、对风险的厌恶以及市场失败与不完善，这些外部因素的变化成了诱致人们去努力改变制度安排的来源。

制度创新、制度变迁是在制度均衡不能维持的情况下发生的，制度均衡是在特定条件下的制度供求力量相对平衡的初始状态，制度均衡并不是永久性的。导致变迁的客观条件(但不是充分条件)是潜在利润的形成，North认为，至于充分条件，则是制度创新可能获取的潜在利润大于为获取利润而支付的成本。在分析导致收益与成本的变化以及潜在利润的产生因素时，North指出三大类：一是对制度创新的需求作出很大贡献的因素，包括市场规模的变化、技术创新、制度创新者的收入预期的改变；二是涉及某些制度安排、创新与操作成本的因素，如组织费用的外部承担、技术革新、知识积累、教育体制发展、政府权力的集中与社会影响；三是导致制度从均衡向不均衡变化的外部性变化因素，如政府规模、构成或规则的变化，公众行为规范和社会的价值标准的改变。

North还指出，实现制度变迁应具备一些主观条件，如变迁主体的形成。他强调国家和意识形态在制度变迁中的作用，也就是说，除非建立一个稳定的对高效率的经济制度起支持作用的政治制度，否则就绝不可能建立起稳定的有效率的经济结构。North认为制度的产生是由于制度安排的非均衡，及未达到帕累托效率准则最优(资源得到了最优配置、分配最为公平、社会福利最大的状态)，这是制度变迁的前提；制度变迁的动因在于“成本与收益”的比较；只有在预期收益大于预期成本的情形下，行为主体才会推动制度变迁，否则，就会维持原有制度不变。所以制度变迁的主要经济动机是获得制度收益，减少制度成本或交易费用。从历史的长河中看，制度总是在不断发展演进的。并且，他还认为，在一般情况下，制度变迁是一个渐进性的连续的演变过程，是通过制度在边际上的不断调整而实现的。当然，他也不排除剧烈的非连续性的制度变革的存在(如法国大革命等)。但他认为，这种非连续性的剧烈变革不仅不是制度变迁的常态，而且它也只能是发生在正规制度的领域中，而不能发生在非正规制度的领域中。非正规制度的演变永远只能是渐进性的。那么是什么引起了制度的变迁呢？按照North的说法，引起制度变迁的诱因，是相对价格与偏好的变化。

必须要说明的是，并不是只要存在制度变迁的诱因就一定会导致制度的变迁。关于这一问题，制度变迁理论是用制度均衡的概念和原理来解释的。所谓制度均衡是这样一种状况，即在所有当事人的谈判能力给定的条件下，没有人能够通过改变现有制度而获得好处。在这种均衡状态下，制度便是稳定的，不会发生变化的。制度处于均衡状态，并不是说在现存制度下，人人对制度都是满意的，而是说，在这种条件下，人们为改变制度所需付出的成本大于其预期所能获得的收益，因此没有人愿意去致力于制度的变革。而只有当相对价格的变化使得人们致力于变革制度的预期收益大于成本时，制度均衡才会被打破，从而制度才会发生变迁。

制度可以视为一种公共产品，它是由个人或组织生产出来的，这就是制度的供给。由于人们的有限理性和资源的稀缺性，制度的供给是有限的、稀缺的。随着外界环境的变化或自身理性程度的提高，人们会不断提出对新的制度的需求，以实现预期增加的收益。所以，制度的变迁总是要由一定的行为主体来发动和实施的，而这种推动制度变迁的行为主体就是那些能够从制度变迁中获得利益的社会群体。制度均衡能否被打破，除了取决于制度变迁的预期收益外，还在很大程度上取决于这些制度变迁主体实施制度变迁的成本的高低。而后者又取决于利益变迁主体能否形成有效的组织。组织是否有效，主要看它是否具有变革制度所必需的技术、知识和学习能力，即所谓制度创新能力。谁去推动呢？用 North 的话来说，是一种“政治企业家”，即从事包括政治制度变革在内的制度革新的企业家。这种政治企业家与一般人的不同之处，就是他能够更敏锐地觉察到制度变迁的收益所在，有能力发现最有效的、成本最低的变革制度的途径，并且拥有一种致力于制度变革的胆略和激情。总之，英雄在历史发展中的作用，也是不可忽视的。

拉坦在解释制度变迁的需求方面认为和技术变迁的需求是非常类似的。以市场经济条件下土地为要素为例，“土地（或自然资源）价格相对于劳动力价格的提高诱致了用于减少对由土地的无弹性供给所导致的有制约的生产技术变迁，同时导致了能更准确地定义与配置土地的产权的制度变迁。劳动力相对于土地（自然资源）的价格的提高，导致了能使资本替代劳动的技术变迁。同时也导致了能增进代理人的生产能力并增进工人对他自己的就业条件进行控制的制度变迁。由技术变迁所形成的新的收入流以及制度效率的收益引致了对产品的相对需求的变化，以及新的和更为有利可图的产品创新的机会的开辟。这导致了消费模式更为多样化，而且由技术变迁或制度变迁所形成的新的收入流又引致了用于修正新的收入流在要素所有者之间进行分割以及改变个人与集团之间的收入分配的进一步的制度变迁”。

拉坦观察到制度变迁的“供给”依赖于两个因素：知识基础和创新成本（与收益相关）。当社会科学知识和有关的商业、计划、法律和社会服务行业的知识进步时，制度变迁的供给曲线也会右移。进而断言，拥有的社会科学的知识越多，设计和实行制度变迁就越顺利。拉坦还指出，制度创新的成本可能是巨大的，在某些政治环境下，成本简直不起作用。但是，即使没有如此严厉的制裁，创新的成本也可能由于立法改变上的成本、法庭立案的成本、限制既得利益集团政治权力所付出的成本而高得令人望而却步。

同 North 从历史研究不同，舒尔茨一开始就用“供给-需求”分析框架对制度的产生和发展展开分析。他认为：制度是某些服务的供给者，在经济发展中非常重要。经济发展尤其是人的经济价值的不断提高对制度产生了不断新的需求。而制度变迁只不过是为适应人的经济价值的提高作出的滞后调整。

3. 制度变迁的动因

1) 要素相对价格变化

所谓相对价格的变化,是指社会生产过程中的要素价格比率的变化、信息成本的变化以及生产技术的变化等。相对价格的变化会改变人们之间的激励结构(影响人们行为的利益关系)和谈判能力(讨价还价能力)的对比,而激励结构和谈判能力的变化则又会诱发人们重新制定规则的动机和努力。North 这里所说的"相对价格的变化",有点类似于马克思所说的"生产力的发展",但是马克思认为生产力的变化会主导生产关系的变化,而 North 认为制度与制度变迁的不同才导致生产力的提高。要素相对价格变化指的是生产要素价格比率的变化等,要素价格比率的变化就是各种要素的价格发生改变。以前紧缺而昂贵的变得比较便宜,以前充裕的变得比较紧缺而价格上涨了。人们总是希望占有短缺的要素。要素价格比率改变后就需要制度调节人们之间的关系。相对价格和偏好变化不一定引起制度创新和制度变迁,只要原有的制度均衡还未打破,制度创新就不会发生。打破原有均衡制度的条件是存在一种潜在的制度安排,并且创新成本低收益高。潜在的制度安排主要是人的理性(或知识)的提高,使人们能够发现它的存在。

2) 偏好的变化

偏好的变化是导致制度变化的另一个诱因。偏好的改变受经济发展水平、国民收入、历史文化传统的影响,也受相对价格和信息成本的影响,随着偏好的变化,既有制度可能就不再符合人们的最大化要求,于是形成对制度创新的需求。不过,偏好的变化往往也与相对价格的变化有关。也就是说,相对价格的变化,会影响人们的理想、风尚、信念和意识形态等,从而促使人们改变自己的行为模式,使之合理化。

3) 科学技术的进步

技术变迁是经济发展的原动力,一般主流经济学却将其设定为既定的前提而不加专门研究。技术变迁和制度变迁一样,应该作为经济体系的内生变量加以研究。林毅夫仔细研究了中国特有的经济制度和技术对经济发展的影响及制度变迁的原因。"技术变化除了在制度结构方面起决定性作用之外,它还能改变特定制度安排的相对效率并使某些其他的制度安排不再起作用。"林毅夫基于这种认识,他利用中国农业技术创新实践分别对之进行了经验检定。发表了《中国的杂交水稻创新:一个集中计划经济中市场需求诱致的技术创新研究》,利用中国杂交水稻技术创新案例探讨了农业耕作制度对技术创新的相互影响,而后将这些理论假说推广运用到分析中国非市场的制度环境中去,从而扩大了理论的适用范围,并根据中国的经验对原有理论假说加以检验和修正。

4) 其他制度安排的变迁

“如前所述,某个制度结构中制度安排的实施是彼此依存的。因此,某个特定制度安排的变迁,可能引起对其他制度安排的服务需求。”如国家对商品流通领域的改革,批发和零售市场建设产生了一系列的流通制度交易方式的变化,这些变化反过来又对原有的物资需求的供给制度产生影响。现在军队除了特定用途的物资外,其他的生活物资交流几乎全部可以从市场竞争中获得。这样一来,后勤采购制度的变化就必须与时俱进。

4. 制度变迁环境分析

经济交易都是发生在一定的文化环境和法律制度之中的,同样工程交易也不例外,图5-3勾画了从自然法则到文化环境,到法律制度,到市场交易制度,再到建筑市场中的市场行为和交易结果。不同的交易环境和制度就会产生不同的交易行为和结果。同时制度的变迁是有“路径依赖”的,建设交易制度也一样。由于历史文化、价值取向、伦理规范、法律制度等方面的差异,每个国家的制度变迁路径不同,因而具有不同的建设交易制度。

5.1.2　中国建设工程交易制度的变迁

20世纪80年代初,伴随着我国的改革开放和市场经济体系的建设,建设工程领域开始引入市场机制,即通过市场交易方式,获得建设工程产品。我国在建设工程交易模式的建立、发展过程中,逐步形成了工程招标制、建设监理制和项目法人责任制,即建设领域的“三项制度”或称“三制”。

(1) 计划经济年代——建设工程采用计划管理模式。从新中国成立初期到20世纪70年代末,我国实行的是计划经济体制,与此相对应,工程建设领域实行的是自建自营的管理体制。在这种体制下,建设工程投资、设计、施工均在国家严格的计划下完成。其中,1953～1965年,实行以建设单位为主的甲(建设)、乙(设计)、丙(施工)三方制的苏联模式。1965年～20世纪80年代初,许多大中型工程建设由建设指挥部负责协调管理,工程设计、物料供应、工程施工等均采用计划方式,用行政手段,下达给相关单位完成,工程项目建成后移交给生产管理机构负责运营。

(2) 云南省鲁布革水电站引水工程施工招标——建设工程市场交易的起点。1982年,我国首次利用世界银行贷款,开工建设云南省鲁布革水电站工程,为了满足世界银行贷款的条件和在工程建设领域引进市场机制,1983年在国内率先采用了国际上通行招标承包和以业主为中心的项目管理模式。同年,城乡建设环境保护部印发了《建筑安装工程招标投标试行办法》;1984年,国家计划委员会(现国家发展和改革委员会)、城乡建设环境保护部进一步联合颁发了《建设工程招标投标

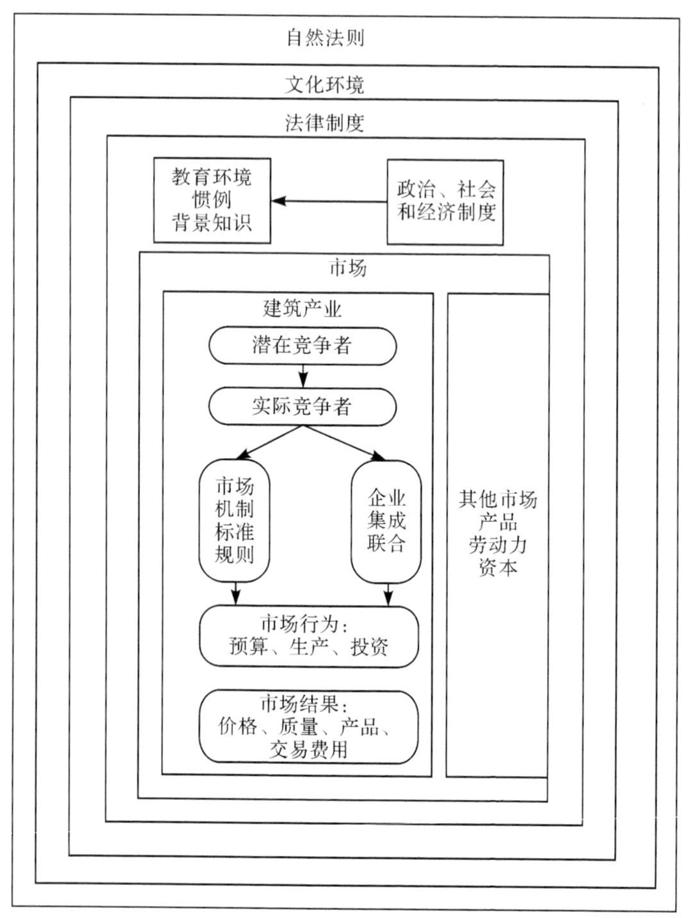

图 5-3　建设工程交易制度环境

暂行规定》。从此，建设工程招标成为一种制度得以确立，即建设工程市场机制开始建立。

(3) 推行建设监理制——加强建设工程交易过程的管理。实行建设工程招标，业主方用竞争手段选择的是建设工程交易的另一主体，即建设工程的生产者，而不是建设工程本身。通过建设工程招标仅是建设工程交易的开始，其紧后还有一个漫长的交易过程，即施工过程。在总结国内建设管理经验和参照国际工程建设管理惯例的基础上，我国在 20 世纪 80 年代末开始推行工程建设监理制。嗣后，将建设监理制写入《中华人民共和国建筑法》，用立法的形式规定了这一种建设管理制度。建设监理制，即由工程项目业主方委托具有监理资质的监理单位，对建设工程承发包合同进行管理。

(4) 实行项目法人责任制——进一步明确建设工程交易产权。在我国计划经济体制下，国家是唯一的投资主体。在这样的背景下，建设工程的具体责任主体缺位。反映在工程交易过程中，即买方责任主体缺位。这势必会使工程交易过程中效率下降、交易成本上升。针对这种情况，我国先是提出了业主责任制，后在建立现代企业制度思想的指导下，提出了建设工程要实行项目法人责任制。针对经营性建设工程，国家计划委员会 1996 年颁发了《关于实行项目法人责任制的暂行规定》。在该暂行规定中，明确了项目法人可按《公司法》的规定，设立有限责任公司（包括国有独资公司）或股份有限公司。由所依托的企业法人对工程项目的策划、资金筹措、建设实施、生产经营、债务偿还和资产的保值增值，实行全过程负责。

（5）进入 21 世纪——开始尝试多种建设工程交易模式。建设领域"三项制度"的确立，标志着与社会主义市场经济发展相适应的工程交易制度已基本形成，但随着市场经济体制改革的深入，客观上要求"三项制度"在实践中不断完善和提高。目前我国建设领域基本上采用的是 DBB 发包方式；业主方基本上采用"业主方＋监理（辅助）"管理方式，其中监理方辅助业主方管理。这种单一的交易模式已严重不能适应工程投资多元化的形势，也无法满足新时期下建设管理服务专业化、社会化和科学化趋势。进入 21 世纪后，人们开始探索新的建设工程交易模式。在石油化工建设领域，率先开始了工程总承包和工程项目管理的探索。如 2001 年 9 月开工建设，2005 年投入商业运行的扬子石化-巴斯夫一体化石化项目，在建设过程中采用了 EPC 发包方式，并采用了 PMT（project management team）业主管理方式。在上海、深圳、厦门等地，对政府投资建设工程，20 世纪 90 年代中期就开始进行业主方管理方式改革的探索，后来被总结为"代建制"。此外，政府部门也对建设领域的改革提出了一些指导性意见。2003 年 2 月，建设部出台了《关于培育发展工程总承包和工程项目管理企业的指导意见》（简称《指导意见》），积极推行工程项目总承包和工程项目管理[200]；2004 年 7 月，国务院在《关于投资体制改革的决定》中提出，对非经营性政府投资项目加快推行代建制，即通过招标等方式，选择专业化的项目管理单位负责建设实施，严格控制项目投资、质量和工期，竣工验收后移交给使用单位[201]。

5.1.3　美国建设工程交易制度的变迁

美国建设工程交易制度变迁大体上可分为三个阶段。具体过程如图 5-4 所示。

第一阶段从美国独立开始到第二次世界大战结束。在独立初期，由于政府财政收入，向欧洲各国贷款也非常困难，所以私人投资项目在美国基础设施建设中发挥了相当大的作用。特许经营的方式私人融资和政府财政拨款方式的直接融资并存。据统计，1789～1933 年这段时间，90％的基础设施是以设计一施工一运营(DBO)方式进行的，而且60%的项目是依靠私人融资的。这些项目兼有DBO和BOT的性质。这种制度的特点：效率高、交易成本低，但是设计与施工人员之间缺乏有效的监督和约束，再加上承包商自身设计力量的不足，工程质量难以得到保证，工程质量事故屡次发生。针对这种情况，美国政府从1893年开始在联邦政府的公共项目中实行设计与施工分离DBB的合约方式，并在1926年的公共建筑法中作为强制执行的内容[202]。

第二阶段从第二次世界大战结束一直到20世纪80年代末。这个时期，美国经济得到大力发展，财力比较充足，政府有能力对公共项目进行直接投资。由于社会经济的发展，独立的专业设计人员自身业务能力有了很大提高。因此，此阶段建设交易制度以政府直接投资项目以及设计与施工的分离为主要的特点，DBB成为基础设施建设主要的合约形式。这种方式对确保公共建设项目的质量发挥了很好的作用，但这种管理体制又逐渐派生出庞大的政府官僚机构(如高速公路管理局)，使政府管理交易成本增大。另外，每年高达3500亿美元的基础设施维护管理费用也给政府背上不小的负担[202]。

第三阶段是进入20世纪90年代以后，由于信息产业的发展和企业组织结构的变化，社会专业化分工的要求，设计与施工一体的DB方式又重新受到青睐，从1995年开始，以DB发包方式进行建设的项目每年以6%的速度增加。根据1999年对400家最大的承包商的调查，有62%的企业在建设工程项目中采用了DB方式。进入21世纪，由于美国财政赤字严重，对国内基础设施投资逐渐减少，PPP、BOT和DBO等合约形式在交通、污水处理等公共项目中也重新得到广泛应用。

如上所述，在200多年的时间里，美国的建设交易制度经历了由合到分(从DBO和BOT到DBB)、再由分到合(从DBB到DB、BOT)的变化，这个变化过程不是简单的重复或循环，而是一个螺旋式上升的发展过程[203]。

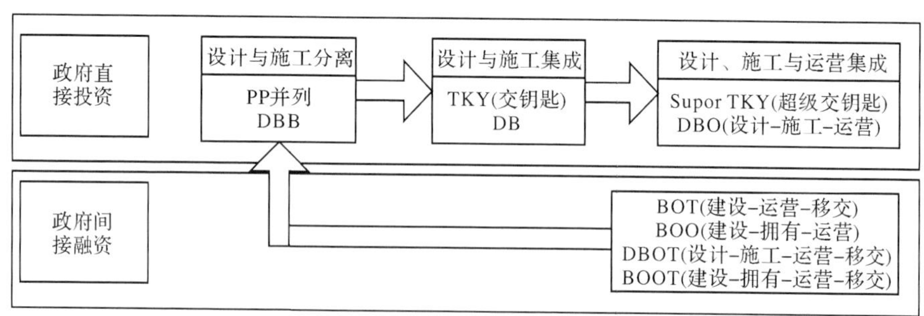

图5-4 美国建设工程交易制度的变迁

5.2　中美建设工程交易费用影响路径模型比较分析

根据第 4 章所收集的来自中国和美国的数据，在第 4 章建立的模型的基础上进行比较分析，把美国的数据输入测量模型和结构模型。

5.2.1　测量模型的比较

把来自美国的数据输入测量模型，得到各个潜在变量的信度检验指标。如表 5-1 所示，美国样本的各个潜在变量的 Cronbach's α 均在 0.7 以上，说明各个潜在变量的测度指标信度符合要求。大部分指标的标准化负荷都在 0.7 以上，建构信度或组合信度的值都在 0.6 以上，这表明各潜变量的测量表现出了良好的内部一致性，信度指标均可接受。对于聚合效度，各潜变量所属的因素负荷都大于 0.5 的接受标准，显示量表潜变量具备聚合效度。而且，由表 5-1 还可以看出，各潜在变量提取的平均方差抽取量均在 0.5 以上，这表明测量指标的解释力超过其误差方差，各构造变量的测量有足够的聚合效度。

表 5-1　中美建设工程交易费用测量模型因素荷载和信度指标比较

潜变量	观察变量	因素荷载		Cronbach's alpha(α)		AVE		组合信度	
		中国	美国	中国	美国	中国	美国	中国	美国
业主行为的不确定性	业主需求	0.70	0.72	0.701	0.714	0.650	0.640	0.944	0.898
	与项目利益相关者关系	0.75	0.88						
	类似工程项目经验	0.85	0.76						
	按时支付	0.73	0.79						
	组织效率	0.65	0.84						
承包商行为的不确定性	投标行为	0.77	0.79	0.724	0.786	0.577	0.646	0.844	0.927
	有能力承担项目	0.71	0.90						
	与分包商关系	0.75	0.89						
	与过去客户关系	0.75	0.82						
	类似工程经验	0.73	0.81						
	材料变更	0.66	0.65						
	合同索赔	0.68	0.74						

续表

潜变量	观察变量	因素荷载		Cronbach's alpha(α)		AVE		组合信度	
		中国	美国	中国	美国	中国	美国	中国	美国
项目管理的效率	领导力	0.80	0.83	0.917	0.921	0.585	0.707	0.873	0.922
	决策能力	0.81	0.89						
	沟通的质量	0.80	0.90						
	冲突管理	0.84	0.92						
	技术能力	0.53	0.63						
项目交易环境和机制的不确定性	项目的复杂性	0.77	0.81	0.720	0.810	0.65	0.579	0.944	0.925
	项目的不确定性	0.79	0.69						
	设计完整性	0.78	0.70						
	承包商尽早参与	0.87	0.81						
	投标竞争水平	0.84	0.68						
	设计和施工集成	0.89	0.87						
	担保条款	0.84	0.82						
	激励/惩罚条款	0.83	0.71						
	公平的风险分配	0.64	0.73						
交易费用	合同前交易费用	0.85	0.88	0.728	0.811	0.714	0.757	0.833	0.862
	合同后交易费用	0.84	0.86						

从拟合指标看，如表 5-2 所示，χ^2/df=2.58，小于 3，符合有效拟合标准；RMR=0.042，小于 0.05，符合有效拟合标准；GFI 值为 0.908，AGFI=0.900，CFI 值为 0.932，均大于 0.90，符合有效拟合标准；PGFI 为 0.620，大于 0.50，符合标准；RMSEA=0.072，在 0.05～0.08，符合拟合标准；从上述拟合指标来看，拟合效果很好。

表 5-2　中美建设工程交易费用测量模型拟合度指标比较

测量模型拟合度指标	中国样本	美国样本
χ^2	788.8	876.5
df	340	340
χ^2/df	2.32	2.58
RMR	0.048	0.042
GFI	0.903	0.908
AGFI	0.854	0.900
PGFI	0.610	0.620
CFI	0.901	0.932
RMSEA	0.070	0.072

从量表信度、个别信度指标、建构信度、平均方差抽取量、各个拟合优度指标可以看出，整个测量模型信度、效度和拟合效果都达到标准，美国样本数据适合本测量模型。也就是此模型适合对中美两国进行建设工程交易费用影响路径的研究。

5.2.2 结构模型的比较

把来自美国的数据输入结构模型，得到拟合指标如表5-3所示，$\chi^2/df=2.238$，小于3.0，符合有效拟合标准；RMR=0.032，小于0.05，符合有效拟合标准；PGFI为0.681，大于0.50，符合标准；GFI值为0.901，CFI值为0.921，均大于0.90，符合有效拟合标准；RMSEA=0.071，在0.05～0.08，符合拟合标准；AGFI=0.842，小于0.90，但是大于0.80，基本符合标准。因此，得出结论，美国样本数据适合本模型。

表5-3 中美建设工程交易费用结构模型适应度指标比较

拟合指标	中国	美国
χ^2	592.47	740.7
df	331	331
χ^2/df	1.790	2.238
RMR	0.049	0.032
GFI	0.889	0.901
AGFI	0.805	0.842
PGFI	0.673	0.681
CFI	0.935	0.921
RMSEA	0.063	0.071

从图5-5和表5-4看出，只有假设H1不支持，说明在美国业主行为的不确定性对交易费用没有直接的影响，这主要是因为美国工程项目管理的市场比较发达，如果业主工程经验很少，他可以在市场上聘请一个专业项目管理公司进行项目管理的承包就可以解决问题，所以业主行为的不确定性对工程交易费用没有直接影响。但是它还是通过项目管理的效率和项目交易环境和机制的不确定性间接影响工程交易费用。而其他八个假设都得到的验证，说明美国样本的数据和模型是比较契合的。关于各个潜在变量关系的结论也类似于中国样本得出的结论。但是中美样本之间系数的差异，是不是由两个国家的制度不同而导致的呢？这就需要进行进一步的分析。

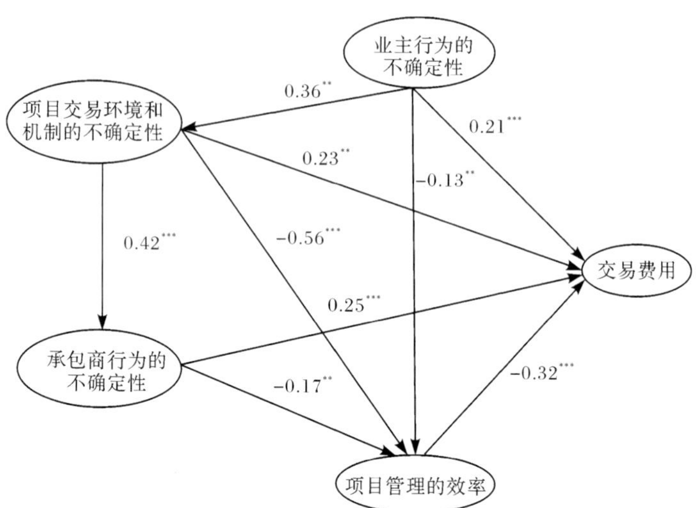

χ^2/df=1.790，$P<0.001$，GFI 值为 0.889，AGFI=0.805，RMR=0.049，PGFI 为 0.673，CFI 值为 0.935，RMSEA=0.063。

** $P<0.05$，*** $P<0.01$

(a) 建设工程交易费用测量结构模型(中国样本)

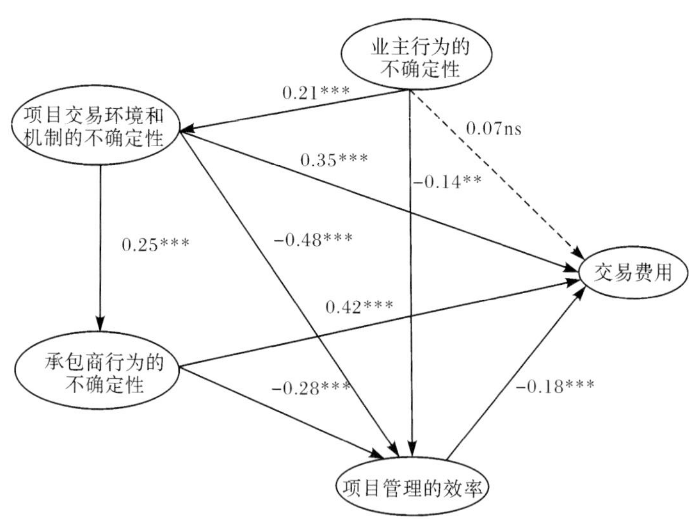

χ^2/df=2.238，$P<0.001$，GFI 值为 0.901，AGFI=0.842，RMR=0.032，PGFI 为 0.681，CFI 值为 0.921，RMSEA=0.071。

ns=not significant，** $P<0.05$，*** $P<0.01$

(b) 建设工程交易费用测量结构模型(美国样本)

图 5-5 中美建设工程交易费用测量结构模型比较

表 5-4　中美建设工程交易测量模型路径系数比较

假设	中国路径系数(β)	检验结果	美国路径系数(β)	检验结果
H1	0.21	支持	0.07	不支持
H2	0.25	支持	0.42	支持
H3	−0.32	支持	−0.28	支持
H4	0.23	支持	0.35	支持
H5	0.36	支持	0.21	支持
H6	−0.13	支持	−0.14	支持
H7	−0.56	支持	−0.48	支持
H8	0.42	支持	0.25	支持
H9	−0.17	支持	−0.18	支持

5.2.3　中美建设工程交易费用影响路径模型的群组分析

为了检验中美两国建设工程交易制度的差异是否对建设工程交易费用测量模型路径系数具有显著性影响。对不同国家组别的比较主要采用结构方程的多样本比较模型进行分析。结构方程模型的多样本比较，既可以对不同组别的因子结构是否一致进行比较，也可以就不同样本之间的路径系数、均值和截距的差异进行比较。其比较的原理就是假设不同样本中某一路径系数相等，然后比较假设路径系数相等模型与未假设路径系数模型的卡方值，此时自由度相差一个，观察卡方值差的显著性，若卡方值差显著，则认为两组之间的路径系数有显著性差异；若卡方值差不显著，则表明两组之间的系数没有显著性差异。本书运用 AMOS7.0 进行多样本群组检验。

进行群组分析时，相当于把国家作为调节变量，预设一个基准模型 A，固定参数限制比 A 多的模型有 B(假定路径 H1 上的系数中国和美国相等，即 $W_C=W_M$)，以此分别假定 H2～H9 上的路径系数，各模型均与模型 A 比较，以 B 模型为例，检验的零假设与对立假设是

零假设:模型 B=模型 A

对立假设:模型 B≠模型 A

当检验的卡方值达到显著($P<0.05$)，则拒绝零假设，接受对立假设，即模型 B 和 A 之间有差异；相反，如果检验的卡方值未达到 0.05 的显著水平，则接受零假设，拒绝对立假设，即模型 B 和模型 A 之间没有差异，两个模型可视为相同的模型。

AMOS7.0 进行模型的差异比较时，提供两个模型差异的卡方差异量($\Delta\chi^2$)，$\Delta\chi^2$ 值显著性检验的 P 值及 NFI 值、IFI 值、RFI 值、TLI 值的增加量。若两个模

型卡方值差异量的显著性 P 值小于 0.05，则拒绝两个模型无差异的虚无假设；如果两个模型卡方值差异量 P 值大于 0.05，则接受两个模型无差异的虚无假设；NFI 值、IFI 值、RFI 值、TFI 值增加量若小于 0.05，则接受两个模型无差异的虚无假设[204]。

从表 5-5 可以看出，经过检验，只有假设路径 H1、H2、H7 是显著的，H3、H4、H5、H6、H8、H9 是不显著的。这就说明业主行为的不确定性对交易费用的影响，中国比美国大；而承包商行为的不确定性对交易费用的影响，美国比中国大；项目交易环境和机制的不确定性对项目管理的效率的影响，中国比美国大。项目管理的效率对交易费用的影响，项目交易环境和机制的不确定性对交易费用的影响，业主行为的不确定性对项目交易环境和机制的不确定性的影响，业主行为的不确定性对项目管理的效率的影响，项目交易环境和机制的不确定性对承包商行为的不确定性和承包商行为的不确定性对项目管理的效率的影响，中美之间不存在明显的差异。

表 5-5 模型群组检验参数

路径	DF	CMIN	P	NFI Delta-1	IFI Delta-2	RFI rho-1	TLI rho-2	比较结果
H1	1	2.100	0.024	0.000	0.000	−0.001	−0.001	显著
H2	1	3.982	0.046	0.001	0.001	0.000	0.001	显著
H3	1	0.002	0.967	0.000	0.000	−0.001	−0.001	不显著
H4	1	1.518	0.218	0.000	0.001	0.000	0.000	不显著
H5	1	1.523	0.217	0.000	0.001	0.000	0.000	不显著
H6	1	3.168	0.075	0.001	0.001	0.000	0.000	不显著
H7	1	15.133	0.000	0.004	0.005	0.004	0.005	显著
H8	1	3.132	0.077	0.001	0.001	0.000	0.000	不显著
H9	1	3.118	0.077	0.001	0.001	0.000	0.000	不显著

5.3 本章小结

对中美两国工程交易费用影响路径模型进行了比较分析，发现模型既适合中国也适合美国，美国数据的测量模型各个指标达到要求，结构模型只有假设 H1 没有得到支持，说明业主行为的不确定性对建设工程交易费用没有直接的影响。最后对模型进行了群组分析，发现业主行为的不确定性对交易费用的影响，中国比美国大；而承包商行为的不确定性对交易费用的影响，美国比中国大；项目交易环境和机制的不确定性对项目管理的效率的影响，中国比美国大。

第 6 章　建设工程交易费用测量方法探析

通过本书的研究找到了建设工程交易费用的影响路径，但是在该模型的研究中，关于交易费用的测量采用的是心理预估的方式，在问卷的准确性上存在问题，在前面研究的基础上，本章首先讨论建设工程交易费用的直接测量方法和间接测量方法，并把交易费用分为资源消耗型和租金转移型两类，最后给出了直接测量法的交易费用分解结构。

6.1　直接测量方法和间接测量方法

交易费用经济学后来的成功源于它在研究上逐渐地具有了操作性[205]，那就是比较制度研究的方法成为了主流。换句话讲，就是一直试图直接地测量交易费用大小的方法被用影响交易费用产生的因素去预测不同治理结构的交易费用的方法所取代。为了便于阐述，之前的方法称为直接测量方法(direct measurement approach，DMA)，后来的方法称为间接测量方法(indirect measurement approach，IMA)。IMA 是一种方法论上的突破，解决了交易费用经济学应用在组织分析中的瓶颈问题。

模型建立的基础是交易费用和组织结构之间存在一种联系。假设两种治理结构(governance structure，GS)：GS1 和 GS2。A 表示 GS1 的交易费用；B 表示 GS2 的交易费用。如何比较变量 A 和 B 的大小，有两种方法。

(1) 取得 A 和 B 两个变量的真实大小；通过逻辑推理或者相应的方法去检测 A－B 是正还是负。

(2) 用非成本的数据代表 A 和 B(如法律纠纷、变更和索赔的次数)两个变量，并比较两者的参数。

两种不同的方法需要的数据类型当然是不一样的，IMA 需要的是测量交易的属性及其影响的因素；而 DMA 需要的是所有交易活动产生的交易费用的综合，而且是实际真实数据。但是最重要的是 IMA 和 DMA 选择什么样的研究方法是最适合的。

假设一种治理结构 GS，有 n 种交易费用，$TC_i(i=1,\cdots,n)$，DMA 中，TC_i 需要首先被确定。那么其总的交易费用就可以得知，选择合理的治理结构就是选择使 $\sum_{i=1}^{n} TC_i$ 能够达到最小的治理结构。

与 DMA 相反，IMA 采用的是比较的方式，假设有两种治理结构，其交易费用是 $TC^1 = \sum_{i=1}^{n} TC_i^1$ 和 $TC^2 = \sum_{i=1}^{n} TC_i^2$，两者交易费用之间的差别就是

$$\Delta TC = TC^1 - TC^2 = \sum_{i=1}^{n} TC_i^1 - \sum_{i} TC_i^2 = \sum_{i=1}^{n} \Delta TC_i$$

其中

$$\Delta TC_i = TC_i^1 - TC_i^2$$

现在关心的不是交易费用 TC_i^1 和 TC_i^2 的大小，也不是 ΔTC_i 的大小，而是什么因素导致了这种差别的产生，也就是试图要找到一种关系

$$\sum_{i=1}^{n} \Delta TC_i = f(X_k), \quad K = 1, \cdots, l$$

X_k 就是通常文献里面所说的交易特性，这样就突破了直接测量交易费用的困难。

在 IMA 中，从理论上认为由交易特性的差别导致了治理结构效率的不同，因此可以从交易的特性中预测治理结构的优越。对于两种治理结构 GS1 和 GS2

$$\begin{cases} \text{若 } k \leqslant \bar{k}\text{，则 } \Delta TC \geqslant 0\text{，GS2 优于 GS1} \\ \text{若 } k \geqslant \bar{k}\text{，则 } \Delta TC \leqslant 0\text{，GS1 优于 GS2} \end{cases}$$

DMA 的实用性取决于两个独立的因素：①所列交易费用的完整性；②每个种类交易费用测量的准确性。希望能够穷尽每种治理结构中所有种类的交易费用，显然，这存在某些技术性的问题。利用下式说明 GS1 是优于 GS2 的

$$\Delta TC = TC^1 - TC^2 = \sum_{i=1}^{n} (TC_i^1 - TC_i^2) > 0$$

上式是由交易费用 TC^1 和 TC^2 的相对大小决定的，事实上，不是所有种类的交易费用都需要去估计，仅仅比较那些不同的类别就可以了。因此，DMA 能否成功应用取决于交易费用各个类别估计的准确性。

根据第 3 章和第 4 章建立的交易费用影响因素，可以构建回归方程，对建设工程交易费用进行间接的测量。

6.2 两类交易费用的比较

6.2.1 信息问题引起的两类交易费用

Dahlman 认为交易费用是由信息缺乏引起的，为了克服信息的不完全性，合同交易的双方需要恰当地确定合同交易的对象，制定可以接受决策的标准，对某一具体合同条款进行详细谈判，确保实现合同前的承诺[206]。所以这些努力不仅

要花费工程项目的资源，如电话费、信息获取费用和交通费用，而且包括时间的机会成本。通常，如果这样的努力确实提高了决策的质量和效率，那么获取这些信息而耗费的成本就是值得的。这些成本从根本上影响了治理结构的效率。把此称为第一类信息问题。

交易费用经济学中另一类信息问题是由于有限理性和机会主义行为。决策者有限理性是由当前所获得信息的不完整和神经心理和语言的限制性所致。信息优势的一方就会利用自己的信息优势，产生机会主义动机。这就是第二类信息问题。

另外，合同签订之前的重新谈判直接影响机会主义行为，而且谈判费用的高低取决于纠纷解决机制的效率；交易者过去的经验和行为将会在下一个交易中得到映射。为了减少重新谈判发生的频率，更多的时间和资源要用在完整合同细节上、防止交易机会主义行为的出现（如业主要求承包商提供担保）、建立有效的纠纷解决机制。

根据以上分析，交易费用可以分为两个部分

$$TC = TC_{\mathrm{I}} - TC_{\mathrm{II}}$$

第一类（TC_{I}）是由第一类信息问题所产生，第二类（TC_{II}）是由第二类信息问题所产生。

关于信息问题的系统描述如图 6-1 所示，首先，假设决策者面临两种选择：①低效但是稳定的技术（或治理结构）；②高效但不稳定的技术（或治理结构）。如果依概率π_1选择节点Ⅰ上面一条路径，由于采用了低效的技术，就会产生社会福利的损失，ΔW。如果选择下面的路径，那么在节点Ⅱ上有两种结果可能发生，机会主义行为依照概率π_2发生，或者依概率 $1-\pi_2$ 不发生。如果信息优势的一方没有采取机会主义行为，那么 TC_{II} 就不会发生；但是，当机会主义行为发生时，信息弱势的一方或者接受对方的“敲竹杠”，而去承受额外的支付 ΔP，或者是由于工程项目质量的降低带来项目价值的损失 $v(\Delta Q)$，拒绝“敲竹杠”的威胁，从而带来一系列的纠纷、重新谈判和第三方仲裁。除法律成本之外，工程延误的机会成本也非常重要，称为成本TC_c。最坏的结果就是信息弱势的一方经过挣扎之后被迫接受对方的“敲竹杠”，因此准租(quasi-rent)依然被占用 ΔP 和 $v(\Delta Q)$。对于交易费用TC_{II}，可用下式表示

$$\begin{aligned} L = {} & \pi_1 \Delta W + (1-\pi_1)\pi_2(\pi_3[\Delta P + v(\Delta Q)] \\ & + (1-\pi_3)\{\pi_4 TC_c + (1-\pi_4)[TC_c + \Delta P + v(\Delta Q)]\}) \end{aligned}$$

式中，$\pi_1 \Delta W$ 是采用低效生产技术社会福利的损失；$\pi_3[\Delta P + v(\Delta Q)]$是接受“敲竹杠”要挟的损失；$\pi_4 TC_c + (1-\pi_4)[TC_c + \Delta P + v(\Delta Q)]$ 是拒绝“敲竹杠”要挟的损失。

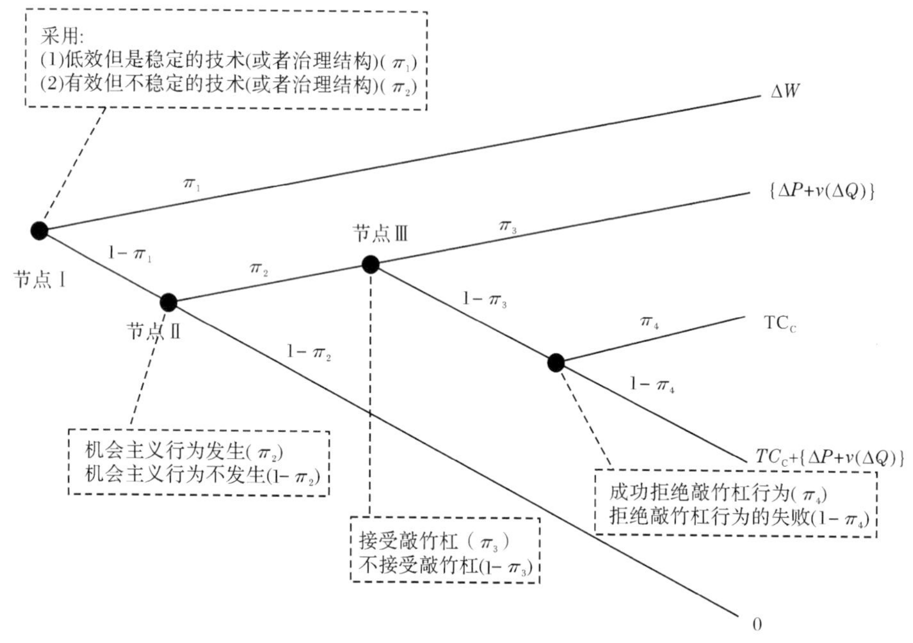

图 6-1　工程交易中信息问题的博弈结构

6.2.2　两类交易费用的实质

总体来看,交易费用是一种资源的消耗,减少了某一方从交易中获得的收益。然而,从单一的交易中看,努力最大化利润、行为不确定性(尤其是机会主义动机)形成另一种类型的成本,称为租金转移交易成本(rent transferring TC),这是一种经济租金从交易的一方转移到另一方,而不是一种资源的消耗成本。

可以根据 $TC_Ⅰ$ 和 $TC_Ⅱ$ 的特性对其进行分类,如表 6-1 所示,$TC_Ⅰ$ 是由第一种信息问题引起的,都是一种资源消耗的费用;$TC_Ⅱ$ 包括资源消耗的费用(包括法律诉讼费用、工期延误的机会成本等)和租金转换成本,如为了适应低效的技术(或治理结构)的福利损失 (ΔW)、额外的支付 (ΔP)和质量缺陷的成本[$v(\Delta Q)$]。

表 6-1　两种交易费用的分类

	$TC_Ⅰ$	$TC_Ⅱ$
资源消耗型交易费用	1. 信息搜集成本; 2. 讨价还价的成本; 3. 绩效或产品质量检测成本	法律诉讼成本和工期延误的机会主义成本

续表

	TC_{I}	TC_{II}
租金转移型交易费用		1. 为了适应低效的技术（或治理结构）的福利损失（ΔW）； 2. 额外的支付（ΔP）和质量缺陷的成本［$v(\Delta Q)$］

交易费用很容易受到商品和服务交易量的影响，就像在经济系统中税收所扮演的角色。交易费用的研究经常在金融经济学和货币经济学中见到，但是在经济性的组织和经济史的研究非常少。为什么呢？关键在于交易的一方是否能够掌握私人信息，从而改变交易对方对此项交易在自身利益上的评价。如果价格不能由交易中的行动独立决定，第一类信息问题必然会产生，而且其边际效应也不能被忽略。

此外，如果交易对象的价值是一个随机变量，TC_{I} 是交易费用的最主要组成部分，它的大小由交易量的大小决定。就拿购买股份来说，通常投资回报率不受买卖双方的影响，因此完成这样类型交易的交易费用就是 TC_{I}，其大小随着交易量的增大而增大。但是购买洗发水就不大相同，选择哪一家商店去买、价格品质的对比和交通成本，这些成本对于每一次购买来说是相似的，这部分交易费用取决于搜索的次数。因此，把 TC_{I} 当成税收类似的交易费用。然后第二种信息问题却不一样，它是由道德分析和资产专用性所引起的。代理人的工作质量和绩效不可逆性和度量的困难，再加上投资的嵌入效应，导致交易问题的产生。这种交易问题的特点：①代理人为生产产品或服务所付出的努力，因为交易对象的特殊性（工程质量依赖于承包商的质量监管努力程度），所以产品的价值不仅由不可控因素决定，还要受到由信息不完备而造成的行为不确定性的影响；②同时，因为工程交易贯穿工程建设的整个过程而不是像现货一样瞬时交易，合同签订之后双方的相互关系对交易费用的影响增大，使 TC_{II} 大于 TC_{I}。在 TC_{I} 占大多数的交易中，交易费用和税收类似；但是在 TC_{II} 占大多数的交易中，交易费用更像每一次交易的固定费用，而且是由治理结构决定的。也就是说，此类交易费用不由交易的次数和数量决定，而是由交易的组织方式和行为的不确定性决定的。当且仅当工程交易的治理结构契合于工程特点时，交易费用才能达到最小。事实上，两类交易费用在工程交易中的地位和作用是不一样的。在经济市场光滑假设的模型中无法解释，在边际分析中就把交易费用看成是和生产成本相对的另一种成本。但是，第二种类型的交易费用和组织问题相关，涉及合同参与方在合同期限内的协调与合作。

通过比较 TC_{I} 和 TC_{II} 可以发现，对交易费用如果进行建模取决于 TC_{I} 和

$TC_{\text{Ⅱ}}$相对大小，如果 $TC_{\text{Ⅰ}} \gg TC_{\text{Ⅱ}}$，那么就可以依照类似税收的建模方法；如果$TC_{\text{Ⅰ}} \ll TC_{\text{Ⅱ}}$，那么就用和治理结构相关的建模方法。

6.3 建设工程交易费用直接测量法的分解结构

对于业主方而言，签订合同前发生的交易费用有委托招标代理的费用（包括发布招标广告费用、编制招标文件费用、组织招标过程中评标等各项活动的费用）、合同谈判费用、招标可能失败的风险性费用等。某一工程项目合同前交易费用的多少主要决定于工程招标的次数，即决定于工程的发包方式，如采用 DB 或 EPC 发包方式，可能仅组织一次工程招标，工程项目合同前交易费用就较低；而采用 DBB 发包方式，并将一个工程项目分成多个子项，分别招标发包，则就有多次招标，发生多次合同前交易费用，因而总的合同前的交易费用会较高。相对而言，工程合同前交易费用比较明确，当工程发包招标的次数确定后，就可比较准确地估计出该工程合同前总的交易费用。

合同前交易费用基本都是资源消耗型交易费用 $TC_{\text{Ⅰ}}$，和工程本身相关，相对来说比较固定，容易估算。

合同后交易费用对业主方而言，工程的合同总价，以及工程在实施过程中增加或减少工程内容，或提高或降低工程质量所发生的正常费用之和为工程的成本。这里的正常费用是指工程量是客观的、工程单价是符合合同规定的或在合同的约束范围内是确定的。根据建设工程交易的特点，业主方面对合同后交易费用可分为管理组织交易费用和额外交易费用。

(1) 管理组织交易费用。其是业主方为保证合同能正常履行，而建立管理组织机构，以及委托监理和/或 DAB(dispute adjudication board)或委托项目管理公司等所需要的费用。这类费用的特点是，业主方的管理方式一旦确定，其费用也随之确定。因此，管理组织交易费用也称不变交易费用。若业主确定委托施工监理，则管理组织交易费用就包括建立业主方管理组织机构费用、委托监理费用。同时，管理组织交易费用相对较容易估算。这类费用是资源消耗型交易费用 $TC_{\text{Ⅰ}}$，和项目本身和业主选择的交易方式相关，此费用比较容易估算。

(2) 额外交易费用。这项费用出现的原因：一是由合同的不完备、工程内容或建设条件的不确定、工程质量标准模糊等因素引起，给承包人机会主义行为留有活动空间；二是业主方对承包人机会主义行为监督失控，或业主方增加了协调各方关系的成本。显然，其与承包人的诚信、工程合同的不完备性、业主方和监管水平等因素相关。显然，额外交易费用是否出现，以及出现后为多大，这些都是变量。因此，也称额外交易费用为可变交易费用，这类交易费用是租金转移型交易费用 $TC_{\text{Ⅱ}}$，通常和工程的交易机制、承包商和业主的行为相关，其通常包括如下。

① 监督成本。承包人施工方案不合理、施工保证措施不完备，使工程质量低下，而给业主方监督、监测等方面增加的费用。

② 承包人偷工减料，在工程计量过程中蒙、骗、冒，而使业主方工程成本的增加。

③ 承包人在工程变更、索赔过程中，故意抬高工程单价、冒算工程量，即趁工程变更、索赔而“敲竹杠”的费用，或引发争端而增加的费用。正常工程变更增加的工程费用、索赔的补偿费用应计入工程成本，即合同价的正常增加。

④ 承包人提供虚假价格信息、工程进度信息、工程质量信息，而使业主方工程成本增加的费用。

⑤ 其他额外增加的费用，如承包人违约、中止合同，使业主方遭损失的费用、业主方的保险的费用(一般工程保险费用进入合同价)等。

对于上述各项额外交易费用，具有两个特点。

a. 除①与承包人的能力、经验和技术水平有关外，其他部分费用均与承包人的诚信相关，即额外交易费用的成因除与承包人的能力和技术水平相关外，主要来源于承包人的机会主义行为。对业主方而言，这是一种需要应对“道德风险”的费用。

b. 这类费用的大小，除了与承包人的“道德”水准有关外，还与工程产品的明晰程度、工程产品特征值可观察程度、工程建设的环境有关。若工程产品设计得十分明晰、工程产品特征值也十分清晰，具有较好的可观察性，则承包人利用机会主义行为的空间就较小，额外交易费用也较低；反之，额外交易费用就较高。

(3) 建设工程最终验收和移交管理费用。这部分费用相对较为固定，且量也较小。这类费用是资源消耗型交易费用 TC_{I} 。

图 6-2 把建设工程交易费用分为合同前和合同后交易费用，又分别把这两种交易费用分为可变交易费用和不变交易费用。不变交易费用就是资源消耗型交易费用 TC_{I} ，和工程本身和业主的管理效率相关，在一个项目中比较容易估算。可变交易费用就是租金转移型交易费用 TC_{II} ，和合同的不完全性、承包商的机会主义行为、“敲竹杠”行为有关，不太容易估算。图 6-2 还给出了各个交易费用类型的影响因素，包括业主行为的不确定性、承包商行为的不确定性、项目管理的效率和项目交易环境和机制的不确定性。

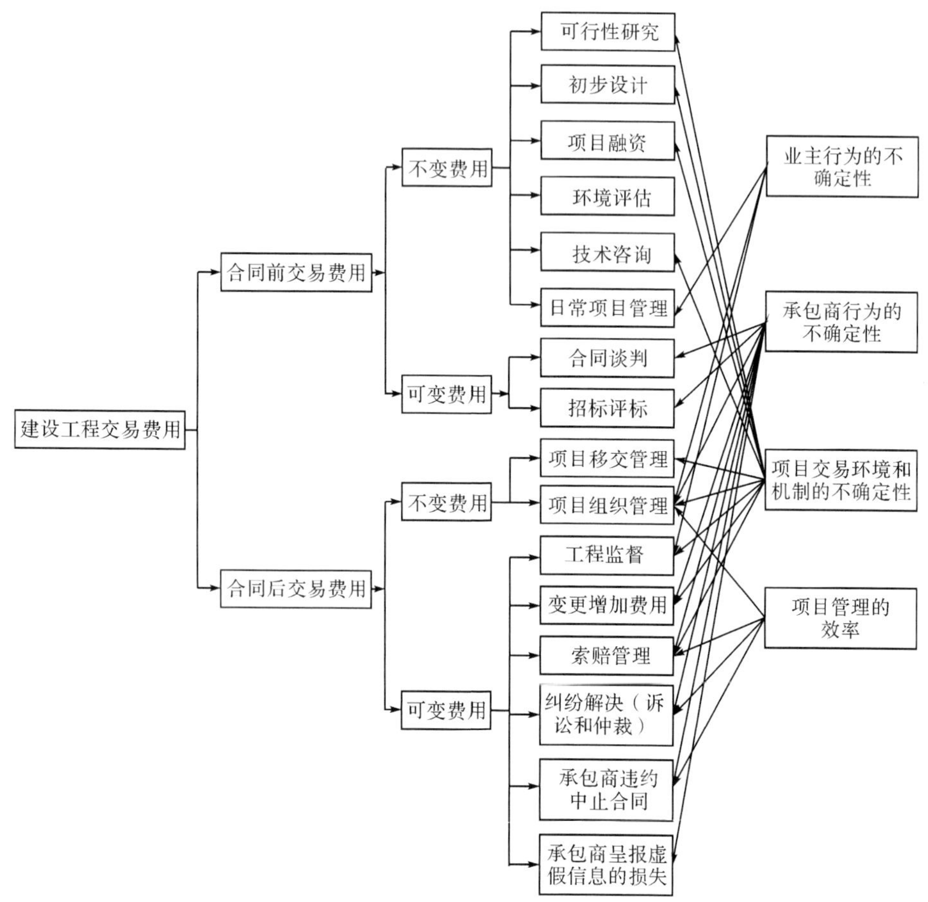

图 6-2 建设工程交易费用结构分解

6.4 本章小结

本章首先探讨了建设工程交易费用的直接测量方法和间接测量方法，直接测量方法需要所有交易活动产生的交易费用的综合，而且是实际真实数据，间接测量方法则是从影响交易费用的因素入手；之后又分析了由信息问题产生的两类交易费用即资源消耗型和租金转移型交易费用；最后给出了建设工程交易费用直接测量法的费用分解结构，把交易费用分为合同前和合同后交易费用，两类交易费用又进一步分解为不变交易费用和可变交易费用，并给出了各类交易费用的影响因素。

第 7 章 交易费用对工程合同设计的影响

7.1 工程合同中的交易费用和激励问题

Krugman 和 Wells[207]认为经济模式就是对现实生活的简化，并用其来诠释更复杂的过程。在合同理论中，模型是用来描述在特定经济制度下(如不确定性、信息不对称、委托和重新谈判等)，交易者之间讨价还价的过程，从委托代理模型(principal-agent model，P-Am)的角度看那就是信息不对称问题[208]。同时委托代理模型又派生出两个问题：逆向选择和道德风险。

7.1.1 建设工程合同

合同是一种具有强制性的法律协议，界定了参与各方的权利和责任，对项目的成功有重大影响[209]。建设工程项目合同重要的目标是规制承包方(或者咨询方)和业主方的行为以达到业主的项目目标[210]。

在一个合同框架下，承包商的产出依赖于自己控制之内的因素，如努力水平、人员素质、项目管理等，以及自己控制范围之外的因素，如供应商问题、市场波动、天气等。承包商控制范围之外的因素会增加他的产出和收入的随机性，为了承受风险就不得不支付额外的费用。

由于建设项目的复杂性并伴随着风险，合同的作用在于试图确定缔约各方在技术、法律和经济方面的权利和责任[209]。依照 Bower 等的说法，合同可以细分为三个主要组成部分：工作转换(work transfer)、风险转换(risk transfer)和动机转换(motive transfer)[210]。

Bresnen 和 Marshall 从心理学的角度，调研了英国建筑联盟和合伙企业，指出关于建设工程项目绩效激励机制的研究甚少[211]。Bower 等[210]强调了激励合同研究在工程项目管理中的重要性，并且提出激励机制的应用会对项目的成功产生极大影响。这个观点也得到了 Lahdenpera 和 Koppinen 的认同[212]。Howard 等[213]强调了使用委托代理理论研究工程项目绩效激励的重要价值，认为激励支付的设计是基于道德风险问题，或者说是以委托人支付为代价的承包商自利行为的倾向。Broome 和 Perry[214]讨论了成本加激励费用合同的利益分配问题，指出合同策略的重要性：调整项目各参与者的行为动机，以最大可能地达到项目的设定目标。Bubshait 强调了在沙特阿拉伯工业项目中，业主和承包商对待激励合同的看法是不同的，但是大多数被访问者都同意，激励合同提高了承包商的绩效[215]。他虽然描述了在工业项目中应用激励合同的参与者的看法和应用的原因，但是并没有对激励合同的效率如何提高提出建设性的意见。

7.1.2　建设工程合同激励机制

由于很多业主和承包商之间的合同安排都是站在对立面的，导致双方的不信任，使承包商为降低风险而付出更多的成本。如果改进合同条款，加入激励机制，在风险分配和奖励项目绩效目标直接取得平衡[213]，就会减少这种不信任。激励合同的主要目的是，利用承包最大化自己利润的总目标，如果让其能够有效地执行合同，就给予其更高的利润的机会[210]。

通过合同激励机制，这样的目标是可以实现的，让承包商可以共享业主项目成功所带来的效益。成本控制的经济激励条款可以用在固定价格合同，也可以用在可调的价格补偿合同中，取决于如何设计激励机制。对激励合同的研究主要侧重于对承包商进行经济方面的激励，所以也称经济激励合同。

建设工程激励合同可以用在任何一种合同类型中。合同中的激励机制可以通过以下手段鼓励承包商达到业主的目标。

(1) 设定合同支付条件，促使承包商努力降低成本，如果超支或延迟交工，他将付出额外的成本。总价合同在保证一定的利润率的条件下，激励承包商降低成本以达到合同的固定价格。

(2) 达到业主要求的目标绩效[210]。

(3) 利益共享机制，业主要和承包商分享实际节约的成本[216]。

在建设工程合同中引入激励机制，也就是根据承包商的能力和完成项目目标的情况设计一个奖惩制度[217]。有一点是大多数研究者所普遍接受的，那就是合同缔约双方的对立关系不再出现，激励机制应该更侧重于正向激励而不是惩罚[210,212]。

经济激励合同，可以分为成本加成激励合同和绩效激励合同[219]。目的是通过设置利益共享或绩效奖金机制，促进承包商达到业主目标并且超过工期、质量等最低绩效标准。

Broome 和 Perry[214]提出设计成本加成激励合同中利润分享比例是必须考虑的四个决定因素。这些因素是通过对合同设计人员的访谈确定的。

(1) 确定项目目标：众所周知，承包商的目的就是赚取利润，同时也是委托代理理论的重要观点。然而业主的目的是项目的质量、成本和工期等综合指标达到预先设定的目标。在成本加成激励合同中确定分享比例时需要重点考虑的因素：这个分享比例如何帮助业主最小化成本，同时激励承包商最大化其利润率。

(2) 约束：项目的目标包括工期、质量和成本。成本加成激励合同中暗含了成本约束条件，成本约束和业主的预算约束相关（业主是成本风险厌恶的），也就是在目标价格之上存在一个封顶的超支约界限。

(3) 风险：利润分享水平部分地反映了业主和承包商的风险感知能力和承担能力。如果风险包含在目标成本中，那么风险就在成本加成激励合同中分担。在合同中，风险就意味着合同缔约方在财务上的盈利和损失的机会，将直接决定业主和承包商之间如何分享利润以更好地管理风险。

(4) 缔约方的优势和劣势：这一点和合同双方所需要承担和管理的风险水平以及最终的利润分享比例相关。在成本加成激励合同中，可由某一方应对风险因素的项目管理能力（如承包商就更适合管理建造过程中的技术相关风险，因为这是承包商的强项），以及相对财务优势决定。

7.2　考虑交易费用的工程合同设计分析

7.2.1　项目复杂性对工程的影响

假设业主欲对一个建设工程项目进行招标，如果项目完成，则项目对于招标者（业主）的价值为 $v>0$，此为招投标双方的共同知识。构建考虑项目复杂性和设计不确定性的工程合同设计模型。

设 T 为签订合同后不确定性自然状态的数量，$\pi_t>0$ 为自然状态发生的概率（状态发生概率为 0 可以忽略）。每一种状态在合同前必须明确，假设确认每种状态的费用为 $k>0$。同时假设对于所有的 $t\in\{1,2,3,\cdots,T-1\}$，都有 $\pi_t>\pi_{t+1}$。

这两个假设就暗含着首先确定状态 1，然后是状态 2，以此类推。

令 v 是一个常量，一个项目的特点就可以表示为向量空间的形式 $[T,\{\pi_t\}_{t=1}^{T}]$。

定义　项目 $[T,\{\pi_t\}_{t=1}^{T}]$ 的复杂程度大于项目 $[T',\{\pi_t\}_{t=1}^{T}]$，如果

(i) $\pi>\pi'$；

(ii) $\sum_{t=1}^{S}\pi_t<\sum_{t=1}^{S}\pi'_t$，对于 $1\leqslant S\leqslant T'$；

(iii) $\forall S'\leqslant T',\exists S<T,\sum_{t=1}^{S'}\pi'_t=\sum_{t=1}^{S}\pi_t$。

(i)和(ii)是一阶随机占优条件；(iii)表示的是项目复杂程度所有状态的一个完全划分。这个定义是对项目复杂水平进行排序的一种可操作性的方法，也仅仅是对项目空间的部分序列的划分。这些限定意味着一个项目可以被状态的数量所描述，如果 $T>T'$，那么项目 T 的复杂程度大于项目 T'。

7.2.2 项目复杂性和设计成本的合同设计

考虑招标方提供项目 T 的设计，以确保项目的状态以一定的概率被确定，此概率至少为 $\tau\in[0,1]$，项目的设计成本可以用下式表示：

$$d(\tau,T)=\min_{S\in\{1,\cdots,T\}}Sk,\quad 其中,\sum_{t=1}^{S}\pi_t>\tau$$

引理 7.1 $d(\tau,T)$是 τ 和 T 的非减函数，而且在(τ,T)上呈现增差。

证明 事实上，从定义可以看出 $d(\tau,T)$是 τ 和 T 的增函数。考虑两个项目 $T>T'$，因为项目 T 的复杂程度大于项目 T'，对于所有的 t 都有 $\tau_t<\tau'_t$，存在整数 S 和 S'，且 $S\geqslant S'$，使

$$\sum_{t=1}^{S-1}\pi_t<\pi\leqslant\sum_{t=1}^{S}\pi_t\ 和\sum_{t=1}^{S'-1}\pi'_t<\tau\leqslant\sum_{t=1}^{S'}\pi'_t$$

$d(\tau,T')=S'k\leqslant Sk=d(\tau,T)$。现在考虑一个 τ 到 $\tau+\varepsilon$ 增量，因为项目 T 的复杂程度大于项目 T'，所以存在整数 $K\geqslant K'$，使

$$\sum_{t=1}^{S+K-1}\pi_t<\pi+\varepsilon\leqslant\sum_{t=1}^{S+K}\pi_t\ 和\sum_{t=1}^{S'+K'-1}\pi'_t<\tau+\varepsilon\leqslant\sum_{t=1}^{S'+K'}\pi'_t$$

$$d(\tau+\varepsilon,T')=(S'+K')k\leqslant(S+K)k=d(\tau+\varepsilon,T)$$

于是，$d(\tau+\varepsilon,T')-d(\tau,T)\geqslant d(\tau+\varepsilon,T')-d(\tau,T')$。得证。

其经济学意义是不言而喻的。

第一，给定一个项目复杂水平，设计成本和事后确定项目状态概率的大小成正比。

第二，事后确定项目状态概率的成本和项目的复杂水平成正比。

第三，越是复杂的项目确定状态概率的边际成本就越高。

给定一个项目复杂水平 $T>0$，招标者选择一个已经确定状态概率 $\tau\in[0,1]$ 的设计深度。设计成本 $d(\tau,T)$是 τ 和 T 的增函数，而且是 τ 和 T 的超模函数(super modular)。把 T 当成基本的外生参数，τ 为内生选择变量，$d(\tau,T)$即所得的设计成本。

如果原始设计能够完整地描述项目的概率为 τ，它对于招标者的价值为 v；概率 $1-\tau$ 就表示，原始设计失误而且需要修改之后获得的项目价值为 v。作一个极端的假设，如果原始设计失败，而且没有进行设计变更，那么此项目对招标者的价值为 0。

结论 1：给定一个连续区间，$G_A(\cdot)$和 $G_B(\cdot)$分别是项目 A 和 B 的分布，项目 A 大于项目 B 的复杂水平，当且仅当 $G_A(\cdot)$随机占优于 $G_B(\cdot)$，在密度函数为正的区域处处成立，并且密度函数低于 $G_B(\cdot)$。事实上，这就意味着 $G_A(\cdot)$有一个“厚尾”，而且在得到相同设计深度的情况下有更多需要被确定的状态。

结论2：由于假设 $\pi_t > \pi_{t+1}$，设计增加的成本随着 τ 的增加而增加，从工程的角度来讲是合乎情理的。由于 $d(\tau,T)$ 是 τ 的阶跃函数，所以是非凸的。

结论3：没有变更的工程设计的支付是 $\gamma(\tau,T)v$，其中 $\gamma(\tau,T)<1$ 表示没有实施变更所造成的损失。从重新谈判中所获得的收益是 $[1-\gamma(\tau,T)]v$。

7.2.3　工程建造和设计变更

如果采用DBB发包模式，在完成设计之后，业主要对施工进行招标。假设承包商为降低成本所付出的努力是 $e\geqslant 0$，是不可缩的(not contractible)。生产成本有技术给定 $c(e)\geqslant 0$，是递减而且在 e 处为严格凸函数，即 $c'(e)<0$，$c''(e)>0$。给定一个努力水平 e，生产成本被完全确定，但是设计变更将会增加噪声。努力成本是承包商的私人信息，用 $g(e)\geqslant 0$ 表示，假设是递增凸函数，即 $g'(e)>0$，$g''(e)\geqslant 0$，设定 $g(0)=0$。这是一个标准的道德风险问题[51]。

在施工阶段，如果业主和承包商设计变更达成一致，变更就可实施。如果设计出现失误，或者当初的设计和现场情况出现不一致，假定失误发生的概率是 $1-\tau$。在这种情况下，完善和修改设计所需要的成本是 k。除了完善和修改设计所产生的成本，设计变更同时产生必要的生产成本。假设变更所产生的生产成本是承包商的私人信息，等于 $m\in[0,v-k]$。m 服从累计分布函数 $F(\cdot)$，密度函数为 $f(\cdot)>0$，此为业主和承包商的共同知识。

概况来讲，一个合同包括两个部分。第一部分是说明书、设计图纸、设计报告，总称为 τ。第二部分为支付条款，$p(c)$，此为业主向承包商的转移支付。成本在本模型中是可变的，因此 $p(c)$ 由 c 唯一确定。如果变更是非必需的，那个成本 c 等价于努力水平 e，因为 $c(e)$ 和 e 存在一一对应关系。

假设：生产成本是可变的，但是变更成本不能独立测量。

假设中隐含的意义是，当发生变更时，工程的初始成本 $c(e)$ 和后来由于变更增加的成本 m 是不能很清楚地分开的。如果在建造过程中业主方要求增加每一层楼层的高度，这增加的劳动力和材料是和原来设计一起消耗的，精确地计算出由于变更所增加的额外成本是非常困难的。

继续假设潜在众多承包商的竞争市场，业主对一个合同招标的期望收益为0。

考虑线性合同 $p(c)=\alpha+\beta c$，其中 $\beta\in\{0,1\}$，当 $\beta=0$ 时，合同为固定总价合同，合同价为 α；当 $\beta=1$ 时，为成本加成合同。

7.2.4　考虑工程合同重新谈判的合同设计

假设概率 $1-\lambda>0$ 是业主不得不重新谈判获得项目价值 v 的概率。不考虑工程建造过程中任何状态的发生，承包商完成项目，能够得到由业主支付的收益是 $\alpha+\beta c$。业主得到的收益，依赖于合同执行过程中的自然状况，当工程设计能够完全涵盖建造过程中的状况，那么他将得到 0 收益。

业主以概率 $\lambda>0$ 给承包商发出一个 take-it-or-leave-it(TIOLI)的要约；承包商以 $1-\lambda>0$ 向业主发出一个 TIOLI 的要约。显然这个要约包含了重新谈判发生的所有状况，但是承包商具有私人信息。

1. 固定总价合同重新谈判模型

假设 FP(fixed-price)合同已经被选定，当业主发出一个 TIOLI 的要约，其支付是 w，最大化合同后期望收益为

$$F(w)(v-w)-k$$

对 w 的一阶条件为 $f(w)(v-w)-F(w)=0$，或者

$$w^{*}=v-\frac{F(w^{*})}{f(w^{*})}<v$$

如果 $F(w)/f(w)$ 是 w 的增函数，那么上式存在唯一解。$w^{*}<v$ 意味着存在一个正的概率，重新谈判可以被打破。

如果承包商发出 TIOLI 的要约，他就会要求获得收益 v，因为这是业主所期望的收益。如此就让业主有一个额外沉没成本——设计成本 k，承包商可得合同后收益 $v-m$。因此可得重新谈判中业主的期望效应和承包商的期望收益。

$$Eu_{\text{RNG}}^{\text{FP}}=\lambda F(w^{*})(v-w^{*})-k$$

$$E\pi_{\text{RNG}}^{\text{FP}}=\lambda\left[F(w^{*})w^{*}-\int_{0}^{w^{*}}m\mathrm{d}F(m)\right]+(1-\lambda)\left[v-\int_{0}^{v-k}m\mathrm{d}F(m)\right]$$

2. 成本加成合同重新谈判模型

现在假定成本加成合同已经选定，当业主发出一个 TIOLI 的要约时，就相当于业主主动要求承包商变更，其变更额外的成本是 m，小于或者等于其收益 $v-k$。如果承包商向业主提出 TIOLI 要约，那么他的收益不会比业主的支付大，也就是 $v-E[m]$，其中 E 是期望算子。所以业主和承包商通过重新谈判所获收益分别是

$$Eu_{\text{RNG}}^{\text{C+}}=\lambda\left[v-\int_{0}^{v-k}m\mathrm{d}F(m)\right]-k$$

$$E\pi_{\text{RNG}}^{\text{C+}}=(1-\lambda)\left[v-\int_{0}^{v-k}m\mathrm{d}F(m)\right]$$

3. 固定总价合同和成本加成合同重新谈判模型比较

1）固定总价合同

在固定总价合同中，$\alpha>0$ 且 $\beta=0$，因此承包商的期望收益为

$$\begin{aligned}E\pi^{\text{FP}}&=\alpha-c(e)-g(e)-(1-\tau)E\pi_{\text{RNG}}^{\text{FP}}\\&=\alpha-c(e)-g(e)+(1-\tau)[\lambda(F(w^{*})w^{*}\end{aligned}$$

$$-\int_0^{w^*} m\mathrm{d}F(m)) + (1-\lambda)(v - \int_0^{v-k} m\mathrm{d}F(m))] \quad (7\text{-}1)$$

承包商在最大化自己期望收益的情况下选择自己最优的努力水平。由 $E\pi^{\mathrm{FP}}$ 可以看出,承包商承担了所有的建造成本 $c(e)$ 和个人努力成本 $g(e)$。

而业主期望效用为

$$\begin{aligned} Eu^{\mathrm{FP}} &= \tau v - \alpha - d(\tau,T) - (1-\tau)Eu^{\mathrm{FP}}_{\mathrm{RNG}} \\ &= \tau v - \alpha - d(\tau,T) - (1-\tau)[\lambda F(w^*)(v-w^*) - k] \end{aligned} \quad (7\text{-}2)$$

在给定承包商努力水平的条件下,业主最大化期望效用。由于完全竞争,承包商期望利润为 0。把式(7-2)的 α 代入上式,可得

$$\begin{aligned} Eu^{\mathrm{FP}} &= v - c(e^{\mathrm{FP}}) - g(e^{\mathrm{FP}}) - d(\tau,T) - (1-\tau)\lambda(1-F(w^*)v \\ &\quad - (1-\tau)[\int_0^{v-k} m\mathrm{d}F(m) - \lambda\int_{w^*}^{v-k} m\mathrm{d}F(m) + k] \end{aligned} \quad (7\text{-}3)$$

第一行表示完成项目的价值,小于建造成本、努力成本和设计成本。第二行代表在非对称信息下讨价还价的效率损失,业主发出 TIOLI 要约被拒绝的概率是 $(1-\tau)\lambda(1-F(w^*)$,全部损失是 v。第三行代表变更的期望成本。第二行和第三行都属于交易费用。

业主得到收益 v,承担所有建造成本、承包商努力成本、设计成本,同时也承担"摩擦成本"——由设计缺陷造成合同后在不对称信息下的讨价还价成本。这个"摩擦成本"是由重新谈判机制造成的损失,同时也是交易费用,等于

$$(1-\tau)\lambda[1-F(w^*)]v - (1-\tau)\lambda\int_{w^*}^{v-k} m\mathrm{d}F(m) \quad (7\text{-}4)$$

注意到 w^* 不是 τ 的函数,所以总的损失(式(7-4)前一部分)可以表示为 $(1-\tau)\sigma v$,其中 $\sigma \equiv \lambda[1-F(w^*)]$ 为外生摩擦成本,随着合同后讨价还价的无效率增加而增加。因此式(7-3)可重新改写为

$$Eu^{\mathrm{FP}} = v - c(e^{\mathrm{FP}}) - g(e^{\mathrm{FP}}) - d(\tau,T) + (1-\tau)\sigma v - (1-\tau)K_1 \quad (7\text{-}5)$$

式中,$K_1 \equiv \int_0^{v-k} m\mathrm{d}F(m) - \lambda\int_{w^*}^{v-k} m\mathrm{d}F(m) + k$ 是由重新谈判产生的变更成本。

2) 成本加成合同

在成本加成合同中 $\beta=1$,α 保证承包商合同前期望收益为 0,承包商合同前期望收益为

$$\begin{aligned} E\pi^{\mathrm{C+}} &= \alpha - c(0) - g(e) - (1-\tau)E\pi^{\mathrm{C+}}_{\mathrm{RNG}} \\ &= \alpha - c(0) - g(e) - (1-\tau)(1-\lambda)\left[v - \int_0^{v-k} m\mathrm{d}F(m)\right] \end{aligned} \quad (7\text{-}6)$$

业主期望收益为

$$\begin{aligned} Eu^{\mathrm{C+}} &= \tau v - \alpha - d(\tau,T) + (1-\tau)Eu^{\mathrm{C+}}_{\mathrm{RNG}} \\ &= \tau v - \alpha - d(\tau,T) + (1-\tau)\left\{\lambda\left[v - \int_0^{v-k} m\mathrm{d}F(m)\right] - k\right\} \end{aligned}$$

完全竞争条件下 $E\pi^{C+}=0$，推出 α，再代入上式可得业主的期望效应为

$$Eu^{C+}=v-c(0)-g(e)-d(\tau,T)-(1-\tau)K_2 \tag{7-7}$$

式中，$K_2=\int_0^{v-k} m\mathrm{d}F(m)+k$。从式(7-7)可以看出业主获得项目价值 v，承担了建造成本、承包商努力成本、设计成本和期望变更成本。可以看出，成本加成合同并没有减少市场摩擦，仅仅减少了期望变更费用。

7.2.5 设计内生性和外生性对合同选择的影响

1. 设计外生给定

在设计外生给定的情况下，选择 FP 合同还是选择 C+合同?也就是选用 DBB 的发包方式，设计完成之后，业主对施工任务进行招标。首先，给定 $\tau=1$ 的情况下，业主给定设计，不需要附加设计成本，$d(\cdot)=0$；从式(7-5)推出，业主的期望效用为

$$Eu^{FP}=v-c(e^{FP})-g(e^{FP})$$

设计完整性，$\tau=1$，因为承包商没有重新谈判的机会。如果选择 C+合同，则 $e^{C+}=0$，业主的期望效用为 $Eu^{C+}=v-c(0)$，由此可以得出以下结论。

引理 7.2 如果 $\tau=1$ 是外生给定的，那么 FP 合同要优于 C+合同。

证明 $\tau=1$ 是外生给定的，当选择 FP 合同时，$\alpha=c(e^{FP})+g(e^{FP})$，$\beta=0$；当选择 C+合同时，$\alpha=0$，$\beta=1$。要证明 FP 合同优于 C+合同，即证明 $Eu^{FP}>Eu^{C+}$，也就是

$$c(0)\geqslant c(e^{FP})+g(e^{FP})$$

再考虑 FP 合同下承包商的行为，他在 FP 合同中选择 $e=0$，即

$$\max_e E\pi^{FP}=\alpha-c(e^{FP})-g(e^{FP})\geqslant\alpha-c(0)$$

得证。

当设计是完整的，不存在差错时，承包商就没有重新谈判的机会。这个结果是很直观的，如果设计不需要成本，那么 FP 合同将会激励承包商降低成本，这就是合同前的竞争转换成合同后的成本节约。如果重新谈判不会产生成本，那么 FP 就是第一最优选择[51]。

现在考虑一种相反的情况，设想业主有一个项目 T，$\tau=0$ 是外生给定的，在此情况下，业主从 FP 合同所得的期望效用为

$$Eu^{FP}=-c(e^{FP})-g(e^{FP})+(1-\sigma)v-K_1 \tag{7-8}$$

因为没有设计图纸，重新谈判必将发生。如果选择 C+合同，那么 $e=0$，业主的期望效用为

$$Eu^{C+}=v-c(0)-K_2 \tag{7-9}$$

$\tau=0$ 的情况下比较式(7-8)和式(7-9)，当且仅当下式成立时，C+合同优于FP合同

$$\sigma v+g(e^{FP})\geqslant c(0)-c(e^{FP})+K_2-K_1$$

当 $\tau=0$ 是外生给定时，C+合同为激励降低成本所支付的费用 $c(0)-c(e^{FP})$，节约变更成本 K_2-K_1。FP合同的成本，首先是承包商的努力成本 $g(e^{FP})$，其次是由于低效谈判对项目价值的消耗比例 $(1-\sigma)$，成本和收益相比时，C+合同优于FP合同。

以上分析指出，当设计是完整的时，FP合同对降低成本的激励大于C+合同；但是当没有设计或者设计不完整时，引起项目执行过程中的重新谈判，那么采用C+合同就是最优形式。下面将构建设计为内生变量的模型。

2. 设计为内生变量

设计内生变量：$x\in\{0,1\}$ 代表业主选择合同变量，$x=1$ 时，是FP合同；$x=0$ 时，是C+合同。业主最大化其效用

$$\max_{\substack{x\in\{0,1\}\\ \tau\in[0,1]}} x[v-c(e^{FP})-g(e^{FP})-(1-\tau)(\sigma v+K_1)$$
$$+(1-x)[v-c(0)-(1-\tau)K_2]-d(\tau,T) \tag{7-10}$$

命题　业主的最优选择 $x(T)$ 和 $\tau(T)$ 在 T 上是单调非增的。

此命题的意思是，设计完整性越低、越复杂的产品的采购，越倾向于采用C+合同。这与前一部分的结论一样的(当设计为外生变量时)。当选择C+合同时，因为没有重新谈判的摩擦成本，设计成本势必会减少(τ 值低)；当选用FP合同时，减少了合同后无效重新谈判，但是需要增加设计成本(τ 值高)。当设计完整性高时，成本激励的所得大于无效重新谈判所造成的损失；当设计完整性低时，无效重新谈判的损失大于成本激励的收益。

这样的结果可以解释，为什么设计越完整，越倾向于采用FP合同，这是为了节约成本和完成时间。

7.3　本章小结

本章分析了建设工程承包合同的不完备性，以及工程合同中的交易费用和激励问题。基于交易费用经济学，构建了考虑交易费用的工程合同设计模型，把项目复杂性、设计成本作为内生变量来构建模型；工程合同的重新谈判是造成工程交易产生的重要原因，本书构建了两种合同的重新谈判模型，并分析了设计深度作为内生和外生变量对合同模型的影响。

第8章　结论和建议

8.1　研究结论

建设工程交易费用受到越来越多的学者关注，但是由于不同行业对交易费用的理解不同，在各类文献中很难有统一的定义。工程计量体系和会计体系中也没有关于交易费用的条目，使交易费用的计量和数据收集的研究更加困难。本书研究主要从业主的视角，估计在工程交易过程中由业主承担的交易费用，确定了交易费用产生的影响因素和因果路径。主要有以下几方面的研究成果。

（1）根据交易费用经济学和文献研究总结出工程交易费用产生的影响因素包括业主行为的不确定性、承包商行为的不确定性、项目管理的效率以及项目交易环境和机制的不确定性。确定各个影响因素的可测变量，编制针对业主方项目管理人员的问卷量表。

（2）根据已有文献提出概念模型假设，用所收集问卷数据对概念模型进行检验。经过小样本测试，问卷信度和效度满足要求；对大样本数据进行验证性因子分析，数据检验结果表明，测量模型满足拟合优度要求，可测变量可以很好地测量潜在变量；根据所收集数据对结构方程的因果假设模型进行检验。

（3）项目交易环境和机制在模型中处于核心地位，它在很大程度上决定了交易费用，还影响了承包商的行为和项目管理的效率。比较完整的设计、承包商尽早参与、承包商比较健康的竞争、设计和施工的集成、公平合理的分配分析和担保条款的使用，可以降低交易费用。项目管理的效率中等程度地影响交易费用，凸显领导力、决策能力、沟通能力、冲突管理能力和技术能力的重要性。承包商行为的不确定性对交易费用具有正向的影响，业主为了降低工程的交易费用，应该设法去探测承包商的不平衡、串标、围标等行为，让承包商提供足够的证据证明，他可以把项目做好。业主行为的不确定性对交易费用不仅有正向的直接影响，还通过项目管理的效率和交易环境间接影响交易费用的产生。为了使业主行为比较确定，业主应该和项目利益相关者保持良好的关系；按时给承包商支付工程款；努力提高组织的管理效率；在工程发包之前尽可能把工程计划和技术条款做到详细，减少工程建设过程中的变更；如果业主没有类似工程的施工经验，可以把工程承包给专业的项目管理公司。

（4）利用已建立结构方程模型对中美两国关于工程交易费用产生因果路径进

行群组分析，结果表明业主行为的不确定性对交易费用的影响，中国比美国大；而承包商行为的不确定性对交易费用的影响，美国比中国大；项目交易环境和机制的不确定性对项目管理的效率的影响，中国比美国大。项目管理的效率对交易费用的影响，项目交易环境和机制的不确定性对交易费用的影响，业主行为的不确定性对项目交易环境和机制的不确定性的影响，业主行为的不确定性对项目管理的效率的影响，项目交易环境和机制的不确定性对承包商行为的不确定性和承包商行为的不确定性对项目管理的效率的影响，中美之间不存在明显的差异。

(5) 探讨了建设工程交易费用的直接测量方法和间接测量方法，直接测量方法需要得到所有交易活动产生的交易费用，而且需要实际真实的数据，间接测量方法则是从影响交易费用的因素入手；之后又分析了由信息问题产生的两类交易费用即资源消耗型和租金转移型交易费用；最后给出了建设工程交易费用直接测量法的费用分解结构，把交易费用分为合同前和合同后交易费用，两类交易费用又进一步分解为不变交易费用和可变交易费用，并给出了各类交易费用的影响因素。

(6) 基于交易费用经济学，构建了考虑交易费用的工程合同设计模型，把项目复杂性、设计成本作为内生变量来构建模型；工程合同的重新谈判是造成工程交易产生的重要原因，构建了两种合同的重新谈判模型，并分析了设计深度作为内生和外生变量对合同模型的影响。

本书构建的建设工程交易费用测量模型和因果路径关系模型，希望能在学术界和工业界达成关于交易费用概念的一致认识，能够得到越来越多人的认识并把其应用到建设工程项目管理的计划、执行、合同设计和日常项目管理中。

8.2　后续研究设想

(1) 实证研究中由问卷采集的主要是主观数据，如果能够收集实际工程数据进行统计研究，有可能使研究结果更加符合客观事实。

(2) 收集关于项目绩效的数据，建立关于建设工程交易费用和项目绩效关系的模型，为提高项目绩效提供一种新的思路。

(3) 进一步收集关于工程分包的问卷数据，构建基于交易费用分析的工程分包决策模型。

(4) 对建设工程交易费用直接和间接测量方面进行深度研究，使其具有操作性。

本书的研究还存在诸多不足，希望有关专家、学者提出宝贵的意见，为今后的研究提供指导。

参考文献

[1] http://leg1. state. va. us/cgi-bin/legp504. exe?000＋cod＋TOC56000000002200000000000 [2010-04-05].

[2] http://www. fhwa. dot. gov/ipd/tifia/[2010-04-01].

[3] Coase R J. The nature of the firm [J]. Economics,1937,4:386～405.

[4] Coase R J. The problem of social cost [J]. Journal of Law and Economics,1961,3:1～44.

[5] 笪凤媛,张卫东. 交易费用的含义及测度:研究综述和展望[J]. 制度经济学研究,2010,1:225～241.

[6] Arrow K J. The organization of economic activity: Issue pertinent to the choice of market versus nonmarket allocations[C]. Analysis and Evaluation of Public Expenditures,Washington DC,1969.

[7] Wallis J J,North D C. Measuring the transaction sector in the American economy,1870-1970 [A]//Engerman S I,Gallman R E. Long-term Factors in American Economic Growth. Chicago:University of Chicago Press,1986.

[8] Williamson O E. The Economic Institutions of Capitalism: Firms Markets,Relational Contracting [M]. New York:Free Press,1985.

[9] Klaes M. The history of the concept of transaction costs:Neglected aspects [J]. Journal of the History of Economic Thoughts,2000,22(2):191～216.

[10] Davis L C. Longterm factors in American economic growth [A]//Engerman S L,Gallman R E. Vol. 51 of Studies in Income and Wealth Series. Chicago: University of Chicago Press,1986.

[11] North D C. Institutions,Institutional Change and Economic Performance [M]. Cambridge: Cambridge University Press,1990.

[12] Alchian A A,Woodward S. The firm is dead; long live the firm: A review of Oliver E. Williamson's the economic institutions of capitalism [J]. Journal of Economic Literature,1988,26(1):65～79.

[13] 张五常. 经济组织与交易成本[A]//张五常. 经济解释——张五常经济论文选. 上海:商务印书馆,2000.

[14] Eggertsson T. Economic Behavior and Institutions [M]. New York:Cambridge University Press,1990.

[15] Barzel Y. Economic Analysis of Property Rights [M]. New York:Cambridge University Press,1989.

[16] Furubotn E G,Richter R. Institutions and Economic Theory:The Contribution of the New Institutional Economics [M]. Ann Arbor:University of Michigan Press,1997.

[17] McCann L,Colbyb B,Easterc K W,et al. Transaction cost measure-evaluating environmental policies [J]. Ecological Economics,2005,52(4):527～542.

[18] 聂辉华. 新制度经济学中不完全契约理论的分歧与融合[J]. 中国人民大学学报,2005,1:81～87.

[19] Williamson O E. The theory of the firm as governance structure:From choice to contract [J]. Journal of Economic Perspectives,2002,16(3):171～195.

[20] Brousseau E,Fares M. Incomplete contract and governance structures:Are incomplete contract theory and new institutional economics substitutes or complement? [A]//Cheltenham U K,Northampton M A. Institutions,Contracts and Organizations. New York:Edward Elgar,2000.

[21] Milgrom P,Roberts J. Bargaining and influence costs and the organization of economic activity[R]. Economics Working Papers 8731,University of California at Berkeley,1987.

[22] 杨小凯,张永生. 新兴古典经济学与超边际分析[M]. 北京:社会科学文献出版社,2003.

[23] Anderson E,Schmittlein D C. Integration of the sales force:An empirical examination [J]. Rand Journal of Economics,1984,15(3):385～395.

[24] Masten S E,Meehan J W,Jr Snyder E A. The costs of organization [J]. Journal of Law, Economics and Organization,1991,7(1):1～25.

[25] Joskow P L. Contract duration and relationship-specific investments:Empirical evidence from coal markets [J]. The American Economic Review,1987,77(1):168～185.

[26] Benham A,Benham L. Measuring the costs of exchange [A]//Institutions,Contracts and Organizations:Perspectives from New Institutional Economics. New York:Edward Elgar, 2000.

[27] Barzel Y. Transaction costs:Are they just costs? [J]. Journal of Institutional and Theoretical Economics,1985,141:4～16.

[28] 卢现祥,李小平. 制度转型、经济增长和交易费用——来自中国各省市的经验分析[J]. 经济学家,2008,3:56～64.

[29] 笠凤媛,卫东. 社会分工与专业化背景的三次产业交易转换及测算:1978-2007[J]. 改革,2009,9:52～57.

[30] Williamson O E. 资本主义经济制度——论企业签约与市场签约[M]. 北京:商务印书馆,2002.

[31] De Soto H. The Other Path:The Invisible Revolution in the Third World [M]. New York: Harpercollins,1989.

[32] Benham A,Lee B. Measuring the costs of exchange[R]. Working Paper,Washington University in St. Louis,1998.

[33] Benham A,Lee B. The costs of exchange [R]. Working Paper,Washington University in St. Louis,2001.

[34] Colby B G. Transactions costs and efficiency in western water allocation[J]. American Journal of Agricultural Economics,1990,72(5):1184～1192.

[35] Hearne R,Easter K W. Water markets and decentralized water resources management: International problems and opportunities [J]. Journal of the American Water Resources

Association,1995,31(1):9～20.

[36] Eccles R G. The quasi-firm in the construction industry [J]. Journal of Economic Behavior & Organization,1981,2(4):335～357.

[37] Gunnarson S,Levitt R E. Is a building construction project a hierarchy or a market?[C] Proceedings of the Seventh World Congress of Project Management,Copenhagen,1982.

[38] Reve T,Levitt R E. Organization and governance in construction [J]. International Journal of Project Management,1984,2(1):17～25.

[39] Winch G. The construction firm and the construction project:A transaction cost approach [J]. Journal of Construction Management and Economics,1989,7(4):331～345.

[40] Lynch T D. A transaction cost framework for evaluating construction project organization [D]. Pennsylvania:The Pennsylvania State University,1996.

[41] Cox A, Thompson I. 'Fit for purpose' contractual relations: Determining a theoretical framework for construction projects [J]. European Journal of Purchasing and Supply Management,1997,3(3):127～135.

[42] Piertoforte R. Communication and governance in the building process [J]. Construction Management and Economics,1997,15(1):71～82.

[43] Thompson I,Cox A,Anderson L. Contracting strategies for the project environment[J]. European Journal of Purchasing and Supply Management,1998,Special Issue:31～41.

[44] Walker A,Wing C K. The relationship between construction project management theory and transaction cost economics [J]. Engineering,Construction and Architectural Management,1999,6(2):166～176.

[45] Bremer W,Kok K. The dutch construction industry:A combination of competition and corporatism [J]. Building Research & Information,2000,28(2):98～108.

[46] Lai L W C. The Coasian market-firm dichotomy and subcontracting in the construction industry [J]. Construction Management and Economics,2000,18(3):355～362.

[47] Winch G M. Governing the project process: A conceptual framework [J]. Construction Management and Economics,2001,19:799～808.

[48] Brokmann C. Transaction cost in relationship contracting[J]. AACE international transactions,2001,2:1～7.

[49] Constantino N,Pietroforte R,Hamill P. Subcontracting in commercial and residential construction:An empirical investigation [J]. Construction Management and Economics,2001,19(4):439～447.

[50] Turner J R,Simister S J. Project contract management and a theory of organization [J]. International Journal of Project Management,2001,19(8):457～464.

[51] Bajari P,Tadelis S. Incentives versus transaction costs:A theory of procurement contracts [J]. RAND Journal of Economics,2001,32(3):387～407.

[52] Constantino N,Pietroforte R. Subcontracting practices in USA homebuilding-An empirical verification of Eccles's findings 20 years later [J]. European Journal of Purchasing & Sup-

ply Management,2002,8(1):15～24.

[53] Love P E D,Irani,Z,Edwards D J. Learning to reduce rework in projects:Analysis of firm's organizational learning and quality practices [J]. Project Management Journal,2003,34(3):13～25.

[54] Miller C J M,Packham G A,Thomas B C. Harmonization between main contractors and subcontractors:A prerequisite for lean construction[J]. Journal of Construction Research,2002,3(1):67～82.

[55] Rahman M M,Kumaraswamy M M. Joint risk management through transactionally efficient relational contracting [J]. Construction Management and Economics,2002,20(1):45～54.

[56] Zaghoul R,Hartman F. Construction contracts:The cost of mistrust [J]. International Journal of Project Management,2003,21(6):419～424.

[57] Müller R,Turner J R. The impact of principal-agent relationship and contract type on communication between project owner and manager [J]. International Journal of Project Management,2005,23(5):398～403.

[58] Whittington J M. The transaction cost economics of highway project delivery:Design-bulid contracting in three states [D]. Berkeley:University of California,2008.

[59] Woodward J. Industrial Organization:Theory and Practice [M]. London:Oxford University Press,1965.

[60] 邢会歌,王卓甫,尹红莲. 考虑交易费用的工程招标机制设计[J]. 建筑经济,2008,(8):87～89.

[61] 徐东明,史铁珺. 工程项目招标投标的交易成本分析[J]. 建筑经济,2005,(5):18～20.

[62] 陈朗. 交易费用理论与工程建设监理制[J]. 城乡建设,2001,(10):34,35.

[63] 王群,尹贻林. 工程项目管理模式的经济学思考[J]. 项目管理技术,2005,(2):57～59.

[64] 王卓甫,陈靓,陈姝. 工程交易中业主方管理方式的经济学分析[J]. 中国软科学,2008,22(1):9～11.

[65] 陈欣. 交易费用对项目管理模式的影响[J]. 武汉城市建设学院学报,1999,(4):38～42.

[66] NAO. Delivering better value for money from the Private Finance Initiative,2003.

[67] NAO. London Underground PPP: Were they good deals? 2004. PAC(2003)[R]. 19th Report,Session 2002.

[68] Torres L,Vicente P. Public-private partnership and private finance initiatives in the EU and Spanish local governments [J]. European Accounting Review,2001,10(3):601～619.

[69] Saussier S. Transaction costs and contractual incompleteness: The case of electricité de France [J]. Journal of Economic Behavior and Organization,2000,42(2):189～206.

[70] Winch G M. Managing Construction Projects[M]. New York:Blackwell Science,2002.

[71] Walker F,Pryke S. Role,definition and dimensions of incomplete construction contract documents[C]. RICS COBRA Research Conference,Cape Town,2009.

[72] Tirole J. Incomplete contracts:Where do we stand[J]. Econometrica,1999,67(4):741～781.

[73] Bolton P,Dewatripont M. Contract Theory [M]. London:MIT Press,2005.
[74] Williamson O E. The new institutional economics:Taking stock,looking ahead [J]. Journal of Economic Literature,2000,38(3):595～613.
[75] Ménard C. The International Library of the New Institutional Economics [M]. New York: Edward Elgar Publishing,2004.
[76] Ruester S. Recent developments in transaction cost economics[R]. Working Paper,Dresden University of Technology,2010.
[77] Klein P G. New institutional economics[R]. Working Paper,University of Georgia,1999.
[78] 聂辉华. 交易费用经济学:过去、现在和未来——兼评威廉姆森《资本主义经济制度》[J]. 管理世界,2004,(12):146～153.
[79] 李慧敏,王卓甫. 建设工程发包方式的谱分析与设计模型[J]. 科技进步与对策,2009,26(21):91～94.
[80] http://www. icoste. org/Roundup1204/Hanscomb-Means-Oct04. pdf[2015-01-05].
[81] 张水波,何伯森. 工程建设"设计—建造"总承包模式的国际动态研究[J]. 土木工程学报,2003,36(3):31～36.
[82] 姜琳. 面向工程建设项目业主决策的交易费用相关问题研究[D]. 天津:天津大学,2009.
[83] 王卓甫,简迎辉. 工程项目管理模式及其创新[M]. 北京:中国水利水电出版社,2006.
[84] 秦旋,何伯森. 招投标机制的本质及最低价中标法的理论分析[J]. 中国港湾建设,2006,(6):61～64.
[85] 王卓甫,杨高升,邢会歌. 建设工程招标模型与评标机制设计[J]. 土木工程学报,2010,43(8):140～145.
[86] 邓晓梅. 中国工程保证担保制度研究[M]. 北京:中国建筑工业出版社,2003.
[87] 方桐清. 建设工程保险机制研究[D]. 西安:西安建筑科技大学,2004.
[88] Jensen M C,Meckling W H. 企业理论:管理行为、代理成本与所有权结构[M]. 上海:上海人民出版社,1998.
[89] Wilson R. The structure of incentives for decentralization under uncertainty[A]//Guilbaud. La Decision:Agregation et Dynamique des Ordres de Preference. Paris:Centre National de la Recherche Scientifique,1969.
[90] Ross S. The economic theory of agency:The principal's problem[J]. The American Economic Review,1973,63(2):134～139.
[91] Mirrlees J A. Note on welfare economics,information and uncertainty [A]//Essays on Economic Behavior under Uncertainty. Amsterdam:North Holland,1974.
[92] Holmstrom B. Moral hazard and observability [J]. Bell Journal of Economics,1979,10:74～91.
[93] Grossman S,Hart O. An analysis of the principal-agent problem [J]. Econometrica,1983,51:7～45.
[94] 邓中美. 基于委托代理理论的代建制项目管理模式研究[J]. 重庆交通学院学报,2006,25(2):128～131.

[95] 秦旋. 工程监理制度下的委托代理博弈分析[J]. 中国软科学,2004,(4):142～146.

[96] 王晓州. 建设工程委托代理关系的经济学分析及激励与约束机制设计[J]. 中国软科学,2004,(6):77～82.

[97] 林梅. 建设项目委托代理关系及其治理机制[J]. 建筑经济,2005,(2):15～17.

[98] 谢识予. 经济博弈论(第三版)[M]. 上海:复旦大学出版社,2007.

[99] 韦伟,周耀东. 资产专用性、机会主义和合约安排[J]. 安徽大学学报(哲学社会科学版),2000,24(5):6～11.

[100] Klein B,Crawford R A,Alchian A. Vertical integration,appropriable rents,and the competitive contracting process [J]. Journal of Law and Economics,1978,(21):297～326.

[101] Chang C Y,Ive G. Reversal of bargaining power in construction projects:Meaning,existence and implications [J]. Construction Management and Economics,2007,25(8):845～855.

[102] 严玲. 公共项目治理理论与代建制绩效改善研究[D]. 天津:天津大学,2005.

[103] 李俊杰. 基于交易成本分析的建设项目治理结构研究[D]. 长沙:中南大学,2005.

[104] 骆亚卓,薛声家. 建设项目交易的资产专用性问题研究[J]. 工程管理学报,2010,24(1):50～54.

[105] Bajari P,Houghton S,Tadelis S. Bidding for incomplete contracts:An empirical analysis of adaptation costs [J]. American Economic Review,2014,104(4):1288～1319.

[106] Williamson O E. Markets and Hierarchies,Analysis and Antitrust Implications:A Study in the Economics of Internal Organization [M]. New York:The Free Press,1975.

[107] Lingard H,Hughes W P,Chinyio E. The impact of contractor selection method on transaction costs:A review [J]. Journal of Construction Procurement,1998,4(2):89～102.

[108] Hillebrandt P M,Hughes W. What are the costs of procurement and who bears them? [C] The 2nd International Conference on Construction in Developing Countries,Gaborone,2000.

[109] Dahlman C J. The problem of externality [J]. Journal of Law and Economics,1979,22(1),141～162.

[110] Gruneberg S,Ive G. The Economics of the Modern Construction Firm [M]. Basingstoke:Palgrave Macmillan,2000.

[111] Hughes W,Hillebrandt P,Greenwood D,et al. Procurement in the Construction Industry:The Impact and Cost of Alternative Market and Supply Processes [M]. London:Taylor & Francis,2006.

[112] Soliño A S,Gago de Santos P. Transaction costs in PPP transport infrastructure projects:Comparing procurement procedures [R]. Working Paper,European Investment Bank,2009.

[113] Yates D J. Conflict and disputes in the development process:A transaction cost economics perspective[R]. Working Paper,the University of Hong Kong,1998.

[114] Greenwood D J,Yates D J. The determinants of successful partnering:A transaction cost

perspective [J]. Journal of Construction Procurement, 2007, 12(1): 4～22.

[115] Molenaar K, Washington S, Diekmann J. Structural equation model of construction contract dispute potential [J]. Journal of Construction Engineering and Management, 2000, 126(4): 268～277.

[116] Yates D J, Hardcastle C. The causes of conflict and disputes in the Hong Kong construction industry[R]. RICS Research Paper Series, 2003.

[117] Onyango D. Reduction in conflicts in construction[R]. M Sc Report, Loughborough University of Technology, 1993.

[118] Chan D W M, Kumaraswamy M M. A comparative study of the causes of time and cost overruns in Hong Kong construction projects [J]. International Journal of Project Management, 1997, 15(1): 55～63.

[119] Kululanga G K, McCaffer R. Measuring knowledge management for construction organizations [J]. Engineering Construction and Architectural Management, 2001, 8(5/6): 346～354.

[120] Ozorhon B, Arditi D, Dikmen I, et al. The performance of international joint ventures in construction [J]. Journal of Management in Engineering, 2010, 26(4): 209～222.

[121] Arditi D, Chotibhongs R. Detection and prevention of unbalanced bids[J]. Construction Management and Economics, 2009, 127(8): 721～732.

[122] Manzo F A. The impact of an unbalanced bid on the change order process[R]. Online Paper, GREYHAWK North America, 1997.

[123] Bajari P, Summers G. Detecting collusion in procurement auctions [J]. Antitrust Law Journal, 2002, 70(1): 143～170.

[124] Currie O A, Sweeney N J, Hafer R F. Construction Subcontracting: A Legal Guide for Industry Professionals [M]. Hoboken: John Wiley & Sons., 1991.

[125] Proctor Jr J R. Golden rule of contractor-subcontractor relations [J]. Practice Periodical on Structural Design and Construction, 1996, 1(1): 12～14.

[126] Kale S, Arditi D. General contractors' relationships with subcontractors: A strategic asset [J]. Construction Management and Economics, 2001, 19(5): 541～549.

[127] Diekmann J E, Girard M J. Are contract disputes predictable[J]. Journal of Construction Engineering and Management, 1995, 121(4): 355～363.

[128] Bresnen M, Marshall N. Building partnerships: Case studies of client-contractor collaboration in the UK construction industry[J]. Construction Management and Economics, 2000, 18(7): 819～832.

[129] Ahmed S M, Kangari R. Analysis of client-satisfaction factors in construction industry [J]. Journal of Management in Engineering, 1995, 11(2): 36～44.

[130] Kumaraswamy M M. Conflicts, claims and disputes in construction [J]. Engineering, Construction and Architectural Management, 1997, 4(2): 95～111.

[131] Mitropoulos P, Howell G. Model for understanding, preventing, and resolving project dis-

putes [J]. Journal of Construction Engineering and Management, 2001, 127(3): 223～231.

[132] Shirazi B, Langford D A, Rowlinson S M. Organisational structures in the construction industry [J]. Construction Management and Economics, 1996, 14(3): 199～212.

[133] Virine L, Trumper M. Project Decisions: The Art and Science[M]. Vienna: Management Concepts, 2008.

[134] Love P E D, Davis P, London K, et al. Causal modeling of construction disputes[C]. Twenty-Fourth Annual ARCOM Conferences Reading, Cardiff, 2008.

[135] Rhys J S. How constructive is construction law[J]. Construction Law Journal, 1994, 10: 28～38.

[136] Gardiner P D, Simmons J E L. Case explorations in construction conflict management [J]. Construction Management and Economics, 1995, 13(3): 219～234.

[137] Isik Z, Arditi D, Dikmen I, et al. Impact of resources and strategies on construction company performance[J]. Journal of Management in Engineering, 2010, 26(1): 9～18.

[138] Warszawski A. Strategic planning in construction companies[J]. Journal of Construction Engineering and Management, 1996, 122(2): 133～140.

[139] Farajian M. Transaction cost estimation model for us infrastructure public private partnerships [D]. College Park: University of Maryland, 2010.

[140] Ryu S. The effect of external and internal environments on interfirm governance [J]. Journal of Business-to-Business Market, 2006, 13(2): 67～90.

[141] Walker F, Pryke S. Role definition and dimensions of incomplete construction contract documents[C]. RICS COBRA Research Conference, Cape Town, 2009.

[142] Dudkin G, Välilä T. Transaction costs in public-private partnerships: A first look at the evidence[R]. Working Paper of EIB, 2005.

[143] Galbraith J. Designing complex organizations[R]. Addison-Wesley Longman Publishing, 1973.

[144] Laufer A. Coping with uncertainty in project planning: A diagnostic approach [J]. Australia Project Management, 1991, 11(3): 11～15.

[145] Korczynski M. The low-trust route to economic development: Inter-firm relations in the UK engineering construction industry in the 1980s and 1990s [J]. Journal of Management Studies, 1996, 33(6): 787～808.

[146] Eriksson P E, Pesämaa O. Modelling procurement effects on cooperation[J]. Construction Management and Economics, 2007, 25(8): 893～901.

[147] Eriksson P E, Nilsson T. Partnering the construction of a Swedish pharmaceutical plant: Case study [J]. Journal of Management in Engineering, 2008, 24(4): 227～233.

[148] Brown D, Ashleigh M, Riley M, et al. New project procurement process [J]. Journal of Management in Engineering, 2001, 17(4): 192～201.

[149] Andi S, Minato T. Design documents quality in the Japanese construction industry: Factors influencing and impacts on construction process [J]. International Journal of Project Man-

agement,2003,21(7):537～546.

[150] Vrijhoef R,Ridder H. Supply chain systems engineering in construction[R]. Working Paper,Delft University of Technology,2007.

[151] Hughes W,Hillebrandt P,Murdoch J R. Financial Protection in the UK Building Industry: A Guide for Clients and the Construction Supply Chain [M]. London: Thomas Telford Publications,1998.

[152] Russell J S. Surety Bonds for Construction Contracts [M]. Reston:ASCE Press,2000.

[153] Mysen T,Svensson G,Payan J M. The key role of opportunism in business relationships [J]. Marketing Intelligence and Planning,2011,29(4):436～449.

[154] Egan J. Rethinking construction[R]. Construction Task Force Report for Department of the Environment,Transport and the Regions,HMSO,London,1998.

[155] Bayliss R,Cheung S,Suen H,et al. Effective partnering tools in construction:A case study on MTRC TKE contract in Hong Kong [J]. International Journal of Project Management, 2004,22(3):253～263.

[156] Love P,Irani Z,Edwards D. A rework reduction model for construction projects [J]. IEEE Transaction of Engineering Management,2004,51(4):426～440.

[157] Broome J,Perry J. How practitioners set share fractions in target cost contracts [J]. International Journal of Project Management,2002,20(1):59～66.

[158] Tang W,Duffield C,Young D. Partnering mechanism in construction: An empirical study on the Chinese construction industry [J]. Journal of Construction Engineering and Management,2006,132(3):217～229.

[159] Chua D,Kog Y,Loh P,et al. Model for construction budget performance-Neural network approach [J]. Journal of Construction Engineering and Management,1997,123(3):14～222.

[160] Eriksson P E. A case study of partnering in lean construction[C]. The 5th Nordic Conference on Construction Economics and Organization,Reykjavik,2009.

[161] Olsen B,Haugland S,Karlsen E,et al. Governance of complex procurements in the oil and gas industry [J]. Journal of Purchasing and Supply Management,2005,11(1):1～13.

[162] Shen L Y,Wu G W C,Ng C S K. Risk assessment for construction joint ventures in China [J]. Journal of Construction Engineering and Management,2001,127(1):76～81.

[163] Ashley D B,Michael M P,James R D. Impact of risk allocation and equity in construction contracts[R]. Construction Industry Institute Source,Document 44,1989.

[164] El-Sayegh S M. Risk assessment and allocation in the UAE construction industry [J]. International Journal of Project Management,2008,26(4):431～438.

[165] Ibbs C W,Ashley D B. Impact of construction contract clauses [J]. Journal of Construction Engineering and Management,1987,113(3):501～517.

[166] Turner A. Building Procurement [M]. London:Palgrave Macmillan,1990.

[167] 黄芳铭. 结构方程模式——理论与应用[M]. 北京:中国税务出版社,2005.

[168] 邱皓政. 结构方程模型——LISREL 的理论、技术与应用[M]. 台北：双叶书廊，2005.

[169] Tabachnick B G, Fidell L S. Using Multivariate Statistics[M]. Needham Heights: Allyn and Bacon, 2007.

[170] Nunnally J C. Psychometric Theory[M]. New York: McGraw-Hill, 1978.

[171] DeVellis R F. Scale Development: Theory and Applications(Applied Social Research Methods Series)[M]. Newbury Park: Sage Publications, 1991.

[172] Kline R B. Principle and Practice of Structural Equation Modeling[M]. New York: Guilford Press, 1998.

[173] Hayduk L A. Structural Equation Modeling with LISREL: Essentials and Advances [M]. Baltimore: The Johns Hopkins University Press, 1987.

[174] Wheaton B. Assessment of fit in over-identified models with latent variables [J]. Sociological Methods and Research, 1987, 16(1): 118～154.

[175] Browne M W, Cudeck R. Alternative ways of assessing model fit[A]//Bollen K A, Long J S. Testing Structural Equation Models. Beverly Hills: Sage Publication, 1993, 136～162.

[176] Marsh H W, Balla J. Goodness of fit in confirmatory factor analysis: The effects of sample size and model parsimony [J]. Quality & Quantity, 1994, 28(2): 185～217.

[177] 余民宁. 潜在变项模式——SLMPLIS 的应用[M]. 台北：高等教育出版社，2006.

[178] Hu L T, Bentler P M. Cutoff criteria for fit indexes in covariance structure analysis: Conventional criteria versus new alternatives [J]. Structural Equation Modeling, 1999, 6(1): 1～55.

[179] Bentler P M. Comparative fit indexes in structural models [J]. Psychol Bull, 1990, 107(2): 238～246.

[180] Hu L, Bentler P M. Evaluating model fit[A]//Hoyle R H. Structural Equation Modeling Concepts Issues and Applications. Thousand Oaks: Sage, 1995, 76～99.

[181] Berdie D R, Anderson J F, Niebuhr M A. Questionnaire Design and Use[M]. Metuchen: The Scarecrow Press, 1986.

[182] Tinsley H E A, Tinsley D J. Uses of factor analysis in counseling psychology research [J]. Journal of Counseling Psychology, 1987, 34(4): 414～424.

[183] Soliño A S, Gago de Santos P. Transaction costs in transport public-private partnerships: comparing procurement procedures [J]. Transport Reviews, 2010, 30(3): 389～406.

[184] Dossick C S, Neff G, Homayouni H. The realities of building information modeling for collaboration in the AEC industry[C]. 2009 Construction Research Congress, Seattle.

[185] Mathews O, Howell G A. Integrated project delivery: An example of relational contracting [J]. Lean Construction Journal, 2005, 2(1): 46～61.

[186] The 3xPT Strategy Group. Integrated project delivery: First principles for owners and teams[C]. Integrated Project Delivery Workshop, New York, 2007.

[187] Patrick J, O'Connor Jr. Integrated project delivery collaboration through new contract forms[R]. Faegre & Benson LLP, 2009.

[188] Eriksson P E, Westerberg M. The effects of cooperative procurement procedures on joint risk management in construction projects [J]. International Journal of Project Organisation and Management, 2011, 29(2): 197～208.

[189] Hu L, Bentler P M. Fit indices in covariance structure modeling: Sensitivity to under-parameterized model misspecification [J]. Psychological Methods, 1998, 3(4): 424～453.

[190] Marsh H W, Balla J R, McDonald R P. Goodness-of-fit indexes in confirmatory factor analysis: The effect of sample size [J]. Psychological Bulletin, 1988, 103(3): 391～410.

[191] Jackson D L. Sample size and number of parameter estimates in maximum likelihood confirmatory factor analysis: A Monte Carlo investigation [J]. Structural Equation Modeling: A Multidisciplinary Journal, 2003, 8(2): 205～223.

[192] Cooper K G. The rework cycle: Benchmarks for the PM [J]. Project Management Journal, 1993, 24(1): 17～22.

[193] Cooper K G. The $2,000 hour: How managers influence project performance through the rework cycle [J]. Project Management Journal, 1994, 25(1): 11～24.

[194] Woodward J F. Construction project management: Getting it right first time [M]. London: Thomas Telford Publishing, 1997.

[195] Hartman F T. The role of trust in project management[C]. Proceeding of PMI Research Conference, 2000, Alberta, 2000.

[196] Bandow D. Time to create sound teamwork [J]. The Journal for Quality and Participation, 2001, 24(2): 41～47.

[197] Powl A, Skitmore M. Hinderances to project management efficiency[C]. Proceedings of the 1st International Conference, World of Project Management, Ryerson University, Toronto, 2004.

[198] Datamonitor: Industry profile: Construction & engineering in China[R]. Datamonitor Asia Pacific, Sydney, 2011.

[199] Datamonitor: Industry profile: Construction & engineering in United States[R]. Datamonitor USA, New York, 2011.

[200] 建设部. 关于培育发展工程总承包和工程项目管理企业的指导意见[J]. 建筑经济, 2003, (3): 8, 9.

[201] 国务院. 关于投资体制改革的决定[J]. 建筑市场与招标投标. 2005, (1): 43～48.

[202] Pietroforte R, Miller J B. Procurement methods for US infrastructure: Historical perspective and recent trends [J]. Building Research and Information, 2002, 30(6): 425～434.

[203] 沙凯逊, 宋涛, 赵锦锴, 等. 从美日两国的历史经验看建设交易制度创新[J]. 建筑经济, 2003, (3): 10～12.

[204] Little T D. Mean and covariance structures(macs) analyses of cross-cultural data: Practical and theoretical issues [J]. Multivariate Behavioral Research, 1997, 32(1): 53～76.

[205] Coase R H. The nature of the firm: Meaning [A]//Williamson O E, Sidney S G. The nature of the firm: Origins, Evolution and Development. London: Oxford University Press,

1991:48～60.

[206] Dahlman C L. The problem of externality [J]. Journal of Law and Economic, 1979, 29(16):141～162.

[207] Krugman P, Wells R. Economics[M]. New York: Worth Publishers, 2009.

[208] Salanié B. The Economics of Contracts: A Primer[M]. London: MIT Press, 2005.

[209] Von Branconi C, Loch C H. Contracting for major projects: Eight business levers for top management[J]. International Journal of Project Management, 2004, 22(2):119～130.

[210] Bower D, Ashby G, Gerald K, et al. Incentive mechanisms for project success[J]. Journal of Management in Engineering, 2002, 18(1):37～43.

[211] Bresnen M, Marshall N. Motivation, commitment and the use of incentives in partnerships and alliances[J]. Construction Management and Economics, 2000, 18:587～598.

[212] Lahdenpera P, Koppinen T. Charting of incentive payment bases for multiobjective construction projects[C]. Joint International Symposium of CIB Working Commissions, Singapore, 2003.

[213] Howard W E, Bell L C, McCormick R E. Economic principals of contractor compensation [J]. Journal of Management in Engineering, 1997, 13(5):81～89.

[214] Broome J, Perry J. How practitioners set share fractions in target cost contracts[J]. International Journal of Project Management, 2002, 20:59～66.

[215] Bubshait A A. Incentive/disincentive contracts and its effects on industrial projects[J]. International Journal of Project Management, 2003, 21(1):63～70.

[216] Arditi D, Yasamis F. Incentive/disincentive contracts: Perceptions of owners and contractors [J]. Journal of Construction Engineering and Management, 1998, 124(5):361～373.

[217] Washington W N. Some new approaches to “reward” contracting [J]. Acquisition Review Quarterly, 1997:253～261.